JOVENS HERÓIS DA UNIÃO SOVIÉTICA

Alex Halberstadt

Jovens heróis da União Soviética

Uma história de reencontro e um ajuste de contas

TRADUÇÃO
Otacílio Nunes

OBJETIVA

Grafia atualizada segundo o Acordo Ortográfico da Língua Portuguesa de 1990, que entrou em vigor no Brasil em 2009.

Título original
Young Heroes of the Soviet Union: A Memoir and a Reckoning

Capa
Guilherme Xavier

Imagem de capa
Vera Korablyova

Preparação
Lígia Azevedo

Revisão
Adriana Bairrada
Luciane H. Gomide

Dados Internacionais de Catalogação na Publicação (CIP)
(Câmara Brasileira do Livro, SP, Brasil)

Halberstadt, Alex
Jovens heróis da União Soviética : Uma história de reencontro e um ajuste de contas / Alex Halberstadt ; tradução de Otacílio Nunes. — 1ª ed. — Rio de Janeiro : Objetiva, 2022.

Título original: Young Heroes of the Soviet Union: A Memoir and a Reckoning
ISBN 978-85-470-0148-3

1. Biografia 2. Halberstadt, Alex 3. Judeus — Biografia 4. Memórias autobiográficas 5. Relatos pessoais 6. União Soviética I. Título.

21-93005 CDD-920.71

Índice para catálogo sistemático:
1. Homens : Biografia 920.71

Aline Graziele Benitez – Bibliotecária – CRB-1/3129

[2022]

EDITORA SCHWARCZ S.A.
Praça Floriano, 19, sala 3001 — Cinelândia
20031-050 — Rio de Janeiro — RJ
Telefone: (21) 3993-7510
www.companhiadasletras.com.br
www.blogdacompanhia.com.br
facebook.com/editoraobjetiva
instagram.com/editora_objetiva
twitter.com/edobjetiva

Para meus avós

Você que não lembra
a passagem do outro mundo
eu lhe digo que eu poderia falar de novo: tudo aquilo
que retorna do esquecimento retorna
para encontrar uma voz.
Louise Glück, "The Wild Iris"

Sumário

ÁRVORES GENEALÓGICAS

LADO DO PAI

Anany Chernopisky — Esposa de Anany

Piotr Visokovsky — Maria ( ) Kamysheva (1902-84)

Vassíli Chernopisky (1911-2008) — Tamara Visokovsky (1924-2004)

Inna Chernopisky (1940-)

Viacheslav Chernopisky (1945-)

Alex Halberstadt (1970-)

LADO DA MÃE

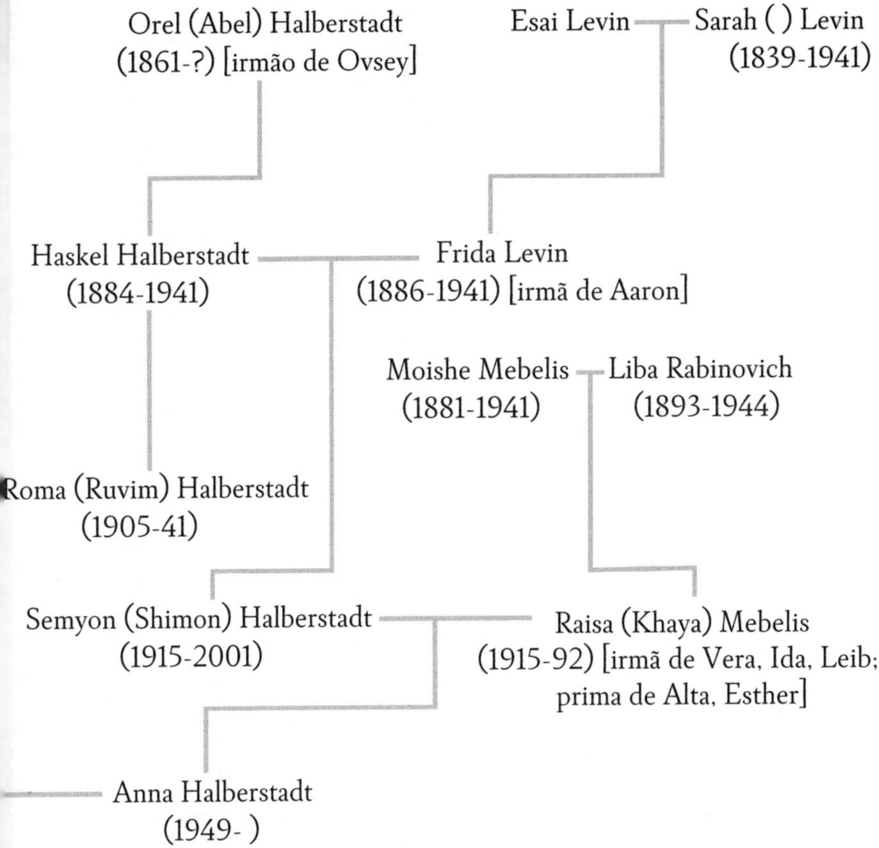

Orel (Abel) Halberstadt
(1861-?) [irmão de Ovsey]
Esai Levin
Sarah ( ) Levin
(1839-1941)
Haskel Halberstadt
(1884-1941)
Frida Levin
(1886-1941) [irmã de Aaron]
Moishe Mebelis
(1881-1941)
Liba Rabinovich
(1893-1944)
Roma (Ruvim) Halberstadt
(1905-41)
Semyon (Shimon) Halberstadt
(1915-2001)
Raisa (Khaya) Mebelis
(1915-92) [irmã de Vera, Ida, Leib;
prima de Alta, Esther]
Anna Halberstadt
(1949-)

Prólogo: Os esquecidos

Quando estamos confusos ou perdidos, histórias têm o poder de emprestar significado a nossa desordem, e, não faz muito tempo, encontrei uma história exatamente assim nas páginas de uma revista científica. Ou ela me encontrou. O texto contava como uma equipe de pesquisadores da Universidade Emory, em Atlanta, tinha borrifado um produto químico com aroma de flor de cerejeira numa gaiola em que estavam filhotes de camundongo, e depois aplicado um choque elétrico nas patas dos animais. Com o tempo, os camundongos aprenderam a associar o aroma à dor e tremiam de medo sempre que o sentiam. A parte surpreendente, no entanto, veio depois que os camundongos tiveram filhos. Quando expostos àquele cheiro, os filhotes da segunda geração também tremiam, embora nunca tivessem recebido um choque sequer. Seu corpo também havia mudado. Eles nasciam com mais neurônios olfativos, e com as estruturas do cérebro que recebem sinais desses neurônios aumentadas.

Intrigados com esses resultados, os pesquisadores pensaram estar testemunhando uma anomalia. Então se certificaram de que a geração seguinte de camundongos — os netos — não tivesse nenhum contato com os pais; os filhotes foram concebidos usando fertilização in vitro em um laboratório do outro lado do campus. Mas esses camundongos também tremiam ao sentir o cheiro e exibiam mudanças cerebrais idênticas às dos pais. O experimento parecia mostrar que o trauma de uma geração era transmitido *fisiologicamente* aos filhos e netos — mesmo na ausência de contato. O que os pesquisadores não conseguiam explicar era como ou por que isso acontecia.

Depois que esses resultados foram publicados, em 2013, estudos com humanos confirmaram que os pesquisadores da Emory tinham encontrado algo importante: marcadores ligados a certos genes são influenciados pelo ambiente em que a pessoa vive. Um estudo realizado no Hospital Monte Sinai, em Nova York, concluiu que filhos de sobreviventes do Holocausto apresentavam alterações nos genes que determinavam como eles reagiam ao estresse — mudanças idênticas às encontradas em seus pais. Outro estudo mostrou que mulheres grávidas que estavam perto do World Trade Center durante os ataques do Onze de Setembro de 2001 deram à luz crianças com alterações similares em seus genes. Seus filhos apresentavam uma propensão a distúrbio de estresse pós-traumático que não tinha nenhuma explicação baseada em sua própria vida, uma condição que um pesquisador descreveu como uma tendência a "sentir-se inseguro em um ambiente seguro". A maioria das teorias que tentam explicar esses resultados se baseia no campo relativamente novo da epigenética — o estudo de mudanças na expressão dos genes em vez de no próprio código genético —, embora alguns aspectos dessas teorias permaneçam pouco compreendidos e controversos.

Li pela primeira vez sobre esses estudos em um momento particularmente conturbado da minha vida, quando eu estava tentando reconstituir a história da minha família. Os estudos pareciam responder a algo em que eu estava começando a acreditar, algo em que eu queria acreditar, porque sentia com muita força: que o passado continua a viver não só em nossas lembranças, mas em cada célula do nosso corpo. Essa era na verdade uma noção determinista, mas ajudava a explicar certas experiências recorrentes e mistificadoras compartilhadas pelas últimas três gerações da minha família: relações rompidas, pressentimentos de desastre, depressão e ansiedade clínicas, distúrbios de sono crônicos, uma propensão a guardar segredos e uma sensação onipresente de perigo.

Por alguma razão, eu sempre voltava ao estudo com camundongos da Emory. Por fim, percebi que o que me atraía nele eram não só as descobertas provocadoras, mas sua potência como metáfora. Seria possível que nós também tremêssemos ante estímulos que não podíamos identificar nem lembrar, estímulos que tinham suas origens em décadas anteriores a nosso nascimento? Era inquietante imaginar que o passado podia estar vivendo por nosso intermédio sem nosso consentimento ou conhecimento. Mas, se fosse verdade, também significava que, com tempo e esforço, estímulos desaparecidos muito tempo antes podiam ser nomeados e, finalmente, reconhecidos.

Sempre havia cachorros latindo em meus sonhos, segundo minha mãe. Nos pesadelos, pelo menos. Eles começaram aos nove anos, enquanto minha mãe, seus pais e eu fazíamos nosso trajeto nômade de Moscou a Nova York. Aconteciam em hotéis baratos na Áustria, na Itália e em Manhattan, e depois em uma sucessão de apartamentos nos ermos do Queens.

A maioria dos sonhos não era particularmente memorável, mas havia um recorrente que se destacava. Acontecia em Stepanovskoye, uma aldeia perto de Moscou onde, no verão, minha família alugava a parte da frente de uma casa revestida de tábuas azuis, com persianas verdes. No sonho, é a hora do crepúsculo e estou no portão da cerca de estacas em frente à casa, ansioso para entrar. Meus pais estão na casa, e sinto o cheiro de fumaça do fogão a lenha da minha bisavó. Mas o buldogue da senhoria se soltou da corrente e está latindo do outro lado da cerca, e minha garganta se fecha de medo. Não consigo decidir o que fazer, mas está escurecendo e preciso entrar na casa, então acabo abrindo o portão e me lanço para a porta. O buldogue se lança atrás de mim, rosnando pouco acima do meu ombro. Nesse momento eu sempre acordava, com o coração batendo forte, o travesseiro úmido de suor. Imediatamente, os acontecimentos do sonho pareciam se desfazer, virar pó, ao mesmo tempo que eu tentava agarrá-los. Às vezes, se minha mãe estivesse dormindo, eu ia furtivamente até a cozinha, pegava uma faca em uma gaveta e a deixava embaixo do meu travesseiro até de manhã, e ficava deitado na cama inquieto, observando a luz fria através das cortinas. Esse sonho se recusa a ir embora, mesmo depois de tantos anos.

Meses depois que ele começou, minha família e eu chegamos ao aeroporto internacional John F. Kennedy, na cidade de Nova York. De imediato, durante muitos anos depois, Nova York pareceu mais um lar do que qualquer outro lugar onde eu vivera. Para mim, o resto da América do Norte existia como um território imaginário. Desde o primeiro dia, eu adorava quase tudo em nossa nova cidade, onde a marcha da história apontava para o futuro, e não para o passado. Em Moscou, o metrô corria embaixo das ruas, e as estações serviam também como abrigos antibomba; em Nova York, o metrô corria sobre estruturas muito acima das calçadas, perto dos outdoors, dos neons e de frontões pós-modernos. Eu ficava maravilhado com cada um dos presentes providenciais da cidade: o apartamento de dois quartos no rés do chão no conjunto habitacional Ravenswood, em Long Island City, onde nós quatro morávamos; os livretos de cupons de comida duros e coloridos que chegavam pelo correio; as refeições congeladas Hungry Man, da Swanson, que meu avô materno, Semyon, e eu dividíamos quase todas as noites, maravilhados com a tampa metálica brilhante e suas formas euclidianas perfeitas.

Naqueles anos, eu não queria me envolver com nosso passado soviético — o que incluía meu pai. Durante nossos primeiros cinco anos em Nova York, falei com ele por telefone uma dúzia de vezes, e só porque minha mãe enfiava o fone em minhas mãos e franzia a testa. Na escola, eu dizia a todo mundo que ele tinha morrido, primeiro de câncer e depois na Guerra do Afeganistão. Que mal havia naquilo? Antes de embarcarmos em Moscou no Tupolev Tu-154 rumo ao oeste, tínhamos renunciado a nossa cidadania e nossos passaportes soviéticos, e, com eles, à possibilidade de voltar. Meu pai preferira ficar, e eu sabia que não o veria de novo.

A União Soviética tinha aguentado por quase setenta anos e, até onde sabíamos em 1985, aguentaria mais setenta.

O nome que eu trouxe comigo da União Soviética, o nome do meu pai – Aleksandr Viacheslavovich Chernopisky – era uma catástrofe tanto na língua antiga como na nova. Em épocas mais corteses, nosso sobrenome podia ser traduzido como "o que tem genitais escuros". Mas meus colegas de ginásio o reduziam a "Pissky" [Mijão], "Pissed On" [Mijado] ou simplesmente "Piss" [Mijo], e às vezes, naqueles dias finais da Guerra Fria, me chamavam de "Big Red", em referência à marca de chiclete e a minha cintura em expansão.

Assim, aos quinze anos, eu me vi em um escritório do governo com uma escrivaninha de metal, cadeiras de metal e um retrato emoldurado de Ronald Reagan. Minha mãe estava sentada ao meu lado. Da mulher do outro lado da escrivaninha, só lembro que era bonita e negra e usava um blazer e um tom de batom às vezes chamado de Wild Raspberry. Era uma supervisora do Serviço de Imigração e Naturalização, e anunciou, muito aprumada, sob os dentes brancos do presidente, que eu poderia optar por ter o sobrenome da minha mãe, ali, naquele exato momento, com a sanção do governo.

Minha mãe olhou para mim, e eu assenti com a cabeça. A supervisora escreveu algo em um formulário e o empurrou para o outro lado da mesa, minha mãe o assinou com uma esferográfica e pronto. O patronímico estrangeiro e o sobrenome do qual os homens da minha família desdenhavam e com o qual faziam piada sumiu. Eu era o primeiro Chernopisky que não teria de continuar a ser um Chernopisky.

Meu nome era uma das muitas coisas que eu trouxera comigo e que tentava descartar. Eu estava começando a entender que o projeto imigrante de internalizar uma nova cultura tinha um reverso necessário, que era erradicar a velha. Existir em duas culturas ao mesmo tempo era desorientador e estranhamente desconfortável, como ouvir um rádio sintonizado entre duas estações. E, como adolescente, eu estava feliz de esquecer a Rússia e os russos, porque acreditava que a ausência deles abriria espaço dentro da minha mente para a nova língua e os novos costumes.

O esquecimento era ajudado pelo desdém que minha mãe expressava por meu país de nascimento. O que ele tinha feito por ela, minha mãe gostava de dizer, além de tirar sua juventude? Ela tinha crescido na Lituânia soviética, um lugar que a desagradava quase tanto quanto a Rússia, salvo apenas pela nostalgia da infância. Para minha mãe, Moscou tinha sido tão estrangeira quanto Nova York e significava pouco mais que discriminação contra judeus patrocinada pelo Estado, déficit de consumo, arquitetura pavorosa, períodos de vários meses de granizo e neve ininterruptos e uma superabundância de fibras sintéticas. Em relação a meu pai, de quem ela se divorciou depois de sete anos cada vez mais infelizes, era menos caridosa. Os pais dela tampouco o tinham em alta conta.

Semyon e Raisa, que foram para Nova York em seus sessenta anos depois de uma meia-idade confortável em Vilnius, permaneciam desnorteados pelo novo ambiente, mas não se interessavam por retrospectos. Quando eu perguntava sobre sua juventude – sabendo alguns detalhes sobre a guerra e os familiares a que tinham sobrevivido –, raramente diziam muito. Acreditavam na capacidade do passado de corroer o presente e me viam como um produto do tempo de paz, ou seja, como puro e suave como uma nuvem. Se eu insistia em minhas perguntas, eles ficavam calados e abatidos. "São lembranças terríveis", Raisa dizia naqueles momentos desconcertantes, com uma convicção que soava religiosa. "É mais prudente ser otimista."

Meu pai era quem eu tentava com mais empenho esquecer, porque, quando me lembrava dele, também me lembrava de sua ausência voluntária da nossa vida. Durante cerca de um ano e meio depois da nossa chegada a Nova York, ele telefonou ocasionalmente e uma vez mandou um pacote contendo uma carta endereçada a mim e vários livros, entre eles uma biografia em russo de Pedro, o Grande, que eu devorei. Depois, seus telefonemas se reduziram a um ou dois por ano. Telefonar *para ele*, minha mãe decidiu, era simplesmente caro demais.

Na maior parte do tempo, meu pai e eu só nos comunicávamos em minha imaginação. Minha lembrança favorita era dele me ensinando a nadar, no verão em que fiz sete anos, em um dos lagos cheios de ervas daninhas de Stepanovskoye. Meu pai entrava na água até a altura da cintura e me deitava na superfície do lago, pondo uma mão sob meu peito e a outra sob minha barriga. "Chute", ele me instruía, e me girava enquanto eu chutava água em seu rosto. Da primeira vez que ele tirou as mãos de baixo de mim, engoli um bocado de água e desci até o fundo lodoso do lago; foram necessárias algumas tentativas até que eu conseguisse flutuar sem ele, girando os braços e pernas o mais rápido que conseguia. "Movimento constante!", ele gritava por cima do barulho dos meus movimentos.

Na maior parte do tempo, eu tentava não pensar nele, até que comecei a esquecer o som da sua voz, o que por algum motivo me apavorou. Eu devia ter doze ou treze anos. À noite, depois de me deitar e apagar a luz, eu tentava ouvi-lo repetindo "movimento constante". Depois de algum tempo, eu só o ouvia vagamente, como o som das ondas em uma concha, mas achava aquilo reconfortante.

Não muito tempo depois de eu ter ido para a faculdade, minha mãe telefonou para dizer que meu pai tinha sofrido um ataque cardíaco e passara quase dois meses se recuperando em uma unidade de terapia intensiva. Apreender a mortalidade de meu pai me deixou determinado a conhecê-lo, e assim, com um cartão telefônico, eu disquei os códigos internacionais seguidos pelo número de sete dígitos. Fazia isso a cada dois ou três meses. Quando eu ligava, ele era bastante agradável, e podia ser engraçado e irônico. Algumas vezes, se retraía quando eu perguntava sobre sua nova família ou falava do passado, mas geralmente parecia sem vitalidade, exaurido pela tarefa de falar. Às vezes parecia uma pessoa semiviva. Gostava de falar sobretudo de filmes antigos, na maioria das vezes os mesmos de que falara na última ligação; depois de quinze ou vinte minutos, ele começava a parecer distraído e acabava dizendo que tinha de desligar.

Eu não entendia por que meu pai não queria saber de paternidade. Da minha mãe, eu ouvia que ele tinha parado de falar com o próprio pai, Vassíli, vários meses depois de meu nascimento. Todos na minha família só mencionavam meu avô de passagem; tratavam a existência dele como um segredo de polichinelo. Vassíli só me vira uma vez, quando eu tinha três meses. Minha mãe dizia que isso tinha acontecido em uma tarde de outono em Moscou, e que ele havia me banhado e penteado meu cabelo. É claro que não tenho nenhuma lembrança desse encontro. A partir de fragmentos, concluí que ele tinha sido um oficial na organização que se tornaria conhecida como KGB e, por mais de uma década, servira como guarda-costas pessoal de Ióssif Stálin. Eu era adolescente, e para mim aquilo tornava Vassíli o equivalente moral de um oficial da Gestapo, então o fato de eu não o conhecer dificilmente representava uma perda. Ele nasceu antes da revolução, lembrava minha mãe, e ela e eu supúnhamos que ele havia morrido em algum momento antes da queda da União Soviética.

Quando eu tinha pouco mais de trinta anos, minha reinvenção parecia completa. Eu me tornara um escritor que havia publicado dezenas de artigos na nova língua e estava trabalhando em um livro. Dividia um apartamento no Brooklyn com meu namorado da faculdade, neto de um pastor luterano cujos pais se conheceram no ensino médio em Grand Forks, Dakota do Norte. Eu havia trabalhado com empenho no esquecimento. Quando nossos amigos perguntavam sobre minha infância, eu não podia contar com nenhuma convicção o que significava ter crescido na Rússia, nem por que tinha um pai relativamente jovem com quem eu mal falava e um avô que eu não conhecia, ou por que a cada ano que passava falava pior minha língua nativa.

É claro que eu não conseguia esquecer muito, não de verdade. Durante aqueles anos, os sonhos de infância recorrentes se tornaram mais insistentes e perturbadores, visitantes indesejáveis afirmando seu direito de ocupar os cantos negligenciados da minha mente. Naquelas manhãs, muito antes de ler sobre os camundongos do estudo, eu me perguntava se o medo podia ser transmitido como um gene. Ele me vinha também quando eu estava acordado: passei a ter um medo obsessivo primeiro de passos de desconhecidos no corredor, depois do barulho vindo dos apartamentos vizinhos através das paredes do quarto, e então dos próprios vizinhos. O que tornava esse medo fora do comum é que eu não podia ligá-lo a uma ameaça em meu ambiente, e portanto não podia negociar com ele nem o afastar racionalmente. Às vezes, parecia uma visita vinda de fora de mim, como uma possessão medieval.

Então, numa manhã no verão de 2004, durante uma de nossas conversas por telefone não exatamente trimestrais, meu pai mencionou um primo de segundo ou terceiro grau que vivia em algum lugar na Ucrânia. Disse que mal o conhecia, mas que o homem tinha ligado inesperadamente semanas antes e exigido saber por que meu pai não visitava Vassíli. Aos 93 anos, Vassíli ainda estava alerta, relatou o primo num tom de repreensão, e "sente sua falta". Fiquei surpreso ao saber que meu avô estava vivo, que ainda morava no apartamento onde meu pai crescera em Vinnytsia (conhecida na União Soviética por seu nome russo, Vinnitsa), uma monótona cidade industrial perto do centro da Ucrânia. A última vez que meu pai e Vassíli haviam trocado cartas tinha sido 26 anos antes, e fazia 35 que eles não se viam. Eu disse de supetão que queria conhecer Vassíli. Meu pai pareceu quase tão surpreso quanto eu. "Nesse caso", ele disse, "você vai ter que ir atrás dele."

Depois que desliguei, examinei com cuidado o que sabia sobre Vassíli. Não era muito. Uma noite, quando eu tinha nove anos, minha avó materna, Raisa, atipicamente bêbada depois de tomar um copo e meio de espumante Asti, disse que ele tinha trabalhado na polícia secreta e feito "coisas impronunciáveis". Raisa era uma mulher cautelosa e só se permitiu essa indiscrição depois que havíamos deixado a União Soviética. Era o inverno de 1980, e morávamos a uma distância de 25 minutos de trem de Roma, em uma cidade praiana ventosa chamada Lido di Ostia, onde palmeiras raquíticas pontilhavam as ilhas no meio do trânsito e as praias eram atulhadas de lixo e conchas de mexilhão. Era um centro de operações das Brigadas Vermelhas e um ponto de parada na jornada que nós quatro, junto com milhares de outros refugiados soviéticos, fazíamos rumo a Nova York. Ninguém na mesa disse nada em resposta à irrupção de Raisa. Isso era comum. Sempre que o nome de Vassíli vinha à tona, o ar na sala parecia esfriar. Dependendo de quem estava falando, ele era descrito como um fanático comunista, uma nulidade emocional, um imbecil, um pai e marido negligente, um cavalheiro de modos impecáveis, um dândi, um autoritário. Meu pai falava o mínimo sobre ele. O pouco que ele dizia era marcado por um ressentimento que beirava o ódio.

A única prova física que eu tinha da existência do meu avô paterno era uma fotografia em preto e branco colada em um álbum que minha mãe trouxe conosco de Moscou. Na foto, Vassíli está sentado em uma colina gramada ao lado de sua segunda mulher, minha avó Tamara. Um homem esbelto e bem-proporcionado, com estilo, vestindo uma calça de cintura alta, uma camisa de mangas curtas e um chapéu fedora de palha, e olhando para as lentes com um sorriso contido, ambíguo. Os dois parecem ótimos juntos, mas a foto oferece poucas pistas sobre quem era o homem nela e o que ele poderia estar pensando. No verso, uma inscrição a tinta diz: "Vassíli e Tamara, Vinnitsa, 9 de setembro, 1953".

Eu não sabia ao certo o que queria dele. Vassíli era um estranho de noventa anos sobre cuja acuidade mental eu não estava seguro. Tinha sido um oficial do exército e membro da polícia secreta, e meu pai uma vez o chamara de assassino cruel. É claro que eu queria encontrar com ele, mas isso não era tudo. A existência de Vassíli era um fio que poderia me levar a um passado que eu não conseguia compreender nem explicar, mas que de algum modo sabia que vivia através de mim. Poderia esse passado explicar os silêncios impassíveis dos meus avós, a infelicidade dos meus pais, meus pesadelos e meu pavor? Seria possível que o passado não tivesse passado, mas existisse junto com nossa vida presente, numa sobreposição fantasmagórica? Assim, vários dias depois da conversa telefônica de longa distância com meu pai, apesar das dúvidas inteiramente razoáveis, resolvi encontrar meu avô. Eu temia que ele morresse e levasse consigo o que sabia. Não tinha certeza do que faria quando o encontrasse, mas comecei a planejar a viagem, com medo de perder a coragem.

Na manhã seguinte peguei o telefone, disquei o número do auxílio à lista e pedi para ser conectado a um telefonista na Ucrânia. Depois de uma dúzia de toques graves, a voz de uma mulher na outra ponta da linha, num russo acelerado, pediu um endereço. Eu não tinha um; meu pai me disse que não lembrava mais. Vinnytsia era uma cidade de meio milhão de pessoas, disse a telefonista. O que eu esperava? Ela desligou. Voltei a ligar, pediram-me um endereço, desligaram, disquei de novo. A terceira telefonista concordou em procurar o nome. Voltou imediatamente à linha. "Só há um Chernopisky em Vinnytsia", ela disse, e ditou o número. Eu fiquei olhando para o pedaço de papel onde o tinha anotado. Parecia fácil demais.

Disquei. Depois de dois toques, uma voz de velho respondeu. Era Vassíli Chernopisky quem estava falando? Era. Nós mal conseguíamos ouvir um ao outro pela linha ruidosa. "Quem é?", ele repetia aos gritos. Gritei de volta que era o filho do filho dele, Slava, que ele me vira quando eu era bebê, no outono de 1970, e que eu queria ir à Ucrânia me encontrar com ele. Podia ouvi-lo respirar no fone. Vassíli parecia confuso. "Eu não tenho netos", ele disse, afinal.

Escutei os estalidos de estática pelo que me pareceram minutos, pensando que ele desligaria, quando uma voz de mulher surgiu na linha. "Aqui é Sônia, a mulher dele", disse a voz. "Nós temos uma foto sua. Se você vier, ele vai se lembrar."

1. O guarda-costas

O avião oscilou para a esquerda e começou a descer. Um diorama surgiu através de uma interrupção na cobertura de nuvens: cabanas baixas sobre poças de grama verde-ervilha, um lago e um canal e alguns prédios de fábrica obsoletos como num sonho sobre o pasto. Então veio a névoa, de algum lugar lá embaixo. O aeroporto de Sheremetievo, um labirinto de linóleo iluminado por fracas luzes fluorescentes, era guardado por soldados mal saídos da adolescência, encostados languidamente nas paredes, com rifles de assalto pendurados nos ombros. Esperei ao lado de um grupo de igreja de Michigan, meia dúzia de famílias de tênis brancos imaculados cujos membros brincavam uns com os outros, como se estivessem esperando no Departamento de Trânsito nos Estados Unidos. Nesse momento, o senso americano de inviolabilidade deles me tranquilizou.

Meu nervosismo, eu sabia, era partilhado por muitos imigrantes soviéticos que voltavam à pátria: a preocupação de que os portões não se abrissem de novo quando chegasse a hora de partir. Os rostos opacos, um tanto familiares, dos inspetores da alfândega — rostos profissionalmente imunes a interpretação — me diziam que liberdades que eu não havia questionado na manhã anterior eram agora concedidas e revogadas ao capricho deles, e de homens usando outros uniformes. Usando calça jeans e jaqueta corta-vento, podia fazer parte do grupo de igreja, mas era um refugiado que voltava, uma categoria de viajante que os homens da alfândega consideravam com suspeita e possivelmente invejavam. Inquieto, eu me esforçava para captar pedaços de conversa. Quando chegou minha vez, fui até o guichê e passei meu passaporte sob o vidro. O inspetor, de cerca de cinquenta anos e com cabelo puxado das laterais para cobrir a careca, não levantou a cabeça. Quando seus olhos passaram pela coluna de texto que dizia "Local de Nascimento: Rússia", os cantos de sua boca se alargaram em um prenúncio de sorriso. Ele carimbou o passaporte, empurrou-o de volta e, erguendo a vista, disse enfim: "Bem-vindo ao lar, sr. Halberstadt".

* * *

Naquela tarde, meu pai e eu estávamos sentados na cozinha dele, fumando. Eu tinha parado de fumar na faculdade, mas peguei um de seus Winstons e fiquei observando a fumaça subir até o teto, onde formava uma nuvem de tempestade. Meu pai fumava desde os dezesseis anos. Ele havia se casado de novo, tinha uma filha já na universidade e nunca se recuperara completamente do ataque cardíaco que sofrera quase quinze anos antes. "Por que você não para de fumar?", provoquei. Ele disse que pararia "quando as coisas ficarem mais fáceis" e que era "louco por cigarro". Nós dois sabíamos que as coisas não iam ficar mais fáceis e que ele não ia ficar menos louco, então, em solidariedade, acendi um cigarro também.

Meu pai gostava de uma marca de vodca chamada Pedro, o Grande, e naquele primeiro dia em Moscou eu bebi o bastante para começar a gostar também. Fazia sete anos que não nos víamos. Eu me perguntava se o reconheceria, pensando no jeito como alguns homens no fim dos cinquenta anos começam a parecer idosos quase da noite para o dia. Mas ele continuava igual a como eu lembrava, bonitão e surpreendentemente em forma, só com as têmporas mais grisalhas e as rugas em torno dos olhos mais pronunciadas.

Passamos quase o dia inteiro conversando na cozinha, mas para mim nossas vozes soavam hesitantes e estranhamente formais. Desde que eu deixara a Rússia, tínhamos nos falado ocasionalmente em ligações de longa distância cheias de ruídos e nos encontrado um punhado de vezes, totalizando três ou quatro semanas juntos em duas décadas e meia. Diferente da relação da maioria de pais e filhos, a nossa não tinha sido moldada pela familiaridade. Éramos estranhos com parentesco próximo.

Para minha frustração, mais uma vez fiquei calado e estranhamente passivo perto do meu pai — uma condição exacerbada por minha escassez de palavras russas para descrever emoções adultas. Bem, não exatamente uma escassez de palavras. O que me faltava era a capacidade de reuni-las de maneiras que possibilitassem conversas adultas, com ironia, dúvida, ternura, reserva. Portanto, na presença do meu pai eu falava menos do que em outras situações e era intimidado por meu silêncio, o que, por sua vez, fazia com que me sentisse não só mudo, mas burro.

Ele perguntou, como sempre fazia, se eu tinha visto algum filme ultimamente. Meu pai gostava de filmes antigos a ponto de torná-los seu meio de vida: ele dublava clássicos de Hollywood e europeus em russo e vendia as fitas VHS e os DVDs não exatamente legais num dos shoppings que recentemente cercavam Moscou. Às vezes ele era pago — por magnatas de sucata de metal e advogados de companhias de gás natural — para montar coleções particulares de vídeo em pastas com títulos como "Nouvelle vague" e "Primeiros Hitchcock". Ele tinha sido uma espécie de acadêmico, mas agora era um proprietário de empresa da inexperiente classe média pós-perestroika. Nós partilhávamos o gosto por filmes antigos, em particular os americanos, e, depois de alguns copos de vodca, ele começou a recitar falas de diálogos em inglês com um sotaque hilário: "*Whoa, take her easy there, Pilgrim*". Meu pai me falou de *A roda da fortuna*, um musical da MGM de 1953. Tinha uma cena de dança da qual ele gostava, gravada em um cenário que parecia o Central Park. No meio do filme, disse meu pai, dava para notar que Cyd Charisse e Fred Astaire se apaixonavam, e naquele momento os olhos dele pareceram emotivos e impossivelmente jovens, como quando eu era criança. Eu sempre gostara de como ele ria com facilidade. Quando o fazia, aquela falta de jeito e a estranha formalidade davam lugar a algo parecido com alegria – ao mesmo tempo desconhecido e puerilmente primal –, e eu via que ele sentia o mesmo. Mas, depois de alguns momentos, o constrangimento voltava e a exultação desaparecia.

Quando perguntei sobre Vassíli, meu pai se tornou evasivo e melancólico, e eu não disse mais nada até lembrá-lo de que tinha ido a Moscou para aprender sobre os dois. "Não há muito a contar", ele disse, desviando o olhar. "É tudo muito chato." Apesar do meu desconforto com o russo, eu sabia que o tinha encurralado ali, atrás da mesa de compensado da cozinha. Ele respondia a minhas perguntas com gestos desconfortáveis. Seus olhos me imploravam por uma mudança de assunto, mas aquilo era importante, insisti, eu precisava saber. Ele se sobressaltou e acendeu mais um cigarro, fumando um atrás do outro num silêncio irritante. Quando finalmente falou, pareceu uma porta pesada cedendo.

A primeira lembrança do meu pai sobre o pai dele era de vê-lo contar dinheiro. Eles viviam em um apartamento comunal pré-revolucionário perto do Hotel Metropol, a alguns passos da praça Vermelha, junto com famílias de outros oficiais de segurança do Estado. Vassíli amontoava gentilmente as notas em pilhas bem-arrumadas e as punha de forma cuidadosa em uma caixa de sapato que guardava em uma prateleira alta de um armário, junto com sua pistola. Ele nunca planejava como gastar seu extravagante salário de major e esbanjava grande parte do dinheiro em roupas, para as quais tinha um olho afiado, encomendando dúzias de camisas com monograma e ternos de gabardine aos alfaiates do Kremlin. Minha avó Tamara desenhava roupas femininas para um ateliê que abastecia as lojas da cidade. Quando os dois saíam, pareciam um dos elegantes casais modernos das páginas da *Harper's Bazaar*, uma revista que Tamara surrupiava de um colega de Vassíli que morava no andar de cima e cujo trabalho era monitorar correspondência estrangeira. Era 1949, e meu pai tinha três ou quatro anos.

Ocorreu-me que as lembranças do meu pai eram decididamente incomuns para alguém que cresceu em Moscou no fim da década de 1940. Noventa por cento dos apartamentos da cidade não tinham aquecimento, e quase a metade não contava com encanamento nem água corrente; no inverno, as pessoas que saíam em busca de água carregavam machados junto com os baldes, para abrir o gelo que se formava em volta das bombas de água públicas; trabalhadores acumulavam lenha trazida do campo nas esquinas das ruas, em pilhas às vezes mais altas que um edifício; irmãos iam à escola em dias alternados, porque dividiam um único par de sapatos.

Mas a elite do Kremlin nunca se orgulhou de ser igualitária. A guerra tinha terminado. Vassíli e Tamara iam dançar, passavam férias no mar Negro. Em casa, meu pai se lembrava, Tamara cobria todas as superfícies com vasos de cristal lapidado repletos de cravos vermelhos e brancos, arranjos florais bufantes que davam aos aposentos a aparência de um salão funerário. Eles jantavam caviar e esturjão defumado enviado como parte das rações de Vassíli. Na véspera do Ano-Novo — o Natal soviético secular —, Tamara distribuía pela sala tigelas de porcelana cheias de romãs e laranjas e decorava a árvore com ouropel e sinos de cristal, arrumando presentes e às vezes um abacaxi sob os ramos inferiores. Meu pai rasgava os embrulhos depois da ceia no dia 31, e, depois de ser posto na cama, os vizinhos se reuniam em volta do gabinete do rádio no corredor e esperavam pela meia-noite, brindando ao Ano-Novo com um espumante rotulado de champanhe soviético. Moscou estava saindo do atoleiro da guerra. Torres quase idênticas, semelhantes a bolos de noiva e conhecidas como Sete Irmãs, estavam sendo erigidas pela cidade. Eram construídas sobretudo por prisioneiros de guerra alemães; a mais elaborada era o arranha-céu da Universidade Estatal de Moscou, na colina Lênin.

A família vivia em um único aposento: Vassíli, Tamara, meu pai e a meia-irmã mais velha dele, Inna, filha do primeiro casamento de Vassíli. Como em muitos desses aposentos nos apartamentos comunais de Moscou, uma tela separava a cama de Vassíli e Tamara da cama dos filhos; o banheiro e a cozinha eram partilhados com outras famílias. Não havia muita privacidade, mas o apartamento era maior e mais bem mobiliado do que a maioria. Os quatro passavam muitas horas juntos no retângulo de parquê, mas meu pai só conseguia se lembrar de um punhado de conversas com Vassíli. Quer estivesse no exterior ou a menos de uma hora de distância, na dacha de Stálin em Kuntsevo, ele sempre se ausentava por semanas, às vezes meses. Meu pai não se lembrava de como nem quando descobriu qual era o trabalho de Vassíli; só que, de algum modo, sempre soubera, embora Vassíli raramente dissesse algo sobre seu trabalho.

Mas no jantar, certa noite, Vassíli descreveu uma altercação digna de nota. Naquele dia, ele estava de guarda no corredor na entrada do Presidium do Soviete Supremo quando o marechal Zhukov — o homem amplamente creditado por virar a maré da guerra a favor da União Soviética e por impedir Hitler de transpor Moscou — veio caminhando na direção dele, de cabeça baixa. Hoje, há uma estátua de Zhukov montado num garanhão em frente ao Museu Histórico Estatal, perto da entrada da praça Vermelha. Mas Zhukov não era membro do Presidium e não tinha autorização para entrar, e Vassíli se pôs em seu caminho. Por um momento, ele excedia em hierarquia o maior comandante militar da nação. "Eu pus minha mão no peito dele e disse:

'Camarada Zhukov, o senhor não pode entrar!'", contou Vassíli à mesa, sorrindo, para evidente deleite do meu pai. "O peito dele estava todo coberto de medalhas."

Na maior parte, porém, meu pai vislumbrava Vassíli em lampejos sonolentos no começo da manhã, entre o sono e o despertar, quando ele parecia flutuar pelo apartamento. Quando estava estacionado em Moscou e cumpria horários mais ou menos convencionais, Vassíli ia para casa no fim da tarde, guardava sua pistola na caixa de sapato, trocava o uniforme por um terno e outro par de sapatos, pendurava uma Leica no ombro (era um troféu de guerra, e ele era um fotógrafo experiente) e saía para caminhar, em geral só voltando muito depois de escurecer. Afora discutir as notas semanais do meu pai — e só quando eram baixas —, ele raramente falava com o filho, deixando o cuidado dele a cargo de Tamara.

Vassíli ensinou meu pai a lutar. Ele estava em casa numa tarde quando meu pai entrou correndo, soluçando, depois de um menino mais velho, filho de outro oficial do NKVD, tê-lo derrubado com um golpe no parquinho vizinho. "Na próxima vez que você o vir", instruiu Vassíli, "pegue um pau e bata o mais forte que conseguir no osso entre o joelho e o tornozelo." No dia seguinte, meu pai pôs em prática as instruções. O menino mais velho berrou de dor e saiu do parquinho mancando. Ficou afastado por três semanas.

Em março de 1953, o corpo de Stálin foi exposto com grande pompa no Salão das Colunas. Multidões de enlutados chegaram a Moscou; centenas morreram pisoteados nas ruas. Semanas depois, Vassíli mandou um motorista levar Tamara, meu pai e sua meia-irmã, assim como os pertences da família, para a estação ferroviária Kievskaia, onde eles embarcaram em um trem noturno. A mudança foi repentina; tiveram menos de um dia para embalar tudo. O trem viajou em direção ao sul, para Vinnitsa, uma cidade ucraniana que atravessava um rio lodoso chamado Bukh do Sul, não longe da aldeia onde Vassíli nasceu. Se a cidade era conhecida por alguma coisa, era por ser o antigo lar de Nikolai Pirogov, popularizador do éter e inventor da cirurgia de campo militar (um serviço à ciência pelo qual ele permanece sepultado, como uma múmia, em um caixão de vidro dentro de sua antiga propriedade). Para Vassíli e Tamara, a mudança foi semelhante a uma transferência da cidade de Nova York para Terre Haute, Indiana. Oito anos depois da guerra, equipes de presidiários ainda estavam pondo abaixo prédios danificados pelo bombardeio alemão. Wehrwolf, o bunker de Hitler mais a leste, ainda estava de pé num bosque de pinheiros logo ao norte da cidade. Estilhaços de bombas tinham deixado as calçadas esburacadas. Cartões de racionamento continuavam em vigência. Vassíli alugou um apartamento de um quarto próximo do centro da cidade, na rua Voroshilov nº 19, assim nomeada em homenagem ao chefe de defesa de Stálin, que ele conhecera bem.

Vinnitsa tinha pouco a oferecer em termos de recreação após a escola, portanto, quando as aulas terminavam, meu pai, um solitário de oito anos, caminhava até o cinema, passando por prédios bombardeados e vidoeiros recém-plantados. O degelo de Khruschev estava começando, e pela primeira vez os cinemas exibiam filmes de Hollywood. Meu pai assistiu a *Quero casar-me contigo*, com Glenn Miller, nove vezes. Um dia ele me contou que ainda se lembrava de quase todas as notas da trilha sonora. Anos depois, em Moscou, irrompeu em lágrimas quando "Serenata ao luar", de Miller, começou a tocar em um rádio de ondas curtas de um amigo.

Suas notas eram desanimadoras. Ele detestava álgebra, mas não tanto quanto as reuniões matinais, com sua reiteração de juramentos ao partido e excursões para deixar flores no pedestal da estátua de Lênin. Para meu pai, aquelas pareciam formas odiosas de controle do pensamento. Nas fileiras dos fundos das salas de aula, reconhecia transgressores e cínicos como ele, alguns unidos por uma obsessão por filmes americanos, jazz e rock and roll. Um garoto tinha acesso à prensa de discos do pai. Os discos de goma-laca haviam desaparecido das lojas durante a guerra, provavelmente derretidos para fazer munição. As chapas de raio X descartadas que meu pai e seus amigos pescavam das lixeiras de hospital eram bons substitutos. Quando tinha doze anos, ele levou para casa uma gravação de "Rock Around the Clock", de Bill Haley, numa chapa de pulmão. Naquela tarde, meu pai e dois amigos ouviram a música sem parar no toca-discos do meu avô, enquanto dançavam com suas botas de feltro enlameadas sobre a mesa de jantar de madeira escura laqueada. Quando Vassíli entrou, os garotos se dispersaram. Meu pai disse que seus colegas ficaram aterrorizados. Vassíli deu uma surra de cinto no filho, até que caísse deitado no linóleo da cozinha, soluçando e implorando que parasse.

Não era a primeira surra, mas a pior até então. Depois, eles quatro – Vassíli, Tamara, meu pai e Inna – comeram em silêncio. Quando meu pai tinha treze anos, a doutrinação a que era submetido na escola já o tornara um anticomunista fanático. Ele sabia que o emprego de Vassíli no "departamento de recursos humanos" de uma fábrica local era um eufemismo para o inspetor da KGB que trabalhava em todo grande estabelecimento soviético, o que o fazia odiar ainda mais o pai. A fábrica se chamava Pribor – Aparelho –, e ninguém na minha família jamais lembrou o que ela produzia.

Tamara era uma moscovita nativa que nunca aprendeu a aproveitar a vida na pequena cidade provinciana. Sua irritação era demonstrada no ar de insolência e na forma como ignorava os convites dos vizinhos. Quando meu pai tinha uns treze anos,

Tamara começou a ter um caso com um motorista de táxi, e certa manhã o apresentou ao filho. Meu pai via a mãe vaidosa e glamorosa como uma colega de conspiração e uma igual; não lhe ocorreu que havia algo de estranho no fato de ela se encontrar com o novo amante em uma esquina perto de casa. Aos poucos, mãe e filho se uniram contra Vassíli. Quando Tamara e meu pai caminhavam até o parque Górki, ou até a loja de tecidos para escolher um corte de lã penteada para um blazer ou de algodão para uma camisa que ela faria para ele, não contavam a Vassíli. Em casa, cochichavam segredos um para o outro enquanto Vassíli dormia.

Então, alguns meses depois de meu pai completar quinze anos, Tamara lhe contou que se divorciaria de Vassíli e voltaria para Moscou – sozinha. Meu pai ficaria em Vinnitsa até terminar a escola, dois anos depois. Ele se sentiu traído, mas o que podia fazer? Depois que Tamara partiu, meu pai e Vassíli se viam ainda menos, e principalmente durante as refeições. Nenhum deles sabia preparar sequer o prato mais simples, e os dois jantavam juntos em uma cafeteria próxima. Depois do jantar, Vassíli saía para suas caminhadas noturnas e meu pai ia ao cinema; no verão de 1962, *Sete homens e um destino* ficou em cartaz em Vinnitsa por três meses, e meu pai disse que assistiu a quase todas as exibições. Depois, em seu quarto, ouvia as transmissões em ondas curtas de *Voice of America*, com Willis Conover. Em sua mente, ele já tinha partido.

Mesmo antes de ver os resultados de seu exame de ingresso na universidade afixados num painel no corredor da escola, meu pai já sabia que não eram suficientemente bons para que obtivesse adiamento do serviço militar. Vassíli ficou contente; o exército lhe dera disciplina e propósito, e agora faria o mesmo por seu filho preguiçoso e amante de livros. Meu pai se resignou a passar mais três anos em um tipo diferente de prisão. Sabia que no Exército um adolescente magrelo da cidade seria um alvo fácil para os filhos de agricultores de fazendas coletivas e mineiros de carvão, e passou suas últimas semanas em Vinnitsa jogando futebol.

Na base do Exército na Bielorrússia, perto de Minsk, seu novo atormentador era um tenente ucraniano determinado a despojá-lo de seus ares intelectuais. Por oito meses, ele obrigou meu pai a correr voltas completas em torno de um depósito de munição carregando um tacho de doze quilos. Numa manhã, depois de um turno de doze horas sem dormir descascando batatas atrás do refeitório, meu pai voltou ao alojamento e encontrou o tenente vasculhando sua maleta. Os outros soldados estavam em posição de sentido, enquanto o oficial espalhava fotos de Duke Ellington e Stan Kenton que meu pai tinha recortado da *Down Beat* e de outras revistas americanas que Tamara lhe enviara pelo correio. O tenente as rasgou, dizendo aos homens que "influências cosmopolitas" eram um veneno para o estado mental e a prontidão para o combate de um soldado soviético.

Meu pai relatava esses acontecimentos em desalentadas cartas semanais a Tamara, que acabou propondo um plano. Por coincidência, a esposa de um coronel da base do Exército estava ansiosa por ter uma geladeira e um conjunto de botões de casco de tartaruga. Assim, um domingo, o noivo de Tamara, Mikhail Mikhailovich – um golpista magro e careca com um risinho permanente que administrava um armazém de frutas e verduras nos arredores de Moscou –, apareceu do lado de fora do alojamento do meu pai em uma van com uma geladeira pouco usada amarrada no teto do veículo. Dias depois, meu pai foi agraciado com uma transferência para um silo de mísseis balísticos intercontinentais a menos de uma hora de Moscou. Seu trabalho era apanhar os ratos que roíam os teares de fios preciosos dos mísseis, alguns feitos de platina. Suas ferramentas eram uma caixa de armadilhas de mola e um pé de cabra. Ele ficava sem supervisão durante semanas e passava as tardes deitado numa rede, bebendo café instantâneo fraco e lendo *Adeus às armas*.

Meu pai voltou a Vinnitsa vestindo seu uniforme de faxina, com a cabeça ainda raspada, três anos depois. Vassíli pareceu feliz em vê-lo; tinha boas notícias. Depois de meses escrevendo cartas e adulando, ele conseguira que meu pai fosse admitido no Instituto Militar de Línguas Estrangeiras, que cuidava dos filhos de oficiais da KGB e diplomatas de carreira. Um diploma do instituto significaria um bom salário e oportunidades de viajar ao exterior. Meu pai disse a Vassíli que ele perdera seu tempo. Disse que ia para Moscou e jogou algumas roupas numa maleta. Ao sair, apertou a mão do pai.

Na manhã seguinte, Tamara estava esperando por ele na estação Kievskaia, em Moscou. Ela tinha outro plano. Mikhail Mikhailovich conseguira para meu pai um emprego de motorista de caminhão de transporte de produtos em seu armazém, o que significava que ele era agora legalmente um proletário, distinção que lhe dava uma vantagem para ser admitido no departamento de filosofia da Universidade Estatal de Moscou. Ele passou as noites até a entrevista de admissão estudando livros que sua mãe comprara em sebos, escritos por historiadores pré-revolucionários como Soloviev e Kostomarov. Na entrevista, o chefe do comitê de admissões do departamento observou que nunca tinha conhecido um motorista de caminhão tão culto.

Meu pai se matriculou na universidade, na colina Lênin, em 1968. "Conheci sua mãe um ano depois", ele disse. "O resto você sabe." Nós estávamos sentados em sua cozinha; havia quase escurecido. À luz da lâmpada, o rosto dele parecia cansado. Perguntei quando vira Vassíli pela última vez. "Alguns anos antes de você e sua mãe irem embora", meu pai disse. Ele e Vassíli passaram dois dias tensos no velho apartamento em Vinnitsa, discutindo e se irritando um com o outro. Vassíli se queixou de não ter sido convidado para o casamento do próprio filho e de só ter visto o neto uma vez; meu pai retrucou que não recebia uma carta dele havia mais de um ano. Estava convencido de que Vassíli o estava evitando porque sua mulher — minha mãe — era judia, circunstância que podia prejudicar a carreira dele na KGB. Houve gritos antes de meu pai partir para a estação de trem. "Eu sempre soube quem é minha mãe", meu pai disse a Vassíli antes de sair, "mas não tenho tanta certeza sobre meu pai." Foi a coisa mais maldosa em que conseguiu pensar.

Meu pai fumava um cigarro atrás do outro enquanto eu fazia anotações em um caderno espiral. Meses antes, ele tinha concordado em ir comigo à cidade agora chamada Vinnytsia, mas, com a proximidade da data, começou a me enrolar. Dizia que as datas talvez não fossem boas; faria uma viagem para pescar, e a mulher dele, Irina, andava com dor de estômago. Meu pai tendia a reduzir promessas descumpridas a fatos inevitáveis. Eu passara meses imaginando nós dois a flanar pela cidade de sua infância, e quando ele me disse que não ia, algumas semanas antes de meu voo para Moscou, por razões "muito numerosas para discutir", eu desliguei o telefone e passei dias furioso.

Sentado na cozinha, senti a raiva crescer de novo enquanto o observava do outro lado da mesa. Encorajado por meu papel de interrogador e tentando fazer meu russo parecer competente, exigi saber o verdadeiro motivo pelo qual ele não queria ir.

Meu pai deu uma tragada num Winston e levantou a cabeça, como se debatesse algo consigo mesmo, então soltou a fumaça pelas narinas. Parecia se achatar contra a parede mais atrás. "Uma noite, cheguei em casa com uma semana inteira de notas baixas", começou ele, erguendo o olhar para um ponto onde a parede e o teto se encontravam, atrás de mim. "Eu tinha doze anos. Meu pai tirou o cinto e começou a me surrar no chão da sala. Por algum motivo, naquela noite ele não parava, então eu me soltei e desci a escada correndo até um beco atrás do prédio. Ele correu atrás de mim e me arrastou pela gola. Era uma noite quente, e todos estavam sentados do lado de fora, nos bancos. Meu pai me jogou na calçada e terminou de me bater na frente dos nossos vizinhos." Ele deu mais uma tragada e se inclinou para trás na cadeira. "Sei que estou errado, mas não posso mais ver meu pai." Apagou o Winston num cinzeiro e se levantou. "O inverno é frio lá", disse antes de sair. "Leve um suéter para ele."

Fiquei olhando pela janela, através da nuvem de fumaça da cozinha. Um prédio de blocos de concreto, com sete andares e cor de neve velha, se destacava num campo. Era idêntico ao prédio em que eu estava e à fileira de edifícios atrás dele, desaparecendo na distância como peças de dominó. No fim da década de 1960 e na de 1970, eles eram erguidos às centenas na periferia da cidade. O prédio para o qual eu olhava era por coincidência aquele onde nós três vivíamos antes de minha mãe e eu partirmos para os Estados Unidos e meu pai se casar de novo e mudar para cá, do outro lado do campo, com sua segunda esposa. Durante anos depois de partir, visualizei aquele prédio tentando reconstruir de memória suas características. Agora, embora real, ele não emitia nada além de uma despretensão prosaica.

Nos verões, quando eu vivia lá, meu amigo Volodya e eu acendíamos fogueiras naquele campo, e nos invernos, quando a neve formava uma pilha mais alta que um homem, fazíamos túneis embaixo de sua crosta congelada. Mas agora havia algo de que eu não me lembrava, algo novo. Um punhado de mulheres vestindo túnica e casaco folgado, na maioria idosas, esperava em uma fila segurando jarras de plástico e chaleiras vazias. Mais cedo, houvera mais delas. As mulheres se revezavam para encher os recipientes em uma bomba enferrujada com uma torneira que se projetava do chão, porque a água era considerada medicinal e possivelmente sagrada, jorrando de um local descoberto por um rabdomante de algum renome. Um metropolita paramentado veio abençoar o local, disse meu pai. Residentes de uma cidade europeia de 11 milhões de habitantes, as mulheres esperavam sua vez, iluminadas pelos bruxuleios de luz violeta acima dos prédios.

Apaguei meu cigarro e fui me despedir do meu pai. Ele estava no estúdio, cochilando num sofá-cama, segurando o controle remoto da TV. Uma pilha de videocassetes e uma fileira de monitores, um deles ligado, ocupavam as prateleiras. Reconheci o faroeste e me sentei ao lado do meu pai. No brilho azul, o rosto dele parecia pela primeira vez plácido. A fotografia em um porta-retratos o mostrava sorrindo em um barco em algum lugar no Volga, segurando um peixe grande e resplandecente. No monitor, Jimmy Stewart, de avental, lavava louça. Depois, cambaleava em frente a uma taverna, fazendo caretas e apertando o braço ensanguentado onde Lee Marvin o atingira com um tiro. Com roupa e chapéu pretos de vilão, Marvin levantou de novo seu revólver e deu uma risada. "Muito bem, amigo", disse, alto o suficiente para que todos na rua ouvissem, "desta vez, bem no meio dos olhos."

Na via de quatro pistas perto da estação de metrô Konkovo, fiz sinal para um Lada cor de abacate. A maioria dos carros particulares serve também de táxi em Moscou; é a forma mais comum de emprego em tempo parcial na cidade. Troquei algumas palavras com o motorista, um programador de computador na faixa dos trinta anos chamado Maxim. "De onde você é?", ele perguntou. "A oeste daqui", eu disse. O som do rádio do carro estava alto. Uma voz de mulher cantava sobre mares profundos e ventos sussurrantes, acompanhada de uma bateria eletrônica que soava como arroz cru derramado sobre uma chapa de metal. Por meia hora, os faróis altos do Lada varreram fileiras de quiosques e os contornos de torres de apartamentos fantasmagóricas idênticas ao longo da rua Profsoyuznaya. Só foram interrompidas uma vez, por um outdoor retratando um campo alpino psicodélico sobre o qual estava escrita a palavra "amor".

Maxim me deixou perto da estação ferroviária Kievskaia, ao lado da cerca de alambrado de quase quatro metros de altura do Hotel Radisson SAS Slavyanskaya. Dei a ele um par de notas de cem rublos e caminhei, passando por dois postos de controle, até entrar no saguão de vidro fosco. Para pagar pela viagem, eu escreveria sobre ela para uma revista de Nova York, e o agente de viagens da revista me reservara um quarto ali. Perambulei pelo saguão, passando por seguranças de terno preto com fone de ouvido que me seguiam com os olhos. No bar, homens vestindo ternos mais caros consumiam charutos e uísque single malt ou falavam alto no celular. Várias jovens com vestidos elegantes andavam entre eles. Música eletrônica anódina fornecia uma trilha sonora quase inaudível; como em todos os lugares em Moscou, sua batida pretendia transmitir luxo ocidental. Uma chuva leve começou a cair além das portas de correr envidraçadas, na noite onde motoristas e guarda-costas fumavam ao lado de sedãs pretos desocupados, com cortinas nas janelas de trás.

Eu ainda estava sofrendo com o jet lag e não sabia ao certo que horas eram. Acabei entrando em uma loja onde um vendedor bonito como um modelo, de cerca de vinte anos e usando calça engomada e gravata cor de carne de veado malpassada arrumava abotoaduras em um mostruário de vidro. Na vitrine, havia uma pasta de couro de crocodilo com fecho de ouro; na etiqueta, 640 mil rublos (cerca de 22 mil dólares). "Vendemos muitas destas", ele disse. "As pessoas compram principalmente para dar de presente." Um motorista entrou na loja e, depois de uma conversa rápida, o vendedor entregou a ele um punhado de sacolas com "Brioni" escrito. "Basta trazer de volta as peças que ele não quiser", o vendedor disse ao motorista.

No Radisson, além de russos, havia americanos e canadenses, um número surpreendente dos quais estava nos estágios finais do processo de adoção. Em 2004, as crianças figuravam entre as poucas exportações do país, junto com caviar, petróleo e gás natural. Em um restaurante chamado Balanchine, uma gruta iluminada por arandelas e decorada com pinturas a óleo e tapeçaria cor de bronze, uma mulher com um moletom dos Atlanta Falcons levava uma menininha de olhos brilhantes até a mesa do bufê, observando o salmão defumado e os ovos recheados. "O que você quiser, querida", ela arrulhou, com a fala obsequiosa e arrastada da Georgia. "Amanhã a mamãe vai levar você para casa."

Embora o homem na recepção tivesse me aconselhado a não fazer aquilo, saí para dar uma caminhada pouco depois das onze. A estação Kievskaia, com seus belos domos, estava cheia e era bastante iluminada, e eu atravessei a fachada e fui até onde estavam estacionados caminhões e ônibus ao longo de uma pequena praça. Lá, havia um homem sentado no asfalto, pegando comida de uma lata com os dedos; quando passei por ele, vi que era comida para cachorro. Perto dali, um policial conversava — em tom amistoso e à meia-voz — com uma jovem que usava sapatos de plástico transparente e salto alto e uma blusa de paetê. As lantejoulas tremulavam no escuro.

Passei por eles e cheguei a um aglomerado de quiosques, na maioria fechados durante a noite. Dois marinheiros estavam parados em frente a uma banca que vendia uma bebida de pão fermentado chamada kvass. Comprei um copo e tomei ao lado dos marinheiros, que estavam bêbados e de muito bom humor. Um rádio tocava "It's Raining Men". O ruivo jogou o braço sobre meus ombros e me mostrou seu celular novo. Os marinheiros concordavam que o telefone era *krutoi*, hard-core. Eu disse que também achava. Eles riram, de mim ou comigo, eu não soube ao certo, mas ri também. Por algum motivo, saquei meu telefone e o entreguei ao ruivo. Depois que ele o devolveu, digitei o número de casa. Ouvi a voz do meu namorado e depois a secretária eletrônica.

"Estou aqui", eu disse. "Sinto sua falta. Está tudo ótimo."

Faltava um mês para minha avó Tamara completar oitenta anos. Ela estava espreguiçada no sofá de veludo em um robe de veludo puído, com óculos bifocais apoiados na ponta do nariz. Fazia sete anos que eu não a via, e me preocupei ao notar que a mulher imperiosa e impecavelmente vestida de quem eu me lembrava estava desarrumada e velha, com a voz oscilante, os olhos lacrimosos e desfocados. Tentei um sorriso. "Por favor, tente lembrar", implorei.

Ela segurou uma foto perto do rosto e apertou os olhos. Passáramos a tarde inteira olhando fotos das décadas de 1940 e 1950, a maioria tirada com a Leica de Vassíli. Eram na maioria retratos de Tamara posando com chapéus emplumados e golas de pele, como se saída de um romance de Fitzgerald: exótica, esbelta e totalmente contrastante com a desolação da cidade durante a guerra.

Na década de 1970, ela tinha ficado rechonchuda e começara a tingir o cabelo de um louro lustroso, mas conservava o porte de uma bela mulher, acostumada a ser bajulada, receber atenção e conseguir o que queria. Era impressionante de um jeito que os homens chamam de "bonitona", e sua solenidade era reforçada

pelo próprio status, que era de fato considerável. Trabalhava perto do Mercado Danilovsky, na Casa da Moda, um dos ateliês mais atraentes de Moscou, onde desenhava sob encomenda vestidos de dia e de noite e conjuntos para várias dezenas das mulheres mais eminentes da cidade. Elas a pagavam com presentes vindos do exterior, o que em Moscou era melhor que dinheiro. Tamara se deliciava ao vê-las usando suas criações durante discursos televisionados do partido e comemorações transmitidas ao vivo. Apontava para a tela com uma unha cor de sangue e anunciava: "O organdi azul de Nadezhda Ivanova é meu". Tamara mantinha uma aparência à altura de sua reputação. Mesmo quando ia comprar pão, nunca saía de casa usando nada mais simples que uma capa de seda azul-marinho com bolinhas, sapatilhas de couro envernizado, uma imponente sombra safira nos olhos e um turbante de visom. Na mão esquerda, uma ametista do tamanho de uma noz, que, quando eu era bem pequeno, me hipnotizava.

No verão anterior à minha visita, o terceiro marido de Tamara, um engenheiro judeu mal-humorado chamado Isaac Zinovitch, morreu de câncer no estômago, deixando um punhado de ternos e uma gaveta cheia de potes vazios de barbatana de tubarão que seu filho lhe enviara do Canadá pelo correio. Depois do enterro, Mikhail Mikhailovitch — o segundo, e preferido, marido de Tamara — fez uma visita para consolá-la e acabou se mudando para a casa dela. Ele morreu cinco meses depois, e desde então Tamara ocupava sozinha o apartamento de três quartos. Ela perdia as chaves diariamente. Esquecia o nome de amigos e se queixava a meu pai de ladrões que entravam em seu quarto à noite ou de uma tia morta havia muito tempo que lhe telefonava. Os delírios lhe vinham imperceptivelmente, deixando intacta sua vivacidade.

Comigo sentado ao lado dela, Tamara olhava as fotos com cuidado, esperando que uma inscrição no verso a lembrasse dos rostos. Perguntei por que ela não guardara fotos de Vassíli. Minha avó me olhou de forma penetrante por cima dos óculos e apertou o robe surrado em volta do corpo. "Ele não precisava de ninguém além de si mesmo", disse, com uma faísca de sua antiga veemência. "Foi por isso que deixei de amá-lo."

Os dois se conheceram em 1943, em um salão de dança barulhento e enfumaçado onde uma banda tocava músicas de Benny Goodman e marchas soviéticas em ritmo de jazz. Tamara era atipicamente autossuficiente para alguém de dezenove anos: tinha um emprego bem pago de desenhista de roupas femininas para as lojas da cidade e ia dançar usando saias plissadas e chapéus de crepe de lã que ela própria fazia. O fato de Tamara ser impressionantemente atraente não era em si uma vantagem no salão, que estava lotado de recrutas e oficiais juniores de folga do front. Eles fumavam e bebiam demais, depois brigavam no beco atrás do salão. "Eram tempos de guerra, e ninguém sabia se eles estariam vivos dali a um mês", disse Tamara. "Se você dançasse com o mesmo rapaz duas vezes, ele esperava que você fosse para a cama com ele."

Ela me contou que naqueles anos era "fogosa". Maria Nikolaevna, sua mãe atarracada e severa, repartia seu afeto com parcimônia. Contou a Tamara que o próprio irmão havia sido levado por ciganos quando ela tinha quatro anos. Com um cabelo cor de noz que caía até a cintura e olhos cor de ardósia, Maria Nikolaevna também fora bonita, o suficiente para casar com o filho de um professor de história da Universidade de Moscou, um homem culto de uma família aristocrática, nos anos seguintes à revolução. Quando faleceu, em 1924, alguns meses antes do nascimento de Tamara, ele havia sofrido uma série de colapsos e, assombrado por delírios paranoicos, se recusava a sair do apartamento. Pouco antes de sua morte, deu entrada em um hospital psiquiátrico (o mesmo onde minha mãe trabalharia décadas depois). Isso é tudo o que Tamara sabia do pai além de seu sobrenome polonês de excelente sonoridade: Vysokovsky.

Quando jovem, Tamara gostava de dizer que não via nenhuma utilidade no passado. Ela morava em um aposento de 25 metros quadrados com Maria Nikolaevna e seu segundo marido, um homem taciturno e reprovador que vestia cadáveres em um necrotério. A filha deles, uma menina alegre de olhos castanhos chamada Lyusia, dividia a cama com Tamara. Aos quinze anos, Tamara começou a trabalhar setenta horas por semana como costureira e modelista. As longas jornadas eram convenientes para ela, e o emprego fornecia um suprimento de tecidos bons e a mantinha longe de casa, onde costumava acabar discutindo com o padrasto.

Tamara notou Vassíli porque ele tinha queixo quadrado, era elegante, ostentava insígnias de major nos ombros e, aos 32 anos, era mais velho que os outros homens no salão. Ela disse que ele parecia viril mas introvertido, um dos poucos homens que Tamara conhecera que era inteiramente desprovido de jactância. Ele tinha um modo de falar gentil e sereno, mas o que a impressionava mais eram seus modos. Ele só a beijou no terceiro encontro; casaram-se três meses depois. Então Vassíli mandou buscar a filha de um casamento anterior, uma menina tímida e pensativa chamada Inna, que nunca gostou da madrasta. Meu pai nasceu dois anos depois, durante o primeiro inverno depois da guerra.

Tamara ansiava por sair para passear a pé com Vassíli nas manhãs de domingo. Os dois eram detalhistas e vaidosos com relação a roupas. Ele usava seu uniforme de desfile e a esposa, as roupas que ela própria fazia. Quando caminhavam de braços dados pelos bulevares no centro da cidade, eles se deliciavam com os olhares surpresos de moradores mais simples e mais sombrios de Moscou. Embora viajasse com muita frequência, Vassíli enviava dinheiro suficiente e sempre chegava em casa com uma mala de presentes para ela e os filhos. Ele era difícil de agradar, raramente bebia e nunca se queixava de às vezes varrer a casa ou lavar louça. Não falava sobre seu trabalho e Tamara sabia que não devia perguntar a respeito. Quando ele se ausentava, ela passava as últimas horas da noite, depois que as crianças dormiam, lendo livros que comprava ou pegava emprestado, de Púchkin, Gógol, Turguêniev, Strindberg, Shakespeare, Balzac. Embora nunca tenha se matriculado em um curso universitário, naquelas noites ela descobriu um amor pelos livros que nunca a deixou.

Sua devoção a Vassíli só começou a esmorecer quando a família se mudou para Vinnitsa. Lá, contou Tamara, ela começou a vê-lo com clareza. Pela primeira vez notou a ausência quase total de curiosidade dele pelo mundo e seu hábito de ficar sentado em uma cadeira olhando para o espaço, às vezes durante horas, como se observasse algo se desenrolar a meia distância. Em todos os anos em que o conheceu, ela viu Vassíli ler apenas um livro, *Roupa suja*, de Émile Zola, um romance satírico sobre batalhadores burgueses ambientado numa habitação coletiva da Paris do Segundo Império. Ele o mantinha ao lado da cama como um ícone ou uma moeda da sorte. Antes de adormecer, passava os olhos por uma ou duas páginas e o devolvia à mesa de cabeceira. Tamara nunca descobriu se o marido o leu até o fim.

Quando os dois estavam sozinhos, Vassíli parecia distraído e desatento; as conversas deles não progrediam. Ele tinha pouco interesse pelos filhos, e Tamara sabia que nunca devia discutir política, o que levava Vassíli a cair em silêncios frios. Quando meu pai, adolescente, começava espontaneamente a expor suas visões anticomunistas à mesa de refeições, Tamara o encarava até ele parar de falar.

Cerca de um ano antes de deixarem Moscou, Tamara descobriu que o desenho que fizera de uma capa impermeável de gabardine feminina tinha vencido um concurso internacional e seria mostrado em um desfile em Milão. É claro que ela não estava autorizada a comparecer, mas o prêmio lhe rendeu muita atenção no trabalho e até um aumento. Também a convenceu de que desenhar roupas podia ser não apenas seu trabalho, mas uma carreira. Porém, depois de tudo isso, ela se viu em Vinnitsa, costurando vestidos de tecido de segunda classe para mulheres que não conseguiam distinguir seda de panos sintéticos e que nunca tinham visto roupas ocidentais, nem mesmo em revistas. Ela odiava Vinnitsa, e o que a mantinha lá era o casamento com um marido cada vez mais distante.

O primeiro caso começou quase por acidente. Fazia alguns dias que Vassíli viajara e ela se sentia ressentida e entediada. "Meu orgulho foi o culpado", Tamara me contou. Foi também o orgulho que a impediu de esconder melhor o caso. Quando ela passava por vizinhos na escada, podia ouvi-los cochichando. Mesmo quando soube dos rumores, Vassíli não disse nada, e seu humor permaneceu inalterado. Ele se recusou a confrontá-la depois que ela começou a se encontrar com o amante abertamente, e a indiferença dele a deixava furiosa. A vacuidade de Vassíli, disse Tamara, ocupava o apartamento como um odor.

Tamara andava passando mais tempo visitando a mãe em Moscou, e numa noite de primavera, a bordo do trem para o norte, conheceu um baixinho careca, gerente de um armazém de frutas e verduras. Ele falava demais e era um tanto simples, mas tinha um sorriso atraente e ria com facilidade. Como ela, era casado. Mikhail Mikhailovich se declarou a Tamara pouco antes de o trem chegar à estação Kievskaia, em Moscou; depois disso, enviou todos os dias uma dúzia de cravos ao apartamento da mãe dela, até Tamara concordar em se casar com ele. Era 1960. Quando ela voltou a Vinnitsa, pediu o divórcio a Vassíli, arrumou duas malas, despediu-se do filho com um beijo e pegou um táxi de volta à estação ferroviária. Tamara disse que quando contou a Vassíli ele não discutiu nem lhe pediu que reconsiderasse; simplesmente foi para a cozinha e ferveu água para o chá.

"Nunca penso nele", ela disse, apertando o braço do sofá, exaurida pelo esforço de extrair as histórias da peneira de sua memória. "Havia um lugar vazio onde devia estar seu coração." Estava frio lá fora e uma brisa movimentava as cortinas, por isso fechei a janela, batendo no ferrolho enferrujado até ele encaixar. Do sofá, apontei para uma foto colorida e esverdeada de mim aos seis ou sete anos, com o cabelo ainda encaracolado, tocando um acordeom infantil de plástico. Minha avó a segurou diante de si e baixou levemente o queixo para espiá-la por cima dos óculos de leitura. Uma expressão de confusão lhe passou pelo rosto, como uma rajada de vento repentina por um campo.

"Olhe, vovó, sou eu", eu disse.

"Não", ela me repreendeu, como se eu tivesse cometido um erro óbvio. "Esse é meu neto. Ele foi para Nova York. Eu gosto de você, mas ele era meu favorito."

No dia anterior a minha partida para Vinnytsia, meu pai e eu pegamos o metrô para o centro da cidade. Toda vez que eu o visitava, ele me levava para caminhar pelo centro, onde apontava para os mesmos marcos e contava as mesmas histórias. Eu gostava de vê-lo falar, algo que em outras circunstâncias ele fazia com relutância. O metrô era lotado. Os passageiros mantinham os olhos fechados ou olhavam para o chão, silenciosos como clientes na sala de espera de um consultório médico.

Era um dia quente e sem nuvens de fim de outono, e a cidade parecia radiante e esperançosa. Fizemos o trajeto conhecido, passando pelo teatro Bolshoi, com suas macieiras vestidas com as últimas folhas, pelo hotel Metropol, com sua cobertura de vidro, e pelas vitrines altas do shopping GUM, confrontando o mármore marrom avermelhado do mausoléu de Lênin. Atrás do hotel Nacional, passamos pelo Primeiro Instituto Médico e paramos em frente ao prédio de salas de aula onde meus pais se conheceram. Meu pai olhou cautelosamente para as janelas no alto, apagou o cigarro e puxou o chapéu sobre as orelhas.

"Eu quero lhe mostrar uma coisa", disse ele de modo furtivo, e me guiou por uma série de ruas menores. Parou na ponte de Pedra e apontou por cima do meu ombro. Eu me virei e me vi olhando para a catedral de Cristo Salvador reconstruída. Não estava lá na última vez que eu visitara Moscou, sete anos antes.

Fiquei um tempo olhando para a improvável enormidade em branco e ouro da igreja; ela assomava acima do rio como uma solene visitante de uma civilização alienígena. Meu pai quis dar uma olhada lá dentro.

Eu tinha visto a catedral original em fotos antigas e cartões-postais. Nenhuma outra estrutura diz tanto sobre o lugar – a estética singular da Rússia, a relação entre os governantes e os governados, e sua história extremada, por vezes absurdamente violenta. A imensa igreja na rua Volkhonka sintetiza o passado trágico da cidade e sua propensão a gestos descomunais e escatológicos, a combinação que dá a Moscou sua escala insólita, seu peso e sua beleza peculiar e grandiosa. Há tanto significado condensado na catedral que para a maioria dos moscovitas ela funciona como uma alegoria.

A salvação no nome da catedral foi, em parte, a da Rússia em relação ao exército de Napoleão. De acordo com um manifesto que o tsar Alexandre I assinou em dezembro de 1812, ele "significaria nossa gratidão à Providência Divina por salvar a Rússia da ruína a que estava fadada". Como um monumento à vitória da Rússia sobre uma potência ocidental, Alexandre imaginou a maior, mais dispendiosa e mais impressionante igreja ortodoxa da cristandade, modelada na Santa Sofia, com espaço para 10 mil devotos. Nenhum visitante estrangeiro deixaria de perceber seu significado: Moscou, ressurgente da estepe, se autoproclamava a Terceira Roma. A catedral era prova de que a Rússia excedia todas as outras nações não apenas em tamanho, mas na magnitude da devoção do seu povo.

Equipes haviam derrubado as torres de sino e as capelas do mosteiro Alexeevski, do século V, perto do Kremlin, para abrir espaço para ela. A construção, financiada sobretudo por campanhas de doação pública, durou 43 anos. Depois da morte

de Alexandre, seu irmão Nicolau I assumiu o projeto, e seu filho Alexandre II o concluiu. O arquiteto da corte Konstantin Thon convocou Kramsoi, Vereshchagin, Surikov e outros pintores russos de renome para adornar o interior da catedral; eles trabalhavam entre áreas de mármore de Altai e da Podólia e pedras semipreciosas incrustadas. Foi lá que Tchaikóvski estreou sua *Abertura 1812*, ainda com os andaimes posicionados. Quando a catedral finalmente foi inaugurada, em 1880, o efeito foi o de uma igreja russa medieval íntima aumentada para dimensões incompreensíveis, um cubo neobizantino com domo dourado desproporcional à cidade ao seu redor, a um só tempo rompendo e unificando a linha do horizonte.

No começo da era soviética, na década de 1920, a catedral tinha se tornado um impedimento, um estorvo de uma era decadente. O chefe do partido em Moscou, Lazar Kaganovich, proclamou que a nova capital representaria fisicamente os ideais do socialismo e se tornaria "um laboratório ao qual pessoas de todos os lugares da União acorreriam para estudar sua experiência". Sob sua supervisão, marcos como o muro do século XVI que cercava Kitai Gorod e a catedral Cazã, na praça Vermelha, foram demolidos, ruas foram alargadas na expectativa da era do automóvel e quase todas as vielas e praças foram rebatizadas com nomes de luminares do novo Estado.

O aspecto mais ambicioso do plano de Kaganovich era o esplêndido novo sistema de metrô, com túneis profundos, que serviam também como abrigos contra bombas, e estações, decoradas com colunatas, vitrais e estátuas, destinadas a servir como "palácios do povo". Milhares de estudantes – membros da Liga da Juventude Comunista, a Komsomol – foram recrutados para executar trabalho pesado na construção do metrô, durante a qual centenas foram gravemente feridos ou morreram.

Em 1936, uma delegação britânica liderada pelo deputado liberal sir E. D. Simon visitou Moscou e presenciou a transformação generalizada da cidade em uma metrópole socialista futurista. Quando os britânicos perguntaram aos representantes do governo por que tanto capital e trabalho estavam sendo gastos em um vasto e suntuoso sistema de transporte subterrâneo em um momento de grave escassez de habitação e alimento, disseram-lhes que "o metrô é um símbolo, uma expressão do poder do povo para criar coisas imensas e belas, uma antecipação da riqueza vindoura à disposição de todos". A primeira parte era de fato precisa, porque a arquitetura da Rússia, como muitos aspectos de sua vida cívica, sempre funcionou sobretudo como uma linguagem simbólica. Embora o governo de Stálin fosse identificado com monólitos brutalistas concebidos em escala monumental, a catedral de Cristo Salvador era um lembrete de que Stálin não originara o gigantismo russo, só dera a ele novas formas de expressão.

Em 1931, ano em que Kaganovich revelou seu plano para a Moscou socialista, Stálin demoliu a catedral com uma quantidade imensa de dinamite. A mais grandiosa igreja ortodoxa do mundo, cuja existência fora nutrida por três tsares e uma multidão de russos comuns e que levara mais de setenta anos para ser concluída, existira por meros cinquenta anos. Durante dias, uma equipe de homens, entre eles pelotões de membros da polícia secreta, trabalhou varando as noites na remoção de toneladas de ouro e malaquita, placas de mármore inscritas com datas de campanhas militares russas, vestimentas revestidas de ouro e ícones inestimáveis. Folhas de ouro foram extraídas de seus domos e os sinos foram desmontados. Foram necessárias duas semanas de explosões para aplainar a colossal estrutura parte a parte, e quase mais um ano para retirar os escombros. Grande quantidade do mármore usado nos opulentos salões de estações do metrô de Kaganovich, como ele foi chamado por algum tempo, veio da catedral demolida.

É claro que a demolição era também simbólica. Para criar na Rússia "uma religião proletária sem Deus", Stálin destruiu o templo mais sagrado do povo. Em seu lugar, ele daria ao povo algo ainda mais grandioso, um palácio futurista para abrigar congressos do partido e proclamar o triunfo do socialismo mundial e o Plano Quinquenal, uma estrutura grande o bastante para eclipsar não só Deus Pai, mas toda a Trindade. E, para que ninguém deixasse de notar seu significado, ela seria erguida no local da igreja demolida.

Um concurso internacional de projetos para o Palácio dos Sovietes recebeu centenas de propostas, em sua maioria construtivistas ou de estilo modernista, inclusive de Walter Gropius e Le Corbusier. Stálin escolheu a do arquiteto de Moscou Boris Iofan de uma torre neoclássica desgraciosamente soturna — o edifício mais alto do mundo pareceria um troféu de hóquei.

O Palácio dos Sovietes de Stálin, trinta metros mais alto que o recém-erigido Empire State Building, era encimado por uma estátua de Lênin com o triplo da altura da Estátua da Liberdade. O braço de Lênin se estendia sobre a cidade e para o futuro; seu dedo indicador prolongado tinha seis metros de comprimento. O principal salão de reuniões teria capacidade para 20 mil pessoas, enquanto outro, menor, poderia receber outras 7 mil. Equipes escavaram a fundação em 1937, o ano menos mortal do Terror, o ano em que Frank Lloyd Wright, falando a uma plateia de arquitetos em Moscou, alertou para os perigos da "grandiosomania". Um modelo em escala reduzida do projeto, com dez metros de altura, foi exibido na Feira Mundial de Nova York em 1939.

A água dos rios inundou a fundação quase imediatamente, e crianças pulavam as cercas para nadar e pescar carpa. Caminhões levaram lápides de cemitérios da cidade para reforçar as laterais; a construção foi interrompida em 1941. Trabalhadores desmontaram o esqueleto de aço do prédio para ser usado no esforço de guerra, enquanto os residentes da cidade, em constante necessidade de lenha, desfaziam a cerca que protegia o local. A estação de metrô vizinha manteve o nome Palácio dos Sovietes até o ano da morte de Stálin; fábricas continuavam a ilustrar caixas de fósforos com o projeto de Iofan.

Um amigo da minha família em Nova York se lembra do local. Quando ele era adolescente, nos anos imediatamente seguintes à guerra, o lugar estava coberto de lixo e urtigas. Ele almoçava ao meio-dia, balançando as pernas sobre a borda da fundação cheia de água. Velhas devotas sussurravam que depois da demolição da catedral o solo estava amaldiçoado. O fato de tanto Kaganovich como Iofan serem judeus figurava em teorias da conspiração antissemitas que nunca desapareceram em Moscou. Enfim, por ordem de Khruschóv, o vazio no aterro se tornou uma piscina a céu aberto chamada, insipidamente, de Moskva – também ela a maior do mundo. As duas estruturas mais grandiosas da Rússia – uma demolida, a outra irrealizada – foram substituídas por uma bacia de concreto despejado. Minha mãe se lembra de nadar lá meses antes de meu nascimento.

Meu pai e eu perambulamos pela catedral reconstruída, que estava cheia de visitantes. Como a versão anterior, ela foi paga em parte por russos comuns, mais de 1 milhão dos quais doaram dinheiro para sua reconstrução. Pretendia ser uma réplica exata, mas na última hora o escultor georgiano Zurab Tsereteli, amigo íntimo do corrupto prefeito de Moscou, acrescentou a ela embelezamentos inadequados, inexplicavelmente modernos. O monumento amplamente menosprezado de Tsereteli a Pedro, o Grande, ficou em outro lugar ao longo do rio; a polícia de Moscou prendeu dois grupos separados que tentaram colocar explosivos na estátua.

Passamos pelas estátuas de Nicolau e Alexandre e descemos um lance de escada até uma pequena capela, onde estava sendo realizado um culto. Um sacerdote salmodiava diante de uma iconóstase dourada. Em meio a velas e fumaça de incenso, um trio de cantores e algumas dezenas de paroquianos vestindo sobretudos se aglomeravam em volta do altar. O canto era quase insuportavelmente belo. Observando-os, por algum motivo pensei em uma missa da meia-noite em uma igreja luterana em Bethesda, Maryland. Meu namorado e eu tínhamos ido lá em um Natal para ouvir a mãe dele cantar um solo do *Réquiem* de Fauré. Os párocos nos bancos conversavam alegremente antes do culto. Mais tarde, mulheres usando cardigã e pérolas e garotos com o cabelo bem penteado vestindo blazer azul-marinho se ajoelharam ao longo da balaustrada em volta do altar e esperaram a comunhão. A cena parecia cautelosamente otimista. Ali em Moscou, o humor era mais sombrio. Não havia bancos e o ar era tenso de devoção. Diferente das melodias elevadas de Fauré, o canto ressoava vida terrena. Uma mulher ao meu lado, com as compras do mercado aos seus pés, balançava o corpo para a frente e para trás, de olhos fechados, repetindo baixinho uma prece.

Meu pai começava a cochichar algo em meu ouvido quando alguém atrás de nós gritou. Era um homem de paletó remendado e botas de feltro; estava ajoelhado, a testa encostada no chão ao velho modo russo. Quando ele se levantou, suas bochechas estavam raiadas de lágrimas. "*Zhidi rastopali Rossiyu!*", ele tornou a gritar. "Os malditos judeus pisotearam a Rússia!" Meu rosto gelou. Meu pai se virou e saiu depressa. Eu o segui subindo a escada e topei com a luz da tarde. Ele fez sinal para um táxi clandestino e ficamos sentados lado a lado no banco de trás enquanto a cidade antiga recuava, dando lugar a quarteirões de apartamentos e quiosques nas calçadas. Meu pai acendeu um Winston e soprou a fumaça pela janela. Vinte minutos se passaram até que ele olhasse para mim de novo.

Passava de meia-noite quando o trem com destino a Bucareste parou. Vinnytsia ainda estava a catorze horas de viagem. No lugar de uma estação, havia uma placa iluminada por uma lâmpada que dizia: "Sukhinichi". Visto através da janela, o lugar parecia um dos alfinetes no mapa que devem sua existência a uma ferrovia, uma faixa de terra compactada ao longo de um trecho de trilho. A princípio, mal notei a procissão de silhuetas – formas indistintas, primeiro uma ou duas, depois dezenas – que se apinhavam em torno do vagão. Depois que meus olhos se ajustaram ao escuro, distingui esboços de pessoas inclinadas debaixo dos maiores animais de pelúcia que eu já vira. Quando os passageiros desceram em fila do trem, panteras, tigres e ursos em tamanho real nos cercaram, seus olhos de plástico brilhando ao luar.

A condutora, uma mulher com a franja repartida a régua e brilho labial cor de damasco, explicou que aquelas pessoas trabalhavam em uma fábrica de brinquedos perto dali, a qual, como muitas outras, estava quase falida e pagava aos empregados em mercadoria. Elas ofereciam os enormes animais de pelúcia na plataforma a passageiros de trem que saíam para esticar as pernas e fumar durante a parada de dez minutos, visto que eram os únicos visitantes que passavam por Sukhinichi. Depois que recusei a oferta de uma pantera do tamanho de uma canoa por cerca de dezessete dólares, a mulher debaixo dela perguntou se eu estava com fome. "Tenho uma coxa de galinha cozida", ela ofereceu. Um garoto de uns oito anos, arrastando um saco de lona pelo chão, gritava: "Cerveja, cigarros!". "Quando vocês passarem por aqui na volta, será dia e os preços estarão mais altos", disse num tom áspero um homem usando um gorro de tricô. O apito soou e a condutora subiu no trem. Passei por uma sereia e um cogumelo humanoide para subir nos degraus de metal do trem, que depois arrancou. Pressionei o rosto no vidro da cabine e observei o zoológico surreal desaparecer na noite.

"Você gosta do seu país?", Petya perguntou com um risinho. Eu dividia uma cabine de quatro leitos com o filho do breve primeiro casamento do meu padrasto. Alguns dias antes, ele se oferecera para me acompanhar na viagem a Vinnytsia, e fiquei aliviado e agradecido por não viajar sozinho. Petya era um ano mais velho que eu. Cresceu em Moscou, onde trabalhou como fotógrafo de revista freelancer. Tínhamos nos encontrado poucas vezes, e eu fazia uma pergunta atrás da outra. Ele me contou sobre seu serviço no Exército, nos Urais, e sua viagem recente à Chechênia, para fotografar os mortos para uma revista de Moscou. Devia achar divertidos meu russo gaguejante e meu jeito de turista circunspecto. Com corpo de trapezista, cabelo amarelo curtíssimo, quase raspado, e olhos castanhos gentis, Petya me guiava para cima e para baixo no trem, à vontade e tranquilo em seu ambiente, mas com uma preocupação comovente com meu bem-estar. Ele só ficou reservado quando nossa conversa passou para seu pai, meu padrasto, um pintor que deixou a União Soviética sob pressão do governo em 1978. Petya tinha oito anos quando o pai partiu, e perguntava sobre ele com uma expressão intimidada, hesitante. Eu imaginava se ele se ressentia de mim por minha proximidade com seu pai, proximidade que por direito deveria ter sido dele, mas Petya afastou minha falta de jeito. "Você está preso a ele agora", disse, e exibiu um sorriso tranquilizador.

Na noite anterior a nossa partida para Vinnytsia, Petya me ligou para dizer que ia levar junto sua esposa, ou, mais precisamente, sua ex-esposa, Anya. Não explicou por quê. Ela estava sentada ao lado dele, uma loura magra em seus trinta anos com um jeito esparramado e um sorriso incisivo, levemente desajeitado. Anya disse que desenhava roupas femininas "abstratas". Ela e Petya tinham se separado várias vezes, mas acabavam voltando, principalmente por causa do filho dela de um casamento anterior, um garoto de oito anos que Petya adotou. Tomamos chá e vodca e olhamos pela janela enquanto os subúrbios davam lugar a cabanas, banheiros externos, pequenas hortas, poços a manivela e cercas baixas e ondulantes de madeira, vez ou outra com uma ripa faltando. Anya contava piadas sujas e gargalhava alto nos desfechos.

No caminho para o vagão-restaurante, passamos por uma seção chamada *platskart* – o equivalente à terceira classe do trem. Não havia portas nem sequer cortinas para separar os passageiros, e famílias inteiras cochilavam em leitos de madeira, com os rostos virados para a parede para terem privacidade. Soldados se esparramavam, de botas. Mulheres jogavam cartas, petiscando rabanetes e pepinos fatiados de sacos de celofane. As janelas estavam trancadas e o ar ficava carregado com o cheiro de linguiça curada e suor. Andamos cambaleando por seis vagões chacoalhantes e nos aconchegamos em volta de uma mesa fria de metal. Anya pediu uma garrafa de conhaque Moldovan e um prato de fatias de limão polvilhadas com açúcar. Antes que o conhaque chegasse, um par de passageiros se espremeu ao nosso lado. Havia muitas mesas vazias no vagão-restaurante, mas teria sido grosseiro fazer objeção à presença deles a bordo de um trem, uma forma de viajar que suscita uma cortesia benevolente nos russos.

Nossos companheiros – dois homens de cabelo encaracolado e olhos escuros no final dos vinte anos – falavam conosco num russo engrolado com sotaque do Uzbequistão. Pareciam estar bêbados havia muito tempo. O mais falante, Zhora, disse que eles estavam vindo de Samarcanda; não mencionou para onde iam. Ele olhava para Anya boquiaberto de admiração e sem nenhuma reserva. Os dois pareciam muito amistosos, muito francos, mas eu sentia ter perdido o tato para modos russos. A porta no fim do vagão se abriu, revelando o uniforme da condutora, e Zhora e seu amigo dispararam para o banheiro e se trancaram lá dentro. Depois que ela passou, eles puseram a cabeça para fora, parecendo determinados e cômicos. Zhora admitiu que não tinham bilhetes nem passaportes e que haviam sido expulsos de outro trem dias antes.

O conhaque doce já fazia minha cabeça zumbir quando Petya se inclinou para mim e cochichou em meu ouvido, instruindo-me a olhar para as mãos dos homens; entre a segunda e a terceira juntas, os dedos deles tinham tatuagens de anéis azuis elaborados. "Presidiários", Petya cochichou calmamente, anunciando a palavra *zeki*. Nesse instante Zhora perguntou se algum de nós tinha dinheiro; um incisivo de ouro cintilou sob seu bigode. Olhamos uns para os outros, retomando a sobriedade, ao perceber que não havia mais ninguém no vagão-restaurante. Bem nesse momento a condutora passou de novo, o que fez Zhora e seu amigo irem para o banheiro. Quando a porta de metal se fechou com um clique atrás deles, Petya fez sinal para que fôssemos embora. Andamos depressa pelos vagões e trancamos a porta da cabine depois de entrarmos. Petya tirou uma rolha de vinho da mala e a encaixou sob o ferrolho, para que não pudesse ser aberto à força.

Ficamos sentados rindo por muito tempo, tomando uma última rodada da garrafa de vodca. Mais tarde, meio grogues, descemos os leitos superiores e os cobrimos com lençóis brancos duros. Petya e Anya adormeceram em minutos, mas, quando fechei os olhos, o filme do dia anterior passou pelas minhas pálpebras. Depois de meia hora olhando a luz noturna e ouvindo o gaguejar das rodas, pus fones de ouvido. A música me deixava alternadamente assustado e com saudade de casa, até que encontrei uma do Sonic Youth. "*Love has come to stay in all the way/ It's gonna stay forever and every day*", cantavam as vozes de Thurston Moore e Kim Gordon na minha cabeça; lá fora, a floresta fantasmagórica se estendia em todas as direções. "*You got a cotton crown/ I'm gonna keep it underground.*" Adormeci com a guitarra berrando em meus ouvidos.

Quando o ganido dos freios me acordou, estava escuro lá fora. Meu relógio marcava 4h30. Estávamos na fronteira. Ouvi um som de botas nos degraus de metal. "Onde está o americano?" A relação de passageiros do trem listava os nomes e a nacionalidade dos passageiros, e eu era o único estrangeiro a bordo. Um momento depois, alguém bateu na porta da cabine. Petya guardou no bolso a rolha de vinho e acendeu as luzes. Dois guardas de fronteira com a bandeira ucraniana nas mangas do casaco entraram e nos observaram; o maior falou. Entregamos nossos passaportes, e ele fingiu examiná-los. Eu não conseguia ver seus olhos sob o visor. "Onde está a sua declaração alfandegária?", ele vociferou, virando-se para mim. Respondi que a condutora não tinha nos dado nenhum formulário. Estávamos assustados e ainda um pouco bêbados, e Anya e Petya protestaram em voz alta.

"Seus documentos não estão em ordem", o guarda entoou, como se estivesse lendo um cartão. "Vocês estão se comportando de maneira afrontosa e retendo este trem. Se não apresentarem declarações alfandegárias em noventa segundos, vou detê-los aqui."

Olhei para fora pela janela. Situado na noite em algum lugar na infindável fronteira russo-ucraniana, "aqui" era um abrigo de ferro corrugado que parecia não ter aquecimento. Sem roupa, em nossos leitos, olhávamos para os guardas. Eu estava um pouco nauseado devido ao medo, mas também preocupado de talvez começar a rir daquela evidente armação. O chão começou a se inclinar em direção a um resultado catastrófico quando Petya enfiou a mão no bolso da calça e entregou ao guarda uma nota amassada de vinte dólares. (Os russos costumam carregar dólares precisamente para esse tipo de transação.) O homem se animou, depois sorriu. "Bem-vindos à soberana República da Ucrânia", ele disse. "Tenham uma estada segura e agradável!" Ele nos fez uma saudação cordial, desceu os degraus para o corredor com o outro guarda e, depois de outra saudação mais garbosa, fechou a porta de correr da cabine.

Esperamos ao lado da nossa bagagem no corredor fora da cabine e olhamos pelas janelas, observando o campo se transformar nas ruínas de uma cidade de tamanho médio. O trem passou pelas carcaças de prédios de idade indeterminada, armazéns e instalações de água, seus tijolos espalhados ao longo dos trilhos; árvores jovens, escurecidas pela fuligem, cresciam aleatoriamente entre dentes-de-leão e capim-colchão. A estação ferroviária de Vinnytsia, um bunker de concreto sob um teto de metal corrugado, esperava entre os detritos. Petya nos guiou até um táxi clandestino que nos levou, em ritmo de bicicleta, pela rua principal até nosso hotel.

Em meu *Rough Guide* da região, Vinnytsia merecia um único parágrafo. A cidade, afirmava o guia, era "fora do comum por ser totalmente comum". No táxi, pensei em histórias de infância que meu pai me contara sobre o lugar; elas não correspondiam à deterioração e à pobreza visível que nos rodeavam. Um mercado ao ar livre ocupava ambas as calçadas ao longo da rua do rio. Sentada em um caixote, uma velha se debruçava sobre um par de galinhas depenadas aos seus pés no asfalto. Em bancas improvisadas, mulheres vendiam DVDs pirateados, doces caseiros e uma grande quantidade de artigos de moda: sapatos altos de amarrar com bico fino, suéteres de lã acrílica com nomes de designers famosos inscritos com lantejoulas na frente (um com erro de grafia), bolsas Gucci, relógios de pulso suíços da China. Também havia lojas nos prédios, o motorista nos assegurou, mas quase todo mundo comprava ali, onde os preços eram mais baixos.

Depois de fazer o check-in no hotel, sentamos para tomar o café da manhã e esperamos que um garoto de dezesseis anos usando avental nos trouxesse cardápios enormes, concebidos com a ausência de ironia e a queda por nomes abstratos dos soviéticos — uma entrada de banana com presunto se chamava "Ternura". Petya, Anya e eu concordamos em nos encontrar ali no fim da viagem. Eu disse que não sabia quando seria, mas eles não pareceram preocupados. Ainda não era meio-dia. Deixei a mala no quarto, joguei uma água no rosto e fui procurar meu avô.

Ninguém ali tinha ouvido falar de uma rua Voroshilov. Eu estava começando a achar que devia ter anotado o endereço errado quando uma mulher de seus cinquenta anos sorriu e assentiu com a cabeça. A rua mudou de nome há alguns anos, ela explicou. Quinquagésimo Aniversário da Vitória sobre o Fascismo era um nome grandioso para uma rua estreita de duas pistas com bétulas esqueléticas plantadas a cada seis metros na calçada. Um vento frio começara a soprar e um sol redondo e vermelho se punha atrás de uma fábrica quando vi o número 19, um prédio de tijolos residencial com cinco andares e sem elevador da década de 1930. Grafites acanhados cobriam a porta. No canto, uma placa na janela com persiana de um salão de beleza prometia eletrólise unissex e "tranças afro".

Carregado de presentes do mercado ao ar livre — margaridas amarradas com um elástico de borracha e um bolo numa sacola plástica com a inscrição "HUGO BOSS" —, fiquei parado à porta e cogitei as possibilidades. Considerei silêncio, demência, rejeição. Considerei minha falta de um plano de contingência significativo. Considerei o absurdo de viajar 8 mil quilômetros depois de uma única ligação telefônica sem nenhuma lembrança daquele homem e nenhuma mensagem para lhe dar.

Eu tinha passado meses imaginando encontrar Vassíli, mas por algum motivo naquele momento só sentia uma ansiedade frouxa e um desejo de acabar com aquilo. De repente, eu queria mais que qualquer outra coisa estar em casa. Pedalar pela ponte do Brooklyn até, lá do alto, poder ver a luz da manhã nas janelas acima da South Street, e além delas a Governors Island e as barcas se espalhando do terminal Whitehall. O desejo era tão vívido que quase dei meia-volta e caminhei para o hotel. Mas o que fiz foi olhar as horas e subir pela escada sem iluminação.

Uma mulher de avental florido abriu a porta. "Eu sou Sônia", disse, sorrindo. "Vi você na calçada e o reconheci da foto." Sônia era pequena, tinha cerca de oitenta anos e um rosto gentil e curioso. Me deu um abraço forte, depois me deixou entrar no apartamento e me guiou por um corredor com piso de linóleo até uma pequena sala de estar que cheirava a desinfetante e velhice. Estava cheia de móveis antiquados, plantas por podar e cortinas de renda florais. Uma manta castanha pendia sobre o sofá. Sobre uma TV antiga havia uma boneca loira sentada de pernas abertas, ao lado de uma antena interna amarrada com fita isolante.

Precisei de um momento para perceber que o senhor alto e magro no sofá era meu avô. Ele estava lá no escuro, como uma ave marinha incapaz de voar, os olhos pálidos e úmidos voltados para mim. Antes que eu desse uma boa olhada nele, meu avô me abraçou e me beijou nas duas bochechas, sem parar, como os russos mais velhos fazem, repetindo meu nome. Quando ele me soltou, olhei para o seu rosto, em busca daquele na fotografia. Tirei-a da mochila e a mostrei a ele. Meu avô pôs os óculos que estavam pendurados no peito por um fio de lã e olhou para ela com uma espécie de descrença: "Esse era eu?", murmurou. Sua voz era clara, ele estava bem barbeado. O blazer azul-marinho desbotado que ele usava tinha sido passado. Seu nariz se curvava na ponta, como o bico de uma ave de rapina, como o meu próprio. Era ele, pensei, genuinamente surpreso. Eu o encontrara.

Passamos aquela primeira noite em volta da mesa laqueada da sala de estar (a mesma em que meu pai e seus amigos tinham dançado cinquenta anos antes), tomando chá morno e comendo bolo. Quem mais falou foi Sônia. Ela me contou sobre a filha de Vassíli, Inna, meia-irmã de meu pai, que vivia a centenas de quilômetros a oeste, e me mostrou fotos dos netos: um menino magrelo e uma menina com cabelo cor de aveia agarrada a uma mãe de meia-idade cujo rosto eu não consegui ligar às duas ou três fotos de infância em que Inna aparecia pensativa, sempre sorrindo, ao lado do meu pai. O rosto retangular grave do filho de Sônia, um juiz militar em Moscou, nos olhava de uma foto emoldurada na parede.

Com o passar da noite, Sônia falou mais, e eu fiquei surpreso, depois envergonhado, que a maioria das dificuldades deles se resumisse à falta de somas de dinheiro triviais. Havia um balcão perigosamente instável que eles não tinham recursos para reforçar, um sofá com uma mola pontuda saltando para fora do assento que custava caro demais consertar. Como a maioria dos idosos ali, Sônia e Vassíli falavam sobre pensões: a dela era de 35 grívnias, cerca de setenta dólares, por mês, a dele, um pouco mais alta. Quando meu avô quebrou o quadril, eles não puderam pagar um cirurgião, e agora, depois de passar um ano e meio imóvel numa cama, Vassíli andava de bengala. A operação teria custado cerca de 3 mil dólares.

Vassíli não recebia muitas visitas, e só ficava sentado. Suas sobrancelhas eram espessas, e quando ele sorriu vi que três de seus dentes da frente eram revestidos de ouro. Seu humor só azedou quando, no fim da noite, ele perguntou sobre meu pai. Eu lhe contei o que sabia e vi seu rosto registrar surpresa e depois, aos poucos, constrangimento. "Achei que ele tinha ido para os Estados Unidos com você", Vassíli murmurou por fim. Por algum motivo, também me senti constrangido. Queria dizer alguma coisa para confortá-lo. "Ele pediu para lhe mandar lembranças", balbuciei. A mentira soou idiota no instante em que me saiu da boca, mas Vassíli foi transfigurado por uma aparência de alegria tão evidente que meu rosto corou de vergonha.

Na manhã seguinte, na rua Quinquagésimo Aniversário da Vitória sobre o Fascismo, mudamos as cadeiras para perto da janela, onde o sol batia de viés e iluminava as margaridas e o parquê desgastado, tornando a sala quase alegre. Vassíli tinha passado a manhã falando sobre sua infância em Aleksandrovka, uma aldeia localizada a pouca distância de carro de Vinnitsa. Aqueles eram os anos opressivos de guerra civil, coletivização e fome, mas para mim as lembranças de Vassíli soavam incompreensivelmente bucólicas. Então as histórias mudaram aos poucos para a volta dele a Vinnitsa depois da morte de Stálin, em 1953, como se os anos intermediários em Moscou tivessem sido ocupados com jardinagem e papelada, e não fossem dignos de menção. Sempre que eu perguntava sobre Moscou, ele se esquivava. De tempos em tempos, erguia a vista, lançando-me olhares culpados e furtivos, porque sabia que eu sabia o que ele estava fazendo. Sônia também parecia desconfortável. Eu esperava que ela me dissesse para deixá-lo em paz, para não constrangê-lo com minhas perguntas, mas então ela bateu a mão na mesa com tanta força que todos nos retraímos. "Conte a verdade a ele, Vassíli", Sônia quase gritou, e foi para a cozinha.

Vassíli ficou em silêncio por um momento, depois se virou para mim com o que parecia alívio. Eu o encarei sem palavras até ele limpar a garganta e voltar a falar, em um tom mais baixo, que soava mais como sua voz natural. "A primeira vez que vi Stálin foi em 8 de novembro de 1932", ele disse. "Eu me lembro de caminhar pela praça Vermelha, passando pela catedral de São Basílio. Voroshilov estava dando um banquete para comemorar o décimo quinto aniversário da revolução, e alguém tinha mandado me buscar. Imagine! O filho de um plantador de beterrabas. Eu tinha acabado de fazer 21 anos." O ar de desculpas de Vassíli tinha sumido, e ele parecia hipnotizado pelas próprias palavras, como se tivessem passado anos desde a última vez que havia falado sobre aquelas coisas.

Ele contou que tinha sido convidado porque era secretário da seção da Liga Comunista da Juventude — a Komsomol — na academia do OGPU em Moscou. Foi admitido depois de se alistar aos dezoito anos e servir dois anos em uma unidade de cavalaria do Exército Vermelho perto de Vinnitsa. OGPU era o nome da organização que tinha sido conhecida como Cheka e passaria a ser chamada por outros acrônimos, como NKVD, MGB e KGB. Vassíli foi um de um punhado de homens da unidade de cavalaria selecionados para a academia. No Exército, tinha sido bom em tudo. Seus comandantes gostavam dele por sua seriedade e honestidade, por não se queixar e não falar antes que lhe dirigissem a palavra. Até viajar para Moscou, com tudo o que possuía dentro de uma mala, Vassíli nunca havia estado a bordo de um trem.

Os guardas na Torre do Salvador sorriram com malícia quando ele apresentou seus documentos de identidade. "*Kudo idyosh paren*?", um deles o saudou – "Aonde você vai, garoto?". Eles o levaram pelo calçamento de pedras do Kremlin até o estreito prédio da Cavalaria, a residência do chefe da defesa, Kliment Voroshilov, e sua mulher, Ekaterina. Outra pessoa, Vassíli lembrou, o levou a uma sala de banquete lotada com uma mesa comprida e o pôs sentado ao lado de uma cantora de ópera – possivelmente, ele supôs, do Bolshoi. Vassíli mal registrou a presença dela.

Ele era a pessoa mais jovem no salão. Ficou sentado formalmente e estudou os rostos dos convidados, alguns dos quais reconheceu das páginas dos jornais. A liderança do país estava reunida em torno da mesa: o atarracado e meticuloso premier Molotov, o robusto Voroshilov em um uniforme adornado, o velho cavalariano revolucionário Budionniy, que torcia as pontas caídas do bigode com dedos manchados de fumo, e Yagoda, com cara de lua, que logo seria comandante do OGPU e chefe dele. Estavam tão perto que ele poderia tocá-los. Vassíli falou com a bela cantora e rapidamente entornou dois copos de vodca. Ficou mais amistoso e mais solto, até que uma mão lhe apertou o ombro. Seu diretor na academia, um oficial carrancudo em uniforme de desfile, coberto de medalhas, o puxou para um canto e o lembrou de que na presença dos líderes da nação a tarefa de um agente do

OGPU era observar e ouvir, não se deleitar com bebida e conversar como uma mocinha ingênua.

Durante a conversa, Vassíli não percebeu a entrada de Stálin. Era fácil ele passar despercebido entre os comissários condecorados, com apenas 1,74 metro de altura e usando uma túnica de linho branca e calça larga. Vassíli ficou surpreso ao ver as cicatrizes de varíola no rosto dele, que eram apagadas de fotos oficiais.

Em banquetes estatais, Stálin gostava de pôr água em vez de vodca em seu copo, desfrutando o jogo de observar seus convidados perderem as inibições enquanto ele permanecia sóbrio. Nos anos seguintes, Vassíli viu aquilo acontecer muitas vezes. Mas naquela noite Stálin tomou um copo de vodca atrás do outro, descuidando de comer, e ficou atipicamente falante e estrondoso, olhando de soslaio com o rosto vermelho para uma jovem esguia a vários assentos de onde ele estava. Relatos publicados sobre aquela noite sugerem que ela era Galina Yegorova, atriz e mulher do general Yegorov. Em seu vestido de franjas feito sob medida, ela parecia uma espécie separada das esposas matronais do Kremlin à sua volta. Yegorova reconhecia os olhares de Stálin, mas desviava os olhos, coquete.

Os relatos sugerem que, para chamar a atenção de Yegorova, Stálin fazia bolinhas de pão e as jogava nela, mirando seu decote; Vassíli só se lembrava de que Stálin flertara com uma jovem bonita. Os que estavam sentados em volta dele fingiam não notar, exceto a mulher de cabelo escuro em frente a Stálin – sua esposa, Nadezhda Allilueva. Ela olhava fixo para ele, enfurecida, e quando Stálin se levantou para brindar "à destruição dos inimigos do Estado" – os camponeses que resistiam à fome que ele havia desencadeado no campo propositalmente –, ela não ergueu o copo, de forma desafiadora. "Você não bebe?", ele gritou para a esposa, fazendo a mesa silenciar. Quando Allilueva respondeu,

Stálin jogou nela cascas de laranja e cigarros, até que a mulher saísse correndo do salão, soluçando. Polina Molotova, esposa do premier e amiga íntima de Allilueva, foi atrás dela. Os convidados permaneceram em silêncio, exceto por alguns cochichos que só os íntimos de Stálin se permitiam. "Minha boca provavelmente estava aberta", disse Vassíli, com os olhos úmidos. "Eu era tão jovem. Não sabia que devia desviar o olhar."

Aquela noite acabou sendo fundamental na história da nação, embora permaneça fragmentada e obscurecida pelo segredo forçado do totalitarismo. Muito da história continua a ser preenchido a partir de documentos recém-revelados e pesquisas, mas algumas das cenas nunca serão reconstruídas completamente. O que se sabe é que vários dos acontecimentos que viriam a ser chamados de Grande Terror tiveram suas origens naquela noite do começo de novembro, recontada numa multidão de boatos, relatos de segunda e terceira mão, fatos, pseudofatos e outros tipos de informação. Nem sempre é claro distingui-los, e alguns contradizem outros, mas no conjunto eles dão uma sugestão do que aconteceu.

Eis alguns deles. Na manhã de 9 de novembro, a governanta de Stálin encontrou Allilueva em seu quarto no Palácio Poteshny, deitada no chão em uma poça de sangue, com seu revólver alemão com cabo de madrepérola ao lado. O relato oficial, assinado por certo professor Kushner, declarou que a causa da morte foi um tiro no peito, autoinfligido. Mas uma autópsia executada pelo médico que chegou primeiro à cena, Boris Zbarzky — o principal anatomista do país e o embalsamador de Lênin —, concluiu que ela tinha morrido de um tiro na têmpora esquerda de uma arma disparada a pelo menos quatro metros de distância. Allilueva era destra; quando a governanta a encontrou, ela estava segurando um travesseiro encharcado de sangue à sua frente, como um escudo.

Um obituário no *Pravda* omitiu a causa da morte. No enterro dela, amigos notaram que seu cabelo estava puxado sobre a têmpora esquerda, embora ela sempre o usasse repartido ao meio. Uma pequena multidão se reunira no apartamento de Stálin antes de Zbarski ser chamado, e horas se passaram antes de se decidir que o secretário-geral devia ser acordado. Ao saber da morte da esposa, segundo relatos, Stálin teria chorado e gritado que não conseguiria continuar a viver. Ele não compareceu ao enterro. "Ela me deixou como um inimigo", Stálin teria dito, enquanto uma carruagem puxada por cavalos levava o caixão de Allilueva, passando por uma multidão de enlutados, da praça Vermelha ao cemitério no convento Novodevichy.

Talvez a violenta morte de Allilueva tenha inclinado a mente de Stálin a ainda mais isolamento, desconfiança e maldade. Talvez não tenha feito nada disso; talvez o terror que se seguiu fosse inevitável. O que ficou claro é que depois da morte dela a camaradagem revolucionária que ligava as famílias governantes foi substituída por suspeita, medo e paranoia, que acabaram engolindo o país. "Nossa vida", a anfitriã do banquete, Ekaterina Voroshilova, escreveu em um diário, "se tornou complexa ao ponto da agonia."

Perguntei a Vassíli se ele se lembrava de como a noite terminou. Ele inclinou a cabeça, pensativo. "Eu fui para casa", disse. "Eu não sabia por que nada daquilo estava me acontecendo, mas me lembro de estar feliz." Em Aleksandrovka, destacamentos do OGPU tiraram cúlaques — fazendeiros prósperos como o pai de Vassíli — de casa e deixaram órfãos muitos de seus ex-colegas de escola. A liquidação foi levada a cabo por agentes da polícia secreta, porque não se podia confiar em soldados comuns para atirar em camponeses. Mas naquela noite Vassíli foi para seu dormitório, perdido em pensamentos felizes, certo de que o futuro que imaginava para si estava se aproximando.

* * *

Enquanto eu voltava sem pressa para o hotel, minha mente parecia uma cobra que havia engolido um grande roedor e agora precisava de imobilidade e tempo para digeri-lo. O céu estava sem estrelas e as ruas, silenciosas, mas no parque casais ainda caminhavam e havia adolescentes nos bancos. Andei algum tempo entre eles, agradavelmente perdido. Uma brisa agitava as tílias e o ar cheirava a folhas úmidas. Sentei-me num banco, olhando ao redor, e comecei a pensar.

Antes da viagem, enquanto tentava encontrar informações sobre aquela cidade, eu deparara inesperadamente com uma das fotografias mais famosas do Holocausto. Ela trazia a legenda "O último judeu em Vinnitsa", e foi divulgada pela UPI durante o julgamento de Adolf Eichmann. Aquela imagem assustadora transformou a cidade provinciana das histórias de meu pai em minha mente. No meio do último século, a catástrofe em grande escala afetou quase todos ali, vinda do leste e do oeste enquanto a cidade passava de um lado para outro entre potências em guerra. Em Vinnitsa, o epicentro da catástrofe acabou sendo não um campo abandonado nos limites da cidade, mas o belo parque verdejante onde agora eu estava.

Em 1943 – quando o lugar se chamava Parque do Povo –, os ocupantes nazistas exumaram quase 10 mil corpos naquelas vizinhanças. Com exceção de 149, todos eram homens, na maioria ucranianos. Durante as execuções em massa de Stálin, em 1937 e 1938, eles foram obrigados a formar longas filas e receberam tiros na nuca disparados por agentes do NKVD (terá Vassíli participado da limpeza de inimigos em sua cidade natal?). Entrincheirados em uma batalha de propaganda com a União Soviética, os alemães divulgaram o "Terror Comunista" e montaram um painel de especialistas internacionais para examinar as 91 covas coletivas. Moradores locais conseguiram identificar menos de quinhentos dos corpos. Os restantes foram enterrados em uma cerimônia pública; o hierarca metropolitano de Odessa presidiu a missa fúnebre; um monumento foi erguido.

O que o Reich deixou de publicar foi uma série de "atos" levados a cabo nas proximidades no outono de 1941 pelos oficiais da SS do Einsatzgruppe D. Na manhã de 15 de setembro, o comando alemão ordenou que todos os judeus residentes na vizinhança de Uman, uma cidade a leste de Vinnitsa, se apresentassem no aeroporto local. Lá, sob a mira de armas, eles foram obrigados a se despir e entrar em fila ao longo de uma vala. Homens da SS caminharam pela fila atrás dos reunidos, atirando na cabeça deles com Lugers. Eles esfacelaram o crânio de crianças com a coronha das pistolas e as jogaram na pilha de corpos antes de atirar nas mães. O grupo seguinte de judeus recebeu pás e a ordem de cobrir os corpos, que ainda se mexiam, com hipoclorito de cálcio. Então eles também foram mortos a tiros. Vinte e quatro mil judeus morreram em Uman, e em 22 de setembro, quando a SS realizou uma ação semelhante em Vinnitsa, outros 28 mil corpos foram enterrados em covas rasas.

Logo depois de 22 de setembro, mais um massacre ocorreu no Parque do Povo. Vitimou 6 mil pessoas e foi praticado por milicianos ucranianos comandados pela SS. Em 1945, um oficial da Wehrmacht capturado, Oberleutnant Erwin Bingel, descreveu o acontecimento a seu interrogador soviético.

"De manhã, às 10h15", Bingel declarou, "tiros desenfreados e gritos humanos terríveis nos chegaram aos ouvidos. A princípio não consegui entender o que estava ocorrendo, mas quando me aproximei da janela [...] milicianos ucranianos a cavalo, armados com pistolas, fuzis e longas espadas retas de cavalaria, corriam selvagemente dentro e em volta do parque da cidade. Pelo que pude distinguir, estavam empurrando pessoas diante de seus cavalos – homens, mulheres e crianças. Uma chuva de balas foi então disparada contra essa massa humana. Aqueles que não eram atingidos de imediato eram abatidos com as espadas. Como uma aparição fantasmagórica, essa horda de ucranianos, liberada e comandada por oficiais da SS, pisoteava brutalmente corpos humanos, matando de maneira impiedosa crianças inocentes, mães e idosos cujo único crime era terem escapado do assassinato em massa, para finalmente serem abatidos a tiros ou surrados até morrer como animais."

"Nas próximas horas", continuou Bingel, "veríamos o seguinte. No parque municipal em Vinnitsa havia um buraco. Diante

desse buraco, cadáveres humanos, que tinham sido levados para lá de todo o bairro, eram despejados no chão. Os corpos eram de judeus assassinados. Os cadáveres foram jogados no buraco mencionado, em camadas, e cobertos com hipoclorito de cálcio. Desse modo, 213 corpos foram descartados, depois a vala foi fechada com tijolos."

A conhecida foto provavelmente foi tirada naquele dia por um soldado alemão não identificado. Mostra um homem judeu esquelético de casaco preto ajoelhado na beira de um buraco; um emaranhado de corpos é visível abaixo. Um belo oficial alemão de óculos com aro de metal está acima do homem, apontando uma pistola automática para a nuca dele. O mais notável na imagem são os soldados e oficiais agrupados logo atrás, posando calmamente para a fotografia em posturas de estoicismo e orgulho. Ao escrever sobre a imagem, um comentarista observou que, a julgar pelas expressões dos homens, eles poderiam estar vendo um barbeiro trabalhando.

Depois da guerra, os mortos enterrados no parque continuaram a ser usados como pouco mais que lastro político. Autoridades do Partido Comunista em Vinnitsa rededicaram o monumento nazista original às vítimas de mortes nazistas. Depois, quando o parque foi renomeado em homenagem ao romancista soviético Máximo Górki, ordenaram que o monumento fosse removido com uma escavadeira. O governo ucraniano erigiu outro no ano seguinte ao da minha visita. Eu só o vi em uma tela de computador: um agrupamento simples de três cruzes modernas com uma inscrição que diz, mais uma vez: "Às vítimas do terror stalinista".

O parque parecia bem cuidado, até alegre, enquanto a escuridão descia sobre as árvores. Ali, a história inundava cada centímetro quadrado – parecendo mais real e urgente que o presente –, no entanto, o chão sob meus pés não tremia. Ninguém chorava.

Era uma cálida noite de outono em uma cidade supostamente fora do comum por ser totalmente comum, e em algum lugar ao longe um rádio tocava "Have You Ever Seen the Rain?". Alguém nos bancos riu, e o vento soprou tão forte através das tílias que por um momento eu não consegui ouvir a música.

Depois que passei vários períodos de catorze horas por dia ao lado de Vassíli no sofá puído, as lacunas em suas histórias começaram a ser preenchidas. Independente do que mais pudesse ter sido, descobri que ele não era nem bronco nem simples. Meu avô respondia às perguntas sobre seu passado com uma sensibilidade estudada para a narrativa, enfatizando certos detalhes e omitindo outros, ávido por se mostrar como um inválido inofensivo, e ocasionalmente introduzia incoerências que se recusava a esclarecer. "Foi assim que aconteceu", ele comentava de modo seco. Quando eu o pressionava, ele cobria a ficção de uma memória fraca com cenas que descrevia em detalhes lapidares. Várias vezes me fixou um olhar ferido peculiar, como se dissesse: "Você veio aqui como meu neto, não meu interrogador".

Ele foi mais vago sobre os anos imediatamente anteriores à guerra, e não era difícil imaginar por quê. Naquele período, a guerra do governo soviético contra seu povo chegou ao ápice; em sua selvageria e extrema irracionalidade, tem poucos paralelos. Entre 1935 e 1941, milhões de cidadãos soviéticos foram presos, e pelo menos 700 mil executados, muitos por cota. Os expurgos foram precedidos e sucedidos por milhões de mortes causadas por guerra civil, inanição em massa, coletivização e a catastrófica guerra com a Alemanha. As prisões e execuções dizimaram as fileiras dos principais intelectuais, escritores e artistas do país, mas também de inventores, engenheiros e táticos militares, sem falar da elite política. A maioria das vítimas, claro, não era proeminente nem renomada.

Naqueles anos, chegar ao trabalho com cinco minutos de atraso era às vezes um pretexto para prisão; o governo de Stálin buscou transformar cada cidadão em um informante ao afirmar que os inimigos estavam por todo canto, escondidos à vista de todos. Nisso, ele foi extraordinariamente bem-sucedido. Cotas mensais de Moscou para encontrar e prender "terroristas", "agitadores antissoviéticos" e outros "inimigos do povo" eram recebidas por escritórios locais do NKVD, exigindo até sessenta prisões por dia. Todas as manhãs, formavam-se filas às portas dos escritórios, com as pessoas esperando pacientemente para apresentar denúncias. Elas se enfileiravam para denunciar vizinhos, colegas, familiares. Algumas estimativas sugerem que um em cada sete cidadãos soviéticos se tornou informante.

Em sua rejeição à experiência pessoal e ao bom senso, a mentalidade soviética daqueles anos lembrava uma psicose em massa. Décadas depois da morte de Stálin, centenas de milhares de pessoas continuavam a acreditar nas acusações que eram dadas como as razões para o desaparecimento de seus familiares — morreram acreditando que seus pais, irmãos e cônjuges tinham sido conspiradores e espiões.

O trabalho diário dos expurgos cabia a homens como Vassíli. Ele respondeu a perguntas sobre o tempo em que trabalhou no

OGPU e no NKVD na metade e no fim da década de 1930 relatando episódios vagos sobre seguir estrangeiros em restaurantes e escutar suas conversas, vigilância e campana, apresentar relatórios. Admitiu que a partir de 1935 trabalhou em um escritório na Lubianka, um lugar central para a imaginação soviética. Símbolo de mortalidade em forma de edifício, era um centro de operações, prisão e câmara de tortura da polícia secreta, e há poucas crônicas dos anos de Stálin em que não figure com proeminência. Prisioneiros detidos lá falavam de laboratórios de drogas secretos, gravações de mulheres chorando transmitidas pelos dutos de ventilação para abalar o moral de prisioneiros, níveis subterrâneos centenas de metros abaixo do chão, crematórios. No que antes tinha sido um pátio ficava uma prisão para prisioneiros políticos famosos — uma série de celas com janelas tão cerradas que só permitiam a passagem de um único raio de luz — chamada Isoladora.

Vassíli costumava desviar o olhar quando eu perguntava sobre a Lubianka e seu trabalho lá. Preferia falar sobre convicções: ser um verdadeiro crente na difícil missão do comunismo e na necessidade de cortar periodicamente a parte podre do miolo da maçã. "É claro que acreditávamos em tudo aquilo", ele disse, recorrendo à resposta-padrão daqueles que cometem atrocidades. Algumas vezes ele soava como se tivesse sido enganado, outras, irritável e defensivo. Admitiu que era um investigador de baixo escalão, um entre muitos. Quais eram suas atribuições? Ele se recusava a desenvolver a resposta além de "interrogatório" e "papelada". Enquanto ele falava, eu me esforçava para ligar a expressão meiga e acanhada de Vassíli, a máscara de inválido, com o que eu sabia que ele devia ter visto e feito: tortura em busca de confissões falsas que, em muitos casos, levavam a sentenças de morte e execuções sumárias. Vassíli se escondia nos efeitos destrutivos suavizantes da idade, as pregas e rugas que apagavam de seu rosto a expressão de domínio e mesmo crueldade que eu pensava ver nas fotos de seu eu jovem que Sônia me mostrara. Eu sabia que simplesmente aceitar seus relatos enfadonhos e inócuos teria sido ingênuo. "Para aquele trabalho, é preciso ter uma vocação particular", disse o poeta Óssip Mandelstam sobre seus interrogadores na Lubianka. "Nenhum homem comum poderia aguentar."

Depois que voltei a Nova York, pensei nas evasivas de Vassíli quando deparei com um livro estranho, curto e fora de catálogo de Walter Krivitsky, um oficial de inteligência soviético de alto escalão que, no auge dos expurgos, conseguiu desertar para os Estados Unidos. "Uma das peculiaridades do processo judicial soviético", ele escreveu em 1939 sobre a Lubianka, "é que, a despeito do tremendo número de execuções, não há carrascos regulares. Às vezes os homens que vão ao porão para executar sentenças de morte [...] são oficiais e sentinelas do prédio. Às vezes, são os próprios investigadores e promotores. Para uma analogia, deve-se tentar imaginar um promotor distrital de Nova York obtendo uma condenação por homicídio em primeiro grau e depois correndo até Sing para acionar a alavanca na câmara de gás."

Mais tarde, eu me perguntei por que o estudante talentoso da academia da polícia secreta — que foi convidado ao Kremlin para jantar ao lado de Stálin e do Politburo — não conseguiu ascender nas fileiras da organização. O nome de Vassíli não aparecia em nenhum lugar nas listas dos oficiais de alto escalão do NKVD, nem dos membros daquela organização que receberam medalhas e ordens importantes, nem dos deputados que iam a convenções e congressos do partido. No fim eu me dei conta de que ele devia ter propositadamente evitado essas distinções no interesse da sobrevivência. "Foram anos sombrios", disse Vassíli, tentando dar substância a essas palavras vazias com um leve estreitar de olhos. "A pessoa tinha de seguir seu próprio conselho." E completou, mais baixo: "Você sempre tinha que saber como lidar com a situação, porque a situação mudava diariamente".

Em março de 1937, o recém-apontado chefe da polícia secreta de Stálin, Nikolai Yezhov, um diminuto burocrata com rosto de lobo e título de comissário do povo para assuntos internacionais, discursou para uma reunião de membros seniores do NKVD em um anexo da Lubianka. Ele acusou seu antecessor, Genrikh Yagoda – o homem que tinha empregado Vassíli –, de ser simpatizante do tsarismo, fraudador e espião alemão. Quando Yezhov acabou de falar, alguns dos oficiais de alto escalão presentes na reunião correram para o parlatório para denunciar colegas e superiores em uma tentativa inútil de ser salvos. Os chefes de departamento de Yagoda já haviam sido presos; grande parte da liderança teve o mesmo destino; depois de ser acusado de tramar o envenenamento de Stálin e da maioria de seus substitutos, Yagoda foi executado. Dois anos mais tarde, após supervisionar a fase mais letal dos expurgos – um período que ficaria conhecido como Yezhovshchina –, o homem apelidado de Anão Venenoso foi ele próprio acusado de espionagem e morto, substituído por Lavrenty Beria, georgiano como Stálin. Stálin chamava Beria, que se manteria no posto por muito mais tempo que seus antecessores, de "nosso Himmler" e "Olhos de Serpente". Beria se tornaria o mais poderoso e o mais temido dos substitutos de Stálin, e desempenharia papel fundamental na carreira de meu avô.

"Uma geração inteira deve ser sacrificada", Stálin decretou, e na década de 1930 nenhuma parte da estrutura de poder soviética foi expurgada mais completamente que o aparato da polícia secreta. O desertor Krivitsky escreveu: "Homens de prudência buscavam a obscuridade, o rebaixamento a um posto num escritório, se possível – qualquer coisa para evitar os holofotes. [...] As razões para a prisão de uma pessoa não tinham nenhuma relação com as acusações apresentadas contra ela. Ninguém esperava que tivessem. Ninguém exigia isso. A verdade se tornou irrelevante. Quando digo que o governo soviético se tornou um hospício gigantesco, falo literalmente. [...] Não é engraçado quando seus amigos e camaradas da vida inteira estão desaparecendo na noite e morrendo a sua volta. Por favor se lembrem de que fui um interno daquele hospício gigantesco". Em 1941, dois anos depois de ter escrito essas palavras, o coronel Krivitsky foi encontrado no hotel Bellevue, em Washington, D.C., a poucos quarteirões do Capitólio; estava na cama, morto por um tiro. Três bilhetes suicidas encontrados em seu quarto foram julgados falsificações grosseiras, e até hoje sua morte não foi solucionada.

Em Vinnytsia, comecei a entender que o próprio fato de Vassíli estar sentado ao meu lado atestava o que só podia ser sua combinação incomum de inteligência, astúcia e sorte, mas eu não

tinha certeza de em que proporções. Talvez por causa do olhar de espanto em meu rosto, ele se inclinou em minha direção, sob a luz, e me serviu uma dose de vinho de morango local. "É bom para o coração", disse com a voz rouca, e exibiu um sorriso dourado.

"Eu estava no front quando recebi o telegrama", contou Vassíli, reanimado. Petya tinha aparecido mais cedo para tirar algumas fotos, e, depois de comer sanduíches de pão branco e queijo, Vassíli e eu tomamos chá em xícaras de porcelana decoradas com guirlandas de rosas. Sônia foi para a cozinha, deixando-nos a sós. Ele estava me contando sobre 1941. Entrincheirado perto de Smolensk, Vassíli era membro de uma unidade de bloqueio do NKVD que marchava atrás das linhas de frente. Era uma inovação da polícia secreta soviética destinada a dissuadir potenciais desertores, oferecendo aos soldados do Exército Vermelho, mal equipados e muitas vezes superados em número pelo inimigo, a escolha entre os panzers diante deles e as baionetas de seus compatriotas atrás. O telegrama convocava Vassíli com urgência para Moscou. Ao chegar, ele descobriu que tinha sido incorporado ao destacamento de segurança pessoal de Stálin e na manhã seguinte deveria se apresentar ao tenente-general Nikolai Vlasik, no Kremlin.

Os guarda-costas foram por fim incorporados à KGB e passaram a ser conhecidos como o Nono Diretório Principal, mas durante os anos de guerra operavam como uma força semiautônoma subordinada diretamente a Stálin. O chefe deles, Vlasik, ex-agente da polícia secreta da Bielorrússia, agia como o factótum do líder supremo, chegando a tutorar os filhos de Stálin e cuidar deles depois da escola. Em suas memórias, a filha de Stálin, Svetlana Allilueva, se lembra de Vlasik como semiletrado e grosseiro, mas inquestionavelmente leal. Seu poder derivava de uma proximidade hermética com seu patrono. Junto com o secretário de Stálin, Aleksandr Poskrebyshev, ele constituía a barreira mais recôndita entre o Estado e seu líder. Vlasik era provavelmente o homem de quem Stálin, um paranoico, desconfiava menos.

"Desde o primeiro dia", admitiu Vassíli, "eu tive grande reverência por Stálin. Ele se comportava com modéstia, ouvia, valorizava a honestidade e a franqueza." Vassíli recebeu instruções de caminhar dez metros à frente ou atrás do líder supremo e às vezes ocupar o lugar do passageiro no Packard do generalíssimo. Só devia falar quando solicitado. Ele me contou sobre noites que passou na residência de campo, a dacha em Kuntsevo. Vassíli patrulhava as ruas e a casa sossegada onde Stálin dormia no sofá. Em anos posteriores, ele ficava de costas para uma parede e observava bacanais noturnos em que membros do Politburo, cuja presença era obrigatória, dançavam e bebiam até apagar, para deleite de seu líder sóbrio. Ao amanhecer, Vassíli conduzia os oficiais extenuados para suas limusines. Sobre aquelas partidas no começo da manhã, um membro do Politburo escreveu: "Você nunca sabia se ia para casa ou para a prisão".

Também nos banquetes do Kremlin Vassíli ficava de prontidão e vigiava. Quando convidados excessivamente zelosos se levantavam e tentavam se aproximar de Stálin para brindar à sua saúde, Vassíli os interceptava e os guiava de volta a seus assentos. "Stálin fingia não notar", ele se lembrou, sorrindo, "mas eu podia ver que ele gostava da demonstração de força." Havia um tom de alarme em sua voz sempre que ele mencionava a proximidade física de Stálin, como se o georgiano estivesse na sala ao nosso lado. Perguntei se Stálin alguma vez falara com ele diretamente. "Talvez meia dúzia de vezes", respondeu Vassíli. "Eu me lembro da primeira vez, na dacha. Fazia uns dez anos que eu era oficial, mas, quando ouvi a voz dele e notei que olhava para mim, comecei a suar e tremer. Stálin só queria saber se eu estava recebendo meu salário." Ele riu.

O trabalho de um guarda-costas, admitiu Vassíli, era "menos político" – em outras palavras, mais seguro – do que seu antigo posto na Lubianka. Contudo, ele não podia deixar de notar os desaparecimentos. Em certas manhãs, colegas de trabalho não apareciam, e nunca mais eram mencionados. Vizinhos se mudavam à noite. Ex-instrutores da academia da polícia secreta, investigadores e promotores veteranos que haviam lhe ensinado ideologia e métodos, eram eliminados dos registros públicos e sua própria existência era apagada. Muitos eram presos, alguns tiravam a própria vida, outros simplesmente sumiam.

Em 1943, na conferência plenária em Teerã, para onde viajou como membro da equipe de segurança de Stálin, Vassíli fez amizade com um americano, um dos homens do serviço secreto que viajavam com o presidente Roosevelt. "Fazendo amizade com um agente estrangeiro?", um colega guarda-costas o provocou certa noite, quando os dois dividiam um cigarro. "Comportamento suspeito para um socialista." Vassíli notou um traço de ameaça no comentário. Depois disso, sempre que deparava com o americano, ele fingia não o notar: "Toda vez que ele acenava e chamava meu nome, eu corria e me escondia".

Em 1941, o ano em que Vassíli foi chamado de volta a Moscou para proteger Stálin, a jovem esposa de meu avô morreu de repente à noite; hemorragia abdominal consta como a causa em sua certidão de óbito. Eles estavam casados havia menos de três anos. Vassíli mandou a filha de um ano deles para morar com seus pais em Aleksandrovka, no que havia se tornado uma fazenda coletiva. Ele ficou sozinho em Moscou. Como passava suas horas de folga?, pensei. "Eu não tinha amigos", ele disse. "Não tenho certeza do que tinha a oferecer a alguém." O trabalho havia mudado o recruta acadêmico ansioso que chegara a Moscou uma década antes. "Muitos dos homens que eu conhecera em Moscou tinham morrido. Eu sabia que o telefone era grampeado e que havia escutas no apartamento. Naquela época, todo mundo era vigiado por alguém."

"Quando conheci sua avó, eu tinha me tornado uma pessoa diferente", ele disse. Era só a segunda vez que mencionava Tamara. Antes, quando eu perguntara como se conheceram, ele fizera uma careta. "Ela apareceu no meu apartamento, levantou a saia e nunca mais foi embora." Ele soltou as palavras com uma malícia palpável, e estava prestes a falar mais quando Sônia pôs a mão no braço dele. Mais tarde, seu amargor se dissipou. Parecia indiferente quando me contou sobre chegar em casa depois de uma viagem de trabalho ao exterior de dois meses e encontrar o apartamento vazio. "Fui procurar Tamara e andei por toda a Moscou. Já estava escuro quando a vi na janela de um café. Ela estava sentada a uma mesa em frente a um jovem bem-vestido, falando com ele com intimidade. Eu sabia que devia me sentir furioso e traído, mas naquele momento não senti nada, então me virei e voltei para casa. Nunca contei isso a ela."

Quando meu pai surgia em nossas conversas, às vezes também suscitava a ira de Vassíli. "Que tipo de filho abandona o pai?", ele perguntou enquanto descrevia sua última visita. E afirmou que meu pai gritou com ele, sugerindo até que os dois não eram parentes – um lembrete ferino das infidelidades de Tamara. Meu avô pediu a Sônia que confirmasse a versão dele do encontro, e ela assentiu com a cabeça, triste e sem raiva. Segundo Vassíli, foi meu pai quem interrompeu primeiro a comunicação. "Ele simplesmente parou de escrever", disse, invertendo a acusação feita por meu pai. "Nem uma carta ou um telefonema em vinte anos. Ou vinte e cinco?"

Quando Vassíli me pareceu mais reflexivo, perguntei a ele sobre ser pai. "Eu os sustentei", ele respondeu rigidamente. "Sempre deixava dinheiro para Tamara. Não houve um dia em que eles saíssem sem uma refeição ou roupas ou sapatos novos. Na época, não havia muitos filhos que podiam dizer isso." Então, como se sentindo suas palavras um tanto defensivas, ele relaxou. "Não falávamos muito", acrescentou depois de uma pausa. "Quando eu estava em casa, não havia muito a dizer."

Em nosso último dia juntos, Vassíli me contou sobre a garota. Eu pude perceber que ele estivera guardando aquela história, sem ter certeza de que queria revelá-la. Passava-se em Moscou, em 1943. Era o pior ano da guerra, e a cidade era um lugar que mal posso imaginar: balões barragem cor de chumbo, proteção de pilotos alemães, pairavam sobre o Kremlin, e uma aldeia-chamariz montada com madeira compensada ocupava a praça Vermelha. As ruas estavam quase desertas; a cidade se encontrava paralisada, mergulhada em um perpétuo escurecimento parcial. Pão, eletricidade e gás eram racionados, mas fábricas operavam durante a noite. Uma mulher ou um homem em idade produtiva que faltasse um dia ao trabalho recebia uma sentença de prisão de cinco a oito anos, e mesmo prisioneiros eram levados a seus escritórios e linhas de montagem seis dias por semana para trabalhar em turnos de doze horas antes de ser devolvidos a suas celas. Sirenes uivavam durante ataques aéreos noturnos repentinos; habitantes dormiam em pisos de ladrilho em estações de metrô subterrâneas; rádios eram confiscados. A lei militar estava em vigência. Em 1943, em Moscou, crianças de doze anos foram sumariamente executadas por roubar pão.

Numa tarde nublada, Vassíli viajava no banco de trás de uma limusine preta, um dos Packards blindados que Stálin esbanjava a seus servidores. Carros civis eram raros, e os pedestres ao longo do aterro paravam para vê-los passar. A limusine reduziu a velocidade perto da entrada da ponte Borodino. Uma garota caminhava rapidamente na calçada; parecia estar com pressa para chegar em casa. Vassíli se lembrou de que ela parecia ter dezesseis ou dezessete anos e era magra e alta, com rosto redondo e franja castanha. O carro se aproximou do meio-fio e por um tempo costeou a guia ao lado dela. Então parou. A garota se aproximou timidamente e se abaixou para espiar o interior escuro do automóvel.

O homem dentro do carro que a estudava com máximo interesse era careca e pálido; usava um uniforme comum e um pincenê sobre olhos aguçados e inteligentes. Mesmo não sendo ainda um membro pleno do Politburo, o primeiro vice Lavrenty Beria – comissário geral de segurança do Estado e diretor do sistema prisional conhecido pelo acrônimo Gulag – era a pessoa mais temida do país.

Os homens assustaram a garota, mas, quando ela recuou, um armênio de 140 quilos que tinha saído da limusine – um assistente de Beria chamado Kobulov – a agarrou. Ele a ergueu do chão e a enfiou pela cabeça no carro tão facilmente quanto faria se fosse um feixe de lenha. Não levou mais que alguns segundos. Ninguém na calçada parou.

Vassíli estava no banco de trás. O mais jovem dos homens no Packard, tinha sido emprestado da equipe de segurança de Stálin. O chefe da polícia secreta gostava de fazer amizade com os guarda-costas de Stálin, contou-me Vassíli, com uma expressão de seu desprezo pelo chefe deles, o obtuso mordomo de Stálin, Vlasik. Era a primeira vez que Vassíli andava de carro com Beria. Sabia que estava sendo testado. Sentado no banco de trás, ele observava os olhos assustados e inquietos da garota.

A limusine foi para uma mansão na rua Malaya Nikitskaya que pertencera ao general tsarista Kuropatkin. Lá dentro, criados tinham montado um banquete georgiano — carneiro assado, *satsivi*, garrafas de vinho tinto. Os homens de Beria ficaram sentados em volta da mesa, rindo e se embebedando. Vassíli ficou no corredor e observou: estavam lá um dos guarda-costas do comissário, Sarkisov ou Nadaraia (ele não se lembrava qual), o enorme Kobulov, alguns outros que ele não conhecia, e, na cabeceira, o próprio Beria, beliscando berinjela, inteiramente sóbrio. Eles tinham quase esquecido a garota quando Kobulov chegou com seu andar de pato e a pôs em cima da mesa, fazendo um prato se despedaçar no chão. Em algum lugar nas entranhas da casa, uma valsa de Chopin trilava em um gramofone. A garota ficou ali, paralisada, até que Kobulov a empurrou e ela começou a oscilar levemente ao som da música. Vassíli recordava que ela ainda tinha um rosto de criança que lembrava o de sua irmã mais nova.

Ele assistiu ao striptease desajeitado, os georgianos zombando e rindo, e enfiou as unhas nas palmas das mãos, porque queria gritar, derrubar a mesa, sacar a arma e atirar para o alto. Mas ficou no corredor e viu um deles carregar a garota para o andar de cima. Beria se levantou, pôs o guardanapo nas costas da cadeira e foi atrás deles. Vassíli sabia que a garota não voltaria para casa nem seria mais vista. "Só fiquei lá", ele disse. "Vigiando."

Vassíli relatou o fim da história olhando bem para a frente, sem se virar em minha direção, o queixo endurecendo com a menção à garota. Naquele momento, ele parecia menos contido, o ar de encenação esquecido. O rosto encovado e afável do inválido de 93 anos assumiu sua gravidade anterior.

Ele teve um vislumbre de Beria pouco depois da morte de Stálin, em Kuntsevo, no dia 5 de março de 1953. Quando os guarda-costas foram informados da morte de Stálin naquela manhã, Svetlana Allilueva recordou em seu livro de memórias, dois deles se mataram. Todos os empregados da casa, até as cozinheiras e suas ajudantes, foram demitidos. Dias depois, disse Vassíli, Beria o chamou ao seu escritório e anunciou que o estava transferindo para trabalhar na administração de um campo penal no leste da Sibéria. Vassíli percebeu que a transferência era uma deportação, sabendo que Beria estava trabalhando rápido para eliminar todos os que tinham estado perto de Stálin. Nas semanas seguintes, no que pode ter sido um ato de audácia impensável, ele tentou influenciar Beria — que agora talvez fosse o indivíduo mais poderoso na União Soviética — a enviá-lo para Vinnitsa, onde poderia cuidar de seus pais idosos. Aparentemente Beria atendeu ao seu pedido, porque em abril de 1953 Vassíli se apresentou ao escritório do MGB (como o diretório de segurança estatal foi brevemente conhecido) em Vinnitsa, designado para monitorar as atividades de nacionalistas ucranianos enquanto aparentemente trabalhava no departamento de recursos humanos de uma fábrica. Ele levou consigo Tamara e os filhos.

Vassíli sabia que não havia escapado facilmente. Beria tinha passado a perna em Vlasik, seu ex-chefe, que estava preso, condenado por acusações forjadas de fraude. Alguns meses depois, quando Nikita Khruschóv emergiu como sucessor de Stálin, o próprio Beria perdeu poder. Depois de dirigir o aparelho de segurança do Estado da União Soviética por quase quinze anos, ele se tornou prisioneiro em sua masmorra da Lubianka. Lá, em 23 de dezembro de 1953, um general chamado Batitsky enfiou um pano na boca de Beria e atirou na nuca dele a curta distância. Batitsky foi promovido a marechal por fazer isso.

Sentado no sofá, eu fazia anotações em um caderno, mas alguma coisa no relato de Vassíli me incomodava. Como um simples guarda-costas conseguira uma reunião cara a cara como o possível sucessor de Stálin? Como depois conseguiu persuadi-lo a retificar sua própria ordem? "Você trabalhava para Beria o tempo inteiro, não era?" Vassíli assentiu, parecendo contente com minha perspicácia.

Ele disse que durante o tempo que passou no Kremlin se viu preso em uma briga de influência entre Vlasik e Beria, que Beria quase sempre vencia. Em 1944, por ordem de Beria, Vassíli foi enviado à Crimeia para participar da deportação dos tártaros, um grupo étnico que Stálin considerava "não confiável". Vassíli contou como assistiu a famílias serem espancadas e tiradas de casa, e ao estupro em massa, depois descreveu como ele próprio conduziu mulheres e crianças para vagões de transporte de gado e amarrou com arame as maçanetas das portas. Mais de um quarto dos 190 mil tártaros a bordo daqueles trens morreu. Por um momento, sob a luz fraca, os olhos de Vassíli marejaram. A fúria distorceu sua voz. "Eu era um major", ele quase gritou. "Tinha uma sala na Lubianka e supervisionava 55 homens. Ele me usou como um assassino comum. Beria era o mais esperto deles, e eu o detestava."

Foi a primeira vez que ele reconheceu não ser um investigador de baixo escalão, como afirmava, mas um oficial que comandava 55 agentes. Mais importante: admitiu ser um homem de Beria, e não de Vlasik. Meu cérebro estava fervilhando, tentando preencher as lacunas nas histórias. Vassíli denunciou seus superiores no Kremlin? Forneceu provas que levaram à prisão de Vlasik? Pensar em meu avô trabalhando para Beria me fez perder a respiração. Eu tinha lido que, logo depois de se tornar chefe da polícia secreta, Beria trancou um ex-superior e a mulher dele em uma cela na Lubianka e os fez ver guardas surrarem seu filho adolescente até a morte. Depois, antes de ir embora, jogara uma cobra venenosa na cela deles.

Quantos sequestros, quantos assassinatos Vassíli testemunhou? De quantos participou? Ele meramente exigia confissões, com um cigarro na mão e um guarda postado na porta, ou praticava espancamento e tortura? Realizava as execuções? Eu precisava de mais informações, precisava resolver as incoerências e fazer uma linha do tempo mental, mas Vassíli já percebera que tinha falado demais. Pedi que explicasse, fornecesse detalhes, mas ele sorriu fracamente. O inválido mudo e contrito retornou.

Eram quase dez horas. Os únicos sons eram o tique-taque de um relógio e, lá fora, o zumbido de um bonde, parecido com o de uma engrenagem. Os faróis dos carros que passavam tremulavam pelo teto, primeiro amarelos, depois vermelhos, por fim de um rosa lavado. Vassíli e eu estávamos sentados a uma mesa, frente a frente, avaliando um ao outro. Eu sentia o peso de tudo o que ele havia ocultado ou não mencionara, tudo o que levaria consigo. Aquilo era palpável entre nós.

Eu tinha viajado 8 mil quilômetros para encontrar aquele homem, quase certamente o último guarda-costas de Stálin vivo, que por acaso era meu avô, e inadvertidamente me via como um cartógrafo amador de sua vida. Eu imaginava decodificar seus papéis como perpetrador e vítima, tentando resumir e pesar suas motivações, traçando seu envolvimento em acontecimentos de décadas antes. Percebi como havia sido ingênuo. A culpabilidade dele era um continente imenso e incognoscível, cheio de ambiguidades indecifráveis. Vassíli tinha permitido que eu entrasse apenas na antessala de seu passado.

Eu também estava percebendo que o papel do meu avô nesses acontecimentos afetava todos nós que estávamos ligados a ele. Meu pai tinha de se nutrir dos restos de humanidade que Vassíli levava para casa e de seu passado amedrontador. *Aquilo*, entendi finalmente, era história: não a narrativa ordenada dos livros, mas uma aflição que se propagava de pai para filho, de irmã para irmão, de marido para mulher. Ela tirou Tamara de Vassíli, Vassíli de meu pai, e meu pai de minha mãe e de mim. Cinquenta anos depois de sua morte, Stálin — o espantalho dos noticiários em preto e branco — também alcançava minha vida.

Sônia estava ouvindo na cozinha. A noite inteira notei que ela queria dizer algo, e, quando fui até o fogão para me servir uma xícara de chá, ela me chamou para um canto, fora do alcance dos ouvidos de Vassíli. "Quando eu tinha doze anos, minha mãe foi presa", ela disse, com a mão em meu braço. "Tinha uma fazenda e foi denunciada por um vizinho. Meu pai fugiu. Meu irmão tinha nove anos. Os orfanatos não admitiam filhos de inimigos, então, por três anos, vivemos na rua, mendigando. Uma família ortodoxa virtuosa nos acolheu. Um dia, eles ouviram meu irmão cantar uma canção soviética que ele tinha aprendido na escola e nos mandaram embora. Dois anos depois meu irmão foi morto no front." Ela olhou pela janela, para a calçada vazia. "Às vezes eu odeio este país", disse, com um fervor que lhe encheu os olhos de lágrimas.

Na sala de estar, Vassíli comia um pedaço de bolo, alheio a nossa conversa. Eles estavam casados havia 35 anos. Como ela conseguia, na velhice, cuidar do guarda-costas enfermo de Stálin? "Vivemos em tempos terríveis", disse Sônia, adivinhando minha pergunta. "Tudo o que resta agora é sermos gentis um com o outro."

Era quase meia-noite, e eu disse a Vassíli que faria uma visita no dia seguinte, para me despedir, antes de pegar o trem de volta a Moscou. Sônia me entregou uma pilha de fotografias que eu pedira para fazer cópias. "Fique com elas", disse, "senão vão acabar no lixo." Antes de sair, fiquei um tempo sentado ao lado de Vassíli, estudando seu rosto, tentando lembrar tudo o que tinha sido dito. Dei-lhe boa-noite, e ele agarrou minhas mãos e só as soltou quando estávamos sozinhos e seu rosto estava tão perto do meu que eu podia sentir o cheiro da sua respiração.

"Eu tinha medo todos os dias", ele sussurrou, e me soltou.

* * *

Pouco depois do nascer do sol, Petya e Anya estavam dormindo em seus leitos. O trem balançava enquanto eu espalhava sobre um cobertor as fotos que Sônia tinha me dado. Havia uma dúzia de retratos de Vassíli. No mais antigo, ele posa de prontidão com a bandeira de sua divisão do OGPU, várias medalhas presas no peito; na parede atrás dele há uma pintura famosa de Stálin numa túnica branca falando a uma multidão. No verso da foto há uma inscrição de seu comandante, datada de 1935 e estampada com o selo do NKVD.

Uma foto colorida à mão do ano seguinte mostra meu avô um pouco parecido com um jovem Cary Grant, rindo, com boina de tweed, casaco com gola de pele de carneiro, camisa de risca, blazer de gabardine e gravata listrada com um motivo bordado. O casaco está aberto, revelando uma medalha presa no blazer por um cordão de ouro. O retrato pomposo tem uma inscrição para os pais e a irmã em casa: "De seu filho Vássia, em Moscou".

A imagem mais incomum, notável por sua vaidade imperdível, foi tirada no apartamento comunal em Moscou. Vassíli está sentado a uma mesa coberta com uma toalha branca, ao lado de um vaso de flores. Está apoiado nos cotovelos e descansa o queixo sobre os dedos entrelaçados, parecendo um poeta ouvindo com arrebatamento. A pose é estranhamente extravagante, quase feminina. Por um momento imaginei quem teria tirado a foto, até me dar conta de que Vassíli devia tê-la encenado e tirado ele próprio, montando sua Leica sobre um tripé.

Durante algum tempo observei um retrato oficial de 1950: Vassíli traz uma insígnia de oficial nos ombros e na gola do uniforme; uma cortina de medalhas sobrepostas pende do lado esquerdo de seu peito; à direita, há três ordens – duas Estrelas Vermelhas

e uma Ordem da Guerra Patriótica, concedida por "feitos heroicos". Diferente da pessoa afetada nas fotos anteriores, mais despreocupadas, aqui Vassíli parece duro e inequivocamente triste.

O que aconteceu a Vassíli nos anos que precederam essa foto, tirada três anos antes da morte de Stálin e da partida repentina de sua família de Moscou? Em 1950, ele já tinha se casado duas vezes, era pai de dois filhos e um veterano de guerra condecorado, um oficial que comandava 55 homens, um policial secreto que participara de prisões, interrogatórios, desaparecimentos e o que acabara sendo um genocídio na Crimeia. Eu só podia imaginar o que mais ele tinha visto e feito, mas com certeza Vassíli entendia melhor que a maioria a fragilidade peculiar da existência dele e de sua família. O que significava descender de tal homem?

No envelope que Sônia me dera, havia também várias fotos de Tamara, todas posadas. Em uma, ela está ao lado de uma fileira de girassóis, em um vestido de estampa floral, como uma figura dourada de Klimt. Em outra, fatia um bolo em um encantador vestido de bolinhas. Nunca sorri. Em outra ainda, está ao lado do meu pai em um parque. É uma das poucas composições ruins de Vassíli, com uma fonte pairando acima de Tamara, como um adorno de cabeça. Meu pai tem três ou quatro anos, está de calça curta e boné. Ele segura a mão da mãe e olha timidamente de trás da manga dela para o pai.

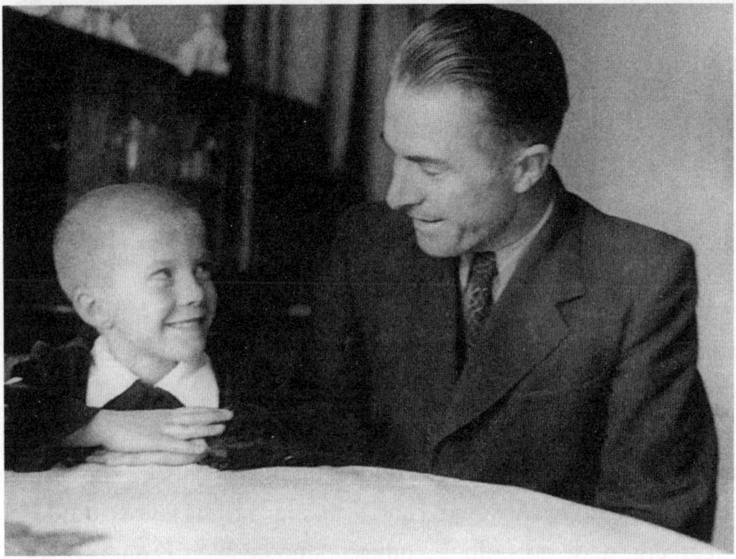

Na última foto, Vassíli e meu pai olham um para o outro, sorrindo. Vassíli usa um terno escuro e gravata; seu cabelo está penteado para trás. Meu pai deve ter seis ou sete anos. Seu cabelo está cortado curto, para minimizar as visitas ao barbeiro e surtos de piolho, e ele olha para o rosto de Vassíli com uma expressão que consegue, a um só tempo, expressar animação, apreensão e desejo. O detalhe mais revelador são as mãos do meu pai. As crianças das escolas soviéticas eram instruídas a mantê-las postas uma sobre a outra em cima das carteiras, e tal gesto – em sua informalidade, obediência e desejo de agradar – me incomodava. Eu nunca soubera que meu pai precisasse de alguém, e me ocorreu, olhando para seu rosto voltado para cima na foto, que quando jovem ele devia ter se esforçado muito para nunca mais precisar de ninguém. Tirei a foto do envelope e a pus na mesa reclinável ao meu lado, onde permaneceu até o trem chegar a Moscou.

Meu pai me esperava na estação Kievskaia. No carro a caminho de seu apartamento, pude notar que ele queria perguntar sobre Vassíli, mas, não querendo revelar muito interesse, deixou que eu falasse. Havia uma atitude respeitosa em seus modos agora, como se eu tivesse realizado um feito que ele não ousaria tentar. "Ele perguntou sobre você", soltei, mas não consegui juntar a isso notícias mais encorajadoras. Enquanto estávamos sentados tomando chá em sua cozinha, eu entreguei a ele duas fotos suas na escola primária. Seu rosto fino, com uma expressão de protesto, espiava de uma fileira de meninos mais altos. Então mostrei o resto das fotos de Sônia. "Ele está bonito nesta", disse meu pai, apontando para um instantâneo de Vassíli sentado pensativamente a uma mesa, e me ocorreu que era a primeira vez que eu o ouvia dizer algo que expressasse admiração pelo pai. Ele perguntou se podia ficar com ela, e eu deslizei a foto sobre a mesa na sua direção.

O que distingue Moscou de outras cidades europeias é a medida em que as necessidades de seus habitantes não figuram em seu desenho. Mais que qualquer outro lugar em que eu estive, ela é uma cidade de monumentos. Muitas das esplêndidas igrejas e mosteiros, dos lugares e mansões neoclássicos, foram erguidos para glorificar vitórias militares e os mais ricos entre a nobreza

e os comerciantes. As estruturas da era soviética – bulevares de dez pistas cruzados por escuras passagens subterrâneas para pedestres, agrupamentos cor de gema de ovo de conjuntos de apartamentos que engoliram florestas e lagos inteiros – foram concebidas em uma escala que lembra um estilo austero recorrente na ficção científica. A arquitetura aqui é escassa em humanismo mas abundante em variedade, estranheza e adoráveis justaposições inesperadas, que emprestam à cidade sua perpétua capacidade de surpreender.

E assim, em meu último dia em Moscou, planejei uma longa e sinuosa caminhada pela cidade que Vassíli, meu pai e eu tínhamos em comum. Imagino que buscasse decifrar alguma coisa na arquitetura. Por que aquele lugar tinha extraído tanto trabalho esfalfante de seus habitantes e os atormentado com tantos distúrbios e perdas, que perduravam? O que explicava seu peso inequívoco? Em um mapa, tracei um roteiro que poderia me ensinar algo sobre a cidade do meu nascimento. Começava no teatro Bolshoi; seguia para o sul pela praça Vermelha e sobre a ponte Bolshoi Moskvoretsky, passava pela igreja da Ressurreição, em Kadashi, um antigo arquivo da KGB, seu campanário parecendo o cordame de um veleiro, pela galeria Tretyakov e pela igreja de São Nicolau, em Tolmachi, cor de creme inglês; depois virava para o leste, perto da grandiosa Biblioteca Pedagógica Científica, com suas colunas enormes e portões de ferro forjado; continuava pela casa e museu de um cinza carregado do dramaturgo Ostrovski na rua Malaya Ordynka e pela esplêndida velha mesquita na Bolshaya Tatarskaya...

O elevador na estação de metrô Teatralnaya me levou à radiante tarde nublada. Na rua, havia detectores de metal em todos os cruzamentos e soldados formavam um cordão fora do teatro Bolshoi. Inesperadamente, eu me vi no meio de uma multidão de moscovitas muito idosos, caminhando na direção do Kremlin. Fui arrastado pela marcha, ou talvez fosse uma manifestação, que me puxava na direção errada, quando me lembrei com um sobressalto de que era 7 de novembro, o aniversário da Revolução Bolchevique, o feriado mais importante da minha infância. Eu imaginava que ele tinha sido apagado junto com as estátuas derrubadas de Lênin. Mas, enquanto andava entre centenas de pessoas que com suas luvas seguravam pequenas bandeiras vermelhas, tive um vislumbre de um homem bem agasalhado com chapéu de pele de pé na traseira de um caminhão plataforma, cantando com voz estridente o hino soviético em um microfone.

Manifestantes nas calçadas empunhavam placas escritas à mão. Uma delas retratava um bolchevique judeu com um nariz grotescamente aumentado; outra citava com admiração o "Senador americano David Duke". Sob um monumento de granito a Karl Marx, havia uma mulher surpreendentemente alta em outro

caminhão, seu peito coberto com medalhas prateadas e douradas. Numa voz estrondosa, ela entoava um discurso sobre um império que um dia cobrira metade do globo, sobre riqueza esbanjada e poder militar, sobre decadência e ocidentalização usurpadoras. "Esses criminosos venderam nossa nação!", gritou uma mulher com chapéu de pele de coelho ao meu lado, brandindo o punho na direção das ameias cor de sopa de tomate do Kremlin.

Um outdoor de LCD acima de Marx alternava anúncios de sapatos Dolce & Gabbana e joias Bulgari. Então mostrou uma imagem de corpo inteiro do candidato a presidente ucraniano Viktor Yanukovich, um ex-presidiário apoiado pela Rússia, seu rosto feito de pixels sorrindo. A multidão gritou vivas com indiferença. Eu soube depois que o governo tentou abolir o Dia da Revolução, mas as comemorações continuavam, um reflexo da ambiguidade calculada de Putin sobre o passado soviético. O Partido Comunista havia pagado alguns dos idosos para comparecerem naquele dia, mas a maioria iria de qualquer forma. Eles pertenciam à geração de Vassíli. Naquelas manifestações, podiam usar medalhas e ordens ganhas a muito custo e acreditar que o experimento social pelo qual haviam se sacrificado não tinha sido um erro colossal.

Em algum lugar na rota do desfile, a desordem tomou conta. Como bolas de bilhar, algumas pessoas se moviam em vetores imaginados por elas próprias; outras se reuniam em volta de alto-falantes para cantar canções soviéticas. Refiz meus passos pela rua Mokhovaya, seguindo para oeste, contra a corrente. Nas calçadas, alguns paravam para assistir. Dentro da vitrine de uma revendedora Bentley, dois jovens vendedores de terno cinza observavam tudo. As nuvens se abriram de repente, e a luz do sol inundou a rua. Quase involuntariamente, todos sorriram; o som da cantoria aumentou. Por fim, segui meu caminho, e a multidão à minha frente se dispersou. Eu me vi na entrada de uma praça. Numa elevação, havia um pedestal vazio antes ocupado por uma

estátua do primeiro chefe da polícia secreta soviética, Feliks Dzerzhinsky, e atrás dela eu vi a imensa antiga prisão Lubianka, ainda a sede da polícia secreta, agora chamada FSB. O sol pintava de dourado um trecho de suas janelas.

Pela primeira vez desde minha chegada a Moscou, uma brisa tépida soprava e o céu estava claro. Eu me sentei no banco do passageiro do jipe de meu pai, com destino ao aeroporto. A parte que mais me desagradava em nossas visitas era a última ida ao aeroporto, de que acho que ele tampouco gostava. Por noventa minutos, ficamos sentados lado a lado no tráfego barulhento de Moscou, fazendo tentativas de conversar, não admitindo nem a tristeza nem o alívio da minha partida.

Meu pai olhava para a frente, costurando pelo anel viário. À nossa direita, passamos pelo arranha-céu no centro da alma mater de meus pais, a Universidade Estatal de Moscou. Com mais de duzentos metros de altura, ela continua a ser a apoteose da arquitetura stalinista: três placas de concreto encimadas por um pináculo dourado, adornado com feixes de trigo, barômetros e figuras de proletários musculosos. Stálin encomendou sete dessas torres tipo bolo de noiva, as "Irmãs Soviéticas"; dizem que, não importa onde se esteja em Moscou, é possível ver pelo menos um de seus pináculos. Hoje os moscovitas se referem a elas simplesmente como *visotki*, espigões.

Quando o prédio da universidade foi concluído, em 1953, era o mais alto da Europa. Erguido na colina dos Pardais, um lugar que Ivan, o Terrível, considerava excessivamente ventoso para permitir uma construção, ele oferecia uma das vistas mais belas da cidade. Tchékhov declarou que, para entender a Rússia, era preciso vê-la desse promontório. O projeto foi designado a

Boris Iofan – o arquiteto que projetou o grandioso e desafortunado Palácio dos Sovietes –, mas ele decidiu situar o prédio na borda do que era então chamado de colina Lênin. Se ocorresse um deslizamento de terra, poderia ter desabado pelo precipício no rio Moscou. Relata-se que Iofan teria recusado considerar a mudança da localização e foi substituído por Lev Rudnev, um especialista mais jovem e mais maleável. Rudnev recebeu o prêmio Stálin por seu trabalho na universidade em 1949, quatro anos antes de ela ser concluída.

A torre foi construída por uma equipe de prisioneiros do Gulag, entre os quais havia milhares de prisioneiros de guerra alemães. Por ordem de Beria, eles transportaram o esqueleto de aço do prédio da cidade ucraniana de Dnepropetrovsk a bordo de sessenta trens. Os moscovitas às vezes dizem que o arranha-céu foi "construído sobre ossos". Segundo uma lenda urbana, um prisioneiro que trabalhava no pináculo fez um par de asas com pedaços de madeira e saltou para a liberdade.

Minha mãe morou lá quando estudante. Eu pensei nas histórias dela sobre dormitórios pequenos e apinhados, com aparelhos de escuta escondidos nos armários e ventilação tão ruim que o cheiro do repolho cozido no andar de baixo por estudantes de intercâmbio da República Democrática do Vietnã de Ho Chi Minh tomava o quarto dela; cerca de 33 quilômetros de corredores escuros, sons misteriosos à noite e suicídios. Muitos acreditavam que o prédio era mal-assombrado.

Meu pai se virou e sorriu para mim. "Você foi concebido naquele prédio", ele disse, satisfeito com a lembrança. Eu me virei para dar uma última olhada na torre brilhante, mas ele pisou fundo no acelerador e ela sumiu atrás de nós, em um borrão.

Depois que voltei a Nova York, Vassíli passou a ocupar cada vez mais meu tempo. Ele encontrou até um jeito de se meter em meus sonhos: sempre sozinho, sentado à minha frente no apartamento em Vinnytsia. Passei semanas em bibliotecas, tentando corroborar suas histórias com registros. Fui assegurado por pessoas que entendiam do assunto de que o arquivo de Vassíli na FSB não era algo que eu podia esperar ver em vida.

Assisti e reassisti a um documentário russo intitulado *Eu fui guarda-costas de Stálin* sobre um homem que afirmava haver tido uma carreira quase idêntica à de meu avô: Aleksei Rybin fora major no NKVD e guarda-costas sob o comando do general Vlasik. As histórias que ele conta — sobre os hábitos de higiene, os cuidados com a aparência e o apetite por carne de alce de Stálin — me surpreenderam por serem banais e evasivas. Mas, em certo ponto, depois de nomear uma litania de colegas de trabalho que tinham sido presos ou cometido suicídio, Rybin diz: "A única coisa que todos tinham que fazer era dizer que eu estava ligado a eles, e eu também teria desaparecido. Minha mulher jamais teria encontrado meu túmulo". O filme, feito quinze anos antes de eu encontrar Vassíli, descrevia Rybin como "a última testemunha viva da história".

À medida que minha obsessão pelas histórias de Vassíli crescia, também aumentavam minhas dúvidas. Os eventos de que ele supostamente participara — o fatídico banquete no Kremlin, o sequestro na calçada praticado por Beria — eram episódios conhecidos do período stalinista. Mas relatos publicados só os corroboravam até certo ponto. Algumas das afirmações de Vassíli estavam documentadas em fotos de família e nas histórias de meu pai e de Tamara, mas outras pareciam fora de alcance, emaranhadas em um nó apertado de plausibilidade, probabilidade e motivo. Quando liguei para Vassíli depois da minha visita, ele ficou em silêncio sobre o passado, recusando-se a esclarecer ou explicar mais.

Então escrevi cartas e e-mails. Um acadêmico soviético idoso, que conheci por acaso em New Hampshire, fez apresentações. Comecei a me corresponder com dois especialistas que haviam estudado documentos confidenciais liberados no período pós-soviético e reunido mais informações confiáveis sobre o círculo de Stálin do que provavelmente qualquer outra pessoa no Ocidente.

Depois de ouvir minha história, Stephen Kotkin, um professor de Princeton que trabalha em uma magistral biografia em três volumes de Stálin, começou a falar numa torrente animada. Mantive o telefone encostado na orelha enquanto fazia anotações. Beria era um convidado frequente das refeições na dacha de Stálin em Kuntsevo, disse Kotkin; ele era perspicaz, brilhante e considerava o infeliz Nikolai Vlasik — o chefe do meu avô — com um misto de inveja e aversão. Gostava de constrangê-lo tratando bem e cultivando laços de proximidade com seus guarda-costas, que atraía para seu círculo em parte para obter informações sobre

Stálin e sua entourage e influenciá-los. Portanto, era inteiramente plausível, ele concluiu, que Vassíli mantivesse uma relação íntima com o chefe da polícia secreta enquanto empregado por seu principal inimigo. Vassíli poderia ter uma sala na Lubianka enquanto trabalhava como guarda-costas?, perguntei.

"Por que não?", respondeu Kotkin. "O que você precisa entender é que a kremlinologia operava mantendo quase todos – até pessoas dos círculos mais internos de poder – no escuro. Ninguém sabia tudo o que acontecia ao seu redor. O segredo absoluto era a regra."

Simon Sebag Montefiore, autor britânico de vários livros soberbos sobre Stálin, me mandou um e-mail para dizer que a presença de Vassíli no banquete de 1932 era questionável – foi um evento relativamente pequeno ao qual compareceram sobretudo oficiais de alto escalão –, mas possível. A etiqueta entre os ex-revolucionários, afinal, ainda era bastante informal. Ele conjeturou a possibilidade de Vassíli ter sabido desses eventos por colegas e os misturado com suas lembranças. Mas tanto ele quanto Kotkin concordavam que era impossível confirmar ou refutar a versão apresentada por Vassíli de seu passado. "Em geral", Montefiore me escreveu de sua turnê de divulgação de livros na Austrália, "*tudo é plausível.*" E me desejou boa sorte.

Dias antes de eu deixar Vinnytsia, durante uma tarde anormalmente quente para aquela época do ano, Vassíli me contou sobre seu pai, e para mim *essa* história passou a sintetizar a vida dos homens da minha família. Além de nosso sobrenome ridículo, havia o igualmente cômico nome cristão de meu bisavô – ele se chamava Anany, que soava como Onã, o masturbador do Velho Testamento. Entre as fotos que Sônia me deu, há um instantâneo

de dois homens idosos sentados em frente a uma casa de fazenda. O homem à esquerda, por cima do ombro de quem meu pai, aos seis ou sete anos, olha, é Anany. Com sua camisa de trabalho abotoada até em cima, cabelo muito curto e mãos grandes e retorcidas, ele parece em todos os aspectos um agricultor. Anany era um comunista devotado e um cristão devotado. Embora tenha se tornado diretor de uma fazenda coletiva, permaneceu decano em sua igreja e mantinha no consolo da lareira uma Bíblia encadernada em couro com bordas gofradas e 208 ilustrações de Gustave Doré. Meu pai se lembrava de que, apesar de ter perdido grande parte da audição e da visão na velhice, Anany continuou alegre e gentil até seu último dia.

De acordo com Vassíli, em 1915 Anany foi recrutado para o exército do tsar e deixou a mulher e dois filhos pequenos para marchar sobre a Polônia; mais tarde naquele ano, foi ferido e feito prisioneiro pelas tropas do cáiser. Como tinha se passado por polonês, em vez de ser morto foi transportado sob escolta para um hospital em Berlim, onde cirurgiões removeram estilhaços de sua coxa. Ele permaneceu na Alemanha por seis anos, trabalhando esporadicamente como atendente de hospital e limpador de chaminés. Por fim, conseguiu embarcar como clandestino em um cargueiro para a Dinamarca. De lá foi para a Suécia e a Finlândia, e em 1923 cruzou a fronteira para o país que, na sua ausência, tinha se tornado parte da União Soviética. Anany fez grande parte do resto da jornada para casa a pé, até chegar a sua aldeia natal de Aleksandrovka e descobrir que enquanto estivera fora havia sido feito um funeral e todos acreditavam que ele estivesse morto. Estava quase anoitecendo quando ele entrou na casa que deixara como recrutado do exército oito anos antes. Sua mulher guardava a louça do jantar.

O filho Vassíli, que tinha doze anos, não reconheceu o estranho esquelético no vão da porta.

"Olá", disse Anany ao garoto. "Eu sou seu pai."

2. Número 19

Nos anos seguintes a minha chegada a Nova York, minha ideia de quem era meu pai ficou mais tênue a cada dia, colorida pelas histórias e pelos preconceitos e medos de minha mãe e dos pais dela. Eu me dei conta de que não sabia muito sobre meu pai e sua família, e depois de um tempo não tinha certeza se queria saber. Possivelmente a coisa mais estranha em alguém deixar o país em que nasceu é renegociar a relação com seu passado. Quando o passado é reduzido a um punhado de fotos e histórias de família, ele se torna opcional. Ou, pelo menos, era o que eu acreditava.

O homem que passei a conhecer intimamente naqueles anos de começo da adolescência foi meu avô materno, Semyon Efimovich Galbershtad (ele preferia a estranha grafia russa). Era grande e de constituição sólida, com uma barriga hemisférica, olhos verde-azulados saltados e um nariz enorme, de dois andares, que se projetava do rosto como um fungo orelha-de-judas. Tinha sido professor de neurofisiologia, zoologia, botânica e meia dúzia de outros assuntos na escola de medicina da Universidade Vilnius; era autor de doze livros sobre tópicos científicos, entre eles um didático, *A regulação nervosa de tecidos musculares*, que por algum tempo um professor tinha adotado na Sorbonne; fora pioneiro do espectrograma, tenente de cavalaria na artilharia leve da Lituânia independente do período entre guerras, operador de morteiro na Segunda Guerra Mundial, professor de ginásio, acumulador de livros e revistas; um entusiasta de Verdi que conseguia assoviar todo o primeiro ato de *La traviata*, um improvável fã de touradas e um morfologista amador, se bem que ardoroso, de mulheres que elogiava sobretudo, embora não inteiramente, de longe — quando falava sobre uma secretária da universidade ou uma caixa de livraria, ele a descrevia, desconsiderando todas as evidências contrárias, como "uma ruiva deslumbrante", "uma beldade loira" ou uma "morena primorosa". Meu avô raramente bebia. Toda vez que lia ou ouvia algo engraçado, seus ombros oscilavam de leve e a topografia superdimensionada do seu rosto se contorcia como uma anêmona-do-mar, até ele começar a piscar para secar as lágrimas, tudo sem emitir um único som.

Naqueles anos, eu passava a maioria das noites na companhia de Semyon. Minha mãe trabalhava até tarde numa clínica de saúde mental em Coney Island, e minha avó Raisa, atordoada pela doença de Parkinson, passava as noites na frente da TV. Então, quando eu voltava para casa da escola, éramos Semyon e eu que andávamos pela Broadway, às vezes até a estação de metrô da rua Steinway, para pôr em prática a ideia que ele tinha de exercício terapêutico. Seu tópico de conversa favorito era fauna selvagem: a odisseia genética do ornitorrinco, o número de vértebras no pescoço de uma girafa, a coloração iridescente do *Colibri cyanotus*, o segundo cérebro posterior do *Apatosaurus* e de outros grandes herbívoros do Jurássico Superior.

O destino dessas caminhadas era uma loja de esquina onde ele comprava um saco de balas de maçã verde Brach. No começo eu adorava aquilo, mas, depois que passei a sentir o constrangimento adolescente, não queria mais. A Brach vai me deixar gordo, eu disse a ele um dia na loja. Devia ter onze ou doze anos. Semyon olhou para meu casaco de inverno estofado e considerou meu alargamento recente; eu estava começando a parecer uma versão dele em miniatura. "Você está certo", ele concordou. "Olhe para você, está praticamente obeso!" Chutei a canela dele, atraindo olhares de reprovação das balconistas, arranquei das suas mãos o saco de balas verdes ainda não pago e saí correndo.

Mas não fiquei com raiva. Não podia. Semyon era um naturalista; gostava de dizer que lidava com fatos, não refinamentos. As boas maneiras eram para fracotes das humanidades. Em casa, eu gostava de interrogá-lo sobre a guerra, e ele me contava com relutância histórias sobre a frente polonesa e a Batalha de Berlim.

"Eu calculava a distância entre nossas trincheiras e as dos alemães, e então disparava o morteiro."

"E depois?"

"Depois marchávamos para as trincheiras deles, e todos lá estavam mortos."

"Que aparência eles tinham?"

"Eram jovens e normalmente os intestinos estavam para fora. Eles ficavam verdes, por causa da bile, e tinham um cheiro ruim muito forte."

Uma noite, estávamos indo para casa depois de uma das nossas caminhadas quando, perto da entrada do prédio onde morávamos — um conjunto habitacional na esquina da rua 24 com a avenida 34, em Long Island City —, vimos Jason, do sexto andar. Ele tinha mais ou menos a minha idade, era um ginasiano magrinho e educado. Todos no prédio gostavam dos pais dele. Al era um policial comunitário de Trinidad; Brenda, que era rechonchuda, de pele clara e amistosa, ficava em casa com Jason e seus dois irmãos. Semyon lhe disse alguma coisa que não entendi, e então vi sua mão grande e carnuda descer e tocar o topo do penteado afro de Jason.

Meu avô abriu um sorriso. Seu inglês era muito alto e ruim. "Seu cabelo...", Semyon especulou em seu vocabulário escasso, "parece... palha de aço." Os olhos de Jason se arregalaram de surpresa. Ele afastou a mão de Semyon com um tapa forte. "Se afasta de mim, cara", disse, e se espremeu para passar entre nós. Aquilo deixou Semyon incomodado durante semanas. "Jason é um bom menino", ele dizia. "O que eu disse para irritá-lo?"

Se Nova York o desnorteava, ele se sentia muito seguro do que fazer curvado sobre o tabuleiro de xadrez. Jogávamos todas as noites, e ao lado do tabuleiro Semyon mantinha um caderno aberto onde anotava e diagramava suas aberturas favoritas, especialmente os gambitos arrojados — o Alekhine, o Nimzowitsch, o escandinavo. Eu tinha esquentado uma refeição pronta para cada um de nós, certificando-me de abrir o quadrado de papel-

-alumínio. Semyon pegou um pedaço de um losango perfeito de carne com molho e olhou as peças de xadrez. "Há bilhões de jogos possíveis!", disse. "Todos eles ocorrem nestes 64 quadrados ordenados, e ganhar depende de lógica e paciência." Ele tinha iniciado o jogo com a abertura siciliana e estava fazendo investidas contra meu lado do tabuleiro, a caminho de mais uma vitória. "Não é como na vida", ele acrescentou, e apertou o botão do relógio do xadrez.

Embora eu tivesse passado muitas noites com meus avós maternos, sabia pouco sobre a vida deles antes do meu nascimento. Eles não davam informações a respeito disso de boa vontade. Eu só sabia que cerca de 5% dos judeus da Lituânia tinham sobrevivido à guerra, o que tornava Semyon e Raisa — e, por extensão, minha mãe e eu — prodígios estatísticos. É claro que a vida deles os dispusera ao segredo. Eu sabia que minha própria cautela, vigilância excessiva e relutância a planejar um futuro que talvez nunca chegasse equivaliam a uma herança dos hábitos mentais e da visão de mundo deles, um patrimônio para lidar com o inesperado.

Depois que voltei da Ucrânia, as lacunas no que eu sabia sobre a vida deles começaram a me desanimar. Encontrar Vassíli criou uma ruptura em meu entendimento da família; na verdade, uma ruptura em meu entendimento do comportamento humano. Comecei a entender algo sobre as maneiras como o político e o pessoal interagiam. Relacionamentos que eu supunha vir de afinidades, ressentimentos e desentendimentos dependiam daqueles vastos eventos coletivos e das realidades cotidianas que impunham às pessoas. Eu estava começando a ver que todos os meus quatro avós tinham vivido em um país e em um tempo em que a barreira entre história e biografia se tornava quase imperceptível.

Naquela altura, eu havia avançado longe demais no passado. Meus dias em Nova York eram vividos cada vez mais lá — no passado da minha família —, e eu precisava de mais informações. Tinha encontrado Vassíli; agora, para entender melhor tudo aquilo, precisava saber também sobre Semyon e Raisa. Quando visitei Vinnytsia, os dois já tinham morrido, mas muita coisa da vida deles sobrevivia em minha mãe. Assim, alguns anos depois de me encontrar com Vassíli, minha mãe e eu voamos para a terra natal dela, Vilnius, a cidade lituana onde eu havia passado vários verões quando criança. Como ficou claro, o passado lá também estava desaparecendo, embora não rápido o bastante para alguns.

O primeiro antepassado meu sobre o qual sei alguma coisa é um trisavô chamado Abel; na língua do ocupante Império Russo, ele se chamava Orel. Na segunda metade do século XIX, muitos lugares e pessoas em Vilnius eram conhecidos por mais de um nome. Abel/Orel vivia não no bairro judeu, mas na parte mais nova da cidade, na rua Novogorodskaya (agora chamada Naugarduko). Ainda mais fora do comum, ele morava em uma casa de pedra de quatro andares da qual era proprietário, graças a uma pequena fortuna que fizera revendendo sucata de metal. Em um livro de registros encadernado com tecido que continha as datas de nascimento dos súditos do tsar em seus territórios durante o ano de 1861, encontrei a de Abel: 12 de novembro, ou 9 de Kislev, de acordo com o calendário judeu. Havia também uma anotação sobre sua circuncisão, realizada seis dias depois. A entrada registrava o nome de seus pais — Aron e Risa — e de seus avôs, ambos chamados Abram, que vieram da cidade vizinha de Stakliškės, mas não encontrei nada sobre eles. Em outro livro de registro havia o nome russificado do irmão de Abel, Ovsey, nascido quinze anos depois. Também sobre Ovsey não encontrei nada além das datas de nascimento e circuncisão, registradas em uma escrita encaracolada em russo antigo, os rabiscos a tinta idênticos, como se feitos a partir de caracteres tipográficos.

Examinei esses livros de registros em um bunker de concreto que abriga os arquivos municipais de Vilnius. A mobília e os empregados lá dentro pareciam ter adquirido o cinza amarronzado das paredes de concreto, como se a chuva que tamborilava no teto lhes tivesse lixiviado o pigmento. Uma arquivista, uma loura oxigenada de cinquenta e poucos anos usando um xale de estampa floral, datilografava distraída à sua mesa enquanto eu virava as páginas frágeis. Outros livros de registros e bases de dados continham mais Halberstadts – Arons, Girshes, Tsernas, Chaykas, até um Frade, que se suicidou aos dezoito anos, em agosto de 1930 –, mas não consegui determinar se eram parentes ou não.

O fio da família do meu avô foi o que consegui acompanhar até mais longe. De acordo com suas histórias, eles foram para a Lituânia do bispado de Halberstadt, no Círculo Inferior da Saxônia do Sacro Império Romano-Germânico, hoje o estado de Saxônia-Anhalt, provavelmente depois de uma expulsão periódica dos judeus pela Igreja ou um de muitos massacres. Halberstadt era conhecido por seus estudiosos da Torá e academias religiosas, mas exatamente quando ou por que essas pessoas partiram meu avô não sabia. É provável que, junto com muitos outros, tenham ido para o leste no século XV ou no começo do XVI, para aproveitar as condições favoráveis que existiam para os judeus na Lituânia. Último país na Europa a adotar o cristianismo, a Lituânia foi presenteada por algum tempo com governantes atipicamente igualitários e previdentes.

Quando garoto, meu avô conheceu vizinhos mais velhos que mantinham cobras sagradas em casa – a Lituânia fora um dia uma nação de animistas. O nome do país aparece pela primeira vez no ano de 1009, em um documento eclesiástico denominado Anais de Quedlimburgo; ele registra que Bruno de Querfurt, um missionário saxão, "foi atingido na cabeça por pagãos [...] na fronteira entre Rus e Lituânia". (Hoje os lituanos datam a fundação de seu país a partir dessa alusão.) Alguns relatos afirmam que são Bruno tentou converter o chefe da tribo local e foi morto pelo irmão dele, enquanto outros sugerem que os pagãos locais o decapitaram por passar a noite em um bosque sagrado.

Governantes lituanos se aferraram a sua fé animista até que a oportunidade – governar a Polônia católica por meio do casamento com sua rainha de onze anos, e pôr fim a ataques dos Cavaleiros Teutônicos, que se apresentavam como cruzados orientais – os persuadiu a se converter. O povo do rei Jagelão queimava seus mortos junto com seus cavalos, cachorros e falcões, e lançava as garras de animais selvagens nas piras, para que os defuntos tivessem uma ascensão mais fácil. Em fevereiro de 1387, Jagelão e seu grupo cavalgaram para o bosque que ele e seus antepassados haviam venerado. Cortaram os carvalhos, derrubaram os ídolos, mataram as cobras sagradas e extinguiram as fogueiras sacrificiais. No lugar delas, erigiram cruzes.

Alguns anos depois, Vitoldo, primo de Jagelão, concedeu uma carta de direitos aos judeus de Troki, Brest e Grodno que acabou se estendendo a todos os que viviam em terras lituanas. O documento era surpreendente em sua oposição à intolerância e ao fervor religioso que caracterizavam grande parte do resto da Europa. Para se ter ideia de quão incomum era, bastava alguém olhar para o oeste: em 1290, Eduardo I expulsou os judeus da Inglaterra. Dezesseis anos depois, Filipe, o Belo, fez o mesmo na França. Na Espanha, os patronos de Colombo, Fernando e Isabel, ordenaram que mais de 60 mil judeus deixassem o país em 1492; os espanhóis assassinaram milhares enquanto tentavam deixar suas casas.

Em contraste, a carta lituana bania o libelo de sangue e punia cristãos que vandalizassem túmulos judeus. Decretava que, quando um judeu fosse acusado de um crime, este tinha de ser corroborado por um cristão e um judeu. Impunha uma multa a qualquer cristão que deixasse de responder a um pedido de ajuda à noite de um vizinho judeu. Hoje, a carta tem o estilo de uma lei de zoneamento de cidade pequena, codificando o direito dos judeus a "viver nas áreas onde vivem em Grodno, ou seja: da ponte do Castelo de Grodno para o mercado, em ambos os lados da rua, até a rua que vai da rua do Castelo até Podol; nas áreas que confrontam as casas da igreja e a casa de Ivanofsky; do outro lado da rua até o cemitério, e do cemitério até o terreno da igreja e mesmo até o próprio rio, o Gorodnitza". Os descendentes do grão-duque mantiveram a carta na maior parte, e no século XVI judeus afluíram para o país do leste e do oeste, tornando a comunidade judaica lituana a maior na diáspora – maior que qualquer outra desde os tempos babilônicos. A Lituânia se tornou quase tão importante para os judeus quanto era para os lituanos.

Contudo, a liberalidade dos reis de Varsóvia que governavam a Lituânia raramente se estendia aos prefeitos ou guildas locais: mercadores e comerciantes viam os judeus como concorrentes e peticionavam aos funcionários públicos que restringissem seus direitos. Nos séculos XVII e XVIII, judeus eram autorizados a se estabelecer num único trecho superlotado de Vilnius que os gentios chamavam de Bairro Negro. Seus pátios se tornaram colmeias de lojas, quiosques de artesãos, casas de estudos religiosos e sinagogas. As portas das habitações e as persianas com trancas eram feitas de ferro como proteção contra potenciais invasores.

Os primeiros litvaks (como os judeus lituanos se autodenominavam) que encontrei em histórias se revelaram diferentes dos famosos judeus seculares nas histórias de Semyon: Horowitz, Wittgenstein, Freud e os ganhadores do Nobel em química e física a cujo grupo ele aspirava a pertencer. Fotografias e ferrótipos tirados nos shtetls retratam homens barbudos em casacos pretos pesados e bonés corcoveados e mulheres com xales e vestidos pretos até o tornozelo. Eles me fizeram lembrar de Mendel Singer, o protagonista de *Jó*, de Joseph Roth, que observa seus vizinhos gentios na Zona de Assentamento com um desinteresse ácido e às vezes cáustico. Em sua insularidade derivada de uma aparente indiferença para com a sociedade gentia em que viviam, esses judeus de cidadezinhas da Europa oriental me lembraram dos seguidores do hassidismo Lubavitch que conheci no Brooklyn.

A fonte dessa indiferença em relação ao mundo gentio foi estabelecida nas escrituras. Os litvaks se viam existindo em uma época de duração indeterminada – um período entre a entrega das leis na antiguidade bíblica e a futura chegada do Messias. Sobre o presente, eram ambivalentes e às vezes apáticos. Comparada com a palavra de Deus interpretada ao longo de milhares de anos de comentários rabínicos incontestáveis – e uma tradição que datava do assentamento de Canaã pelo clã de Abraão cerca de 1800 anos antes da Era Comum –, que significado poderia ter uma cultura gentia transitória? O principal dever dos litvaks era estudar a Torá, o Talmude e os muitos volumes subsequentes. Além dos mandamentos que Moisés trouxe do Sinai, autoridades rabínicas extraíram 613 leis dos primeiros cinco livros da Bíblia – 248 obrigações e 365 proibições. Todos os dias, um judeu dedicava horas a rezar e dar graças antes de muitas atividades, sobretudo se fossem agradáveis. Com exceção de entretenimentos populares em iídiche (cuja autoria costumava ser de mulheres e que eram vistos com suspeita pelo rabinato), a produção literária dos judeus compreendia comentários após comentários das escrituras estabelecidos em hebraico e aramaico, conhecidos como *pilpul*. Seus autores se distinguiam pela originalidade e pelo brilhantismo retórico, improvisando quanto às leis internas de um povo sem pátria.

Para os antepassados de meus avôs, a questão da assimilação praticamente não existia. Ser um litvak era manter uma consciência inata de ser estrangeiro e um elevado senso dos perigos potenciais do ambiente em que se vivia. Para muitos, *kiddush hashem* – morrer por Deus – não era um ideal ou fantasia religiosa. Eles cresceram ouvindo sobre os massacres, expulsões e batismos forçados que seus antepassados suportaram e outros judeus continuavam a sofrer em outros lugares na Europa. Durante séculos, os litvaks foram obrigados a adotar profissões que a maioria dos gentios evitava. Alguns eram artesãos e comerciantes que negociavam basicamente com seu próprio povo; outros coletavam taxas e impostos, destilavam e vendiam bebida alcoólica e administravam tavernas. Eles viviam em um equilíbrio tenso com seus vizinhos gentios e os mantinham a uma distância cautelosa.

Mesmo os tumultos políticos da época mal eram registrados – era típico de um litvak dizer que se preocupava pouco com qual lado prevalecera na guerra mais recente. Ainda assim, as condições na Lituânia eram mais hospitaleiras que em outros lugares, e milhares de judeus juntaram tudo o que tinham e seguiram até as margens do rio Neris. A primeira sinagoga de Vilnius foi aberta em 1573. No século XIX, judeus constituíam quase metade da população da cidade. Dizia-se que, quando viu o interior em estilo renascentista da Grande Sinagoga e andou pelo Bairro Negro, Napoleão o chamou de "Jerusalém do Norte".

Nos livros dos arquivos encontrei também um registro de meu bisavô – Haskel Halberstadt, filho de Abel, que abriu um consultório dentário na rua Kalvariyskaya (agora conhecida como Kalvariju) nº 12, logo ao norte do Neris, em 1897. Naquele ano, quase 65 mil judeus chamavam Vilnius de lar. Tendo sido expulsos de distritos rurais por um decreto russo, os recém-chegados judeus – na maioria refugiados de cidadezinhas com aspecto abatido – perambulavam pelas ruas e pelos becos da cidade. Dizia-se que todo fim de tarde quatro quintos dos judeus da cidade não sabiam de onde viria sua próxima refeição e que quase metade deles vivia de caridade.

Devido ao negócio lucrativo de seu pai, Haskel não estava entre eles. Ele se formou na universidade local e se tornou cirurgião oral em Kiev. Para atender aos residentes de uma metrópole tão diversa quanto Xangai ou Berlim, Haskel aprendeu a falar russo, lituano, polonês, ucraniano, iídiche e bielorrusso pelo menos passáveis, e a ler hebraico. Por volta da época em que meu avô nasceu – quando vários dos oficiais do cáiser do posto de recrutamento do outro lado da rua se tornaram pacientes dele –, Haskel também aprendeu alemão.

Um dentista que tratava do mesmo número de gentios e judeus, ele era um homem de traços delicados e olhos escuros, muito baixo, com um rosto agradável e modos calmos e formais. Casou-se jovem e teve um filho – um garoto de temperamento doce, solitário e penosamente tímido chamado Ruvim, que todos chamavam de Roma. Haskel tinha trinta anos quando sua mulher, Sarah, começou a se queixar de dores abdominais. Minha mãe se lembrou de Semyon contar a ela que Sarah morreu de peritonite, embora a entrada sobre ela no livro de registros aponte como causa da morte câncer no estômago.

Em todo caso, ela morreu de repente, deixando Haskel com uma clínica dentária movimentada e um filho de nove anos. Ele não conseguiu ficar viúvo por muito tempo. Graças a uma casamenteira, em menos de um ano ele se casou com uma mulher de Švenčionys (chamada Svintsyán em iídiche), uma cidadezinha ao norte. A voluntariosa e independente Frida Levin era dois anos mais nova que Haskel – e teve muito mais sorte que ele em encontrar um cônjuge. Aos 28 anos, ela era uma solteirona, condição que devia a uma alegre desconsideração pela religião e a uma experiência de vida incomum em uma mulher vinda de uma cidade rural de 6 mil habitantes.

As perspectivas de carreira para a maioria das mulheres litvaks eram limitadas por seu gênero. Os pais ensinavam aos filhos homens rezas simples assim que conseguiam falar e os levavam a um cheder, uma escola religiosa, quando completavam cinco anos. Alguns garotos se casavam aos dez anos (na crença de que a era messiânica só começaria quando cada alma judia tivesse se ligado ao cônjuge a ela destinado); muitas vezes, o noivo vivia com os pais da noiva até completar os estudos talmúdicos e assim atingir a condição de homem-feito. As meninas recebiam pouca educação formal, normalmente dos pais, às vezes nenhuma. Poucas mulheres litvaks escolhiam sua profissão e um número ainda menor tinha acesso à universidade. O trabalho delas era ter filhos e se preparar para uma vida de estudo da Torá e retidão.

Frida não tinha nenhuma intenção de se tornar uma dessas mulheres. Ela escandalizou os judeus de Svintsyán ao cursar um ginásio secular e depois se matriculou em uma escola de medicina em Hamburgo, graduando-se em odontologia. Outro obstáculo para que ela encontrasse um possível noivo era seu tamanho avantajado. Era muito mais alta e pelo menos dez quilos mais pesada que o marido. Mas tinha uma disposição alegre e paciente e irradiava uma gentileza fácil mesmo quando girava a broca de ferro fundido operada com os pés, e se tornou um acréscimo muito apreciado na clínica dentária de Haskel. Quando estava prestes a extrair um dente, ele chamava Frida ao consultório. Ela agarrava a cabeça do paciente e a segurava firme contra seu colo generoso enquanto o marido apoiava um joelho na cadeira de metal. Ele puxava, e Frida sussurrava promessas consoladoras no ouvido do paciente.

Antes do casamento, ela informou a Haskel que queria um filho e não estava inclinada a esperar. Ela deu à luz meu avô dez meses depois do casamento, em 9 de outubro de 1915. O pai dele o chamou de Shimon, mas Frida insistiu em chamá-lo pelo nome russo, Semyon. Apenas algumas semanas antes, no Yom Kippur, as tropas do cáiser tinham ocupado Vilnius. (Em algum lugar a oeste, o pai de Vassíli, Anany, o plantador de beterraba ucraniano com nome do Velho Testamento, era ferido e feito prisioneiro pelo mesmo exército.)

A ocupação alemã intensificou a pobreza e a superlotação da cidade e estorvou o bairro judeu. Mais 22 mil judeus, expulsos de Kaunas, Grodno e outros lugares pelo decreto do tsar, chegaram a Vilnius junto com 10 mil refugiados cristãos. Muitos desses judeus recém-desprovidos de casa vagavam pelas ruas e dormiam no chão de sinagogas e matadouros kosher. O governo emitiu cartões de racionamento de pão, e mais de cem cozinhas comunitárias forneciam pão e sopa não só aos pobres da cidade, mas também a membros da recém-empobrecida classe média.

Proibições de viagem levaram a desemprego generalizado. Os oficiais alemães declararam que os portadores de cartões de pão que não encontrassem emprego em dez dias seriam recrutados para batalhões de trabalho. Em consequência, litvaks foram deportados aos milhares para trabalhar em minas de carvão no Ruhr e na Alta Silésia ou nas docas de Tilsit. Soldados conduziram outros trabalhadores para o campo para construir estradas e desmatar florestas. Dormiam sobre tábuas em barracões de madeira sem aquecimento, e no inverno de 1915 centenas morreram congelados, dormindo. A cidade foi afligida por febre tifoide e disenteria. Mães abandonavam os filhos nas ruas, sabendo que seriam mais bem alimentados em orfanatos.

No espaço de sete anos, a soberania de Vilnius mudou de mãos oito vezes. Em 1918, depois que as principais potências — os alemães e os russos — foram expulsas, a cidade ficou ainda mais desregrada e faminta. Os pináculos cor de tijolo de Santa Ana e os velhos castanheiros-da-índia da cidade se destacavam sobre uma favela de contrabandistas de comida e prostitutas, de crianças mendicantes e ataques aleatórios à noite, onde um prato de carne de cavalo e rabanetes não era uma refeição incomum. A taxa de mortalidade entre os litvaks da cidade aumentou cinco vezes, para quase uma a cada dez pessoas. Muitos dos residentes mais abastados tinham fugido. Em 1918, quando Frida ficou acamada com gripe espanhola, um estranho apareceu no apartamento e tirou um único ovo do casaco. Haskel pagou prontamente por ele. "Dê a Senechka", disse Frida, usando o apelido carinhoso do filho deles. Semyon tinha dois anos e fazia semanas que não comia nada além de pão molhado em leite. Haskel tinha de admitir que a cidade de seu nascimento, a cidade que ele amava, havia se tornado inabitável.

Ele fechou o consultório na rua da Cavalaria e pôs a família e duas brocas de ferro fundido em uma carroça puxada a cavalo. Eles se realocaram cerca de cem quilômetros ao norte, num lugarejo comum no rio Vyžuona chamado Utena. Um censo daquela época o descreve como um assentamento de setecentas casas, 34 lojas, três moinhos, uma serraria, uma oficina de couro e algumas fabriquetas. Cerca de metade dos residentes eram judeus que chamavam o shtetl por seu nome judeu, Utian. Lá, a fome e as doenças eram menos extremas, os preços, mais baixos, e o caos e a miséria de Vilnius se reduziam a um ruído monótono distante.

Haskel comprou uma casa de seis quartos perto do centro da cidade e abriu um consultório dentário próximo dela. Meu avô falava sobre esses anos num tom nostálgico; muitas vezes em seus sonhos ele via a casa grande e ventilada. Suas lembranças sugeriam um conforto provinciano tchekhoviano a um passo da riqueza. Havia belas flores em cada aposento, um piano, uma governanta lituana e uma cozinheira. Nas manhãs, Semyon ficava pela sala de jantar com o irmão e o pai enquanto Frida se ocupava na cozinha. Haskel tomava café forte e espalhava groselha em sua torrada, o tempo todo murmurando para si e folheando o diário iídiche. "Uma omelete para Romochka e um ovo quente para Senechka", a cozinheira matronal entoava num lituano monótono. Da cozinha ela trazia um ovo marrom quente, ainda fumegando, em uma taça de porcelana para ovos e quebrava a casca com uma colher antes de pô-lo no prato de Semyon junto com um saleiro de prata esterlina.

Tentei conciliar as recordações bucólicas desse tempo e lugar de meu avô com relatos históricos. Historiadores políticos reduzem suas narrativas a uma sequência de tumultos violentos interligados, enquanto historiadores da cultura reduzem as suas às peregrinações de uma minoria despossuída. Eis uma amostra:

Vilnius passou de um lado para outro entre legionários bolcheviques e poloneses. Os poloneses acusaram os judeus de ficar do lado do inimigo e profanaram o velho cemitério Shnipishok, onde os russos tinham feito sua resistência final, esperando desenterrar quantidades de dinheiro e fuzis dos túmulos de rabinos mortos muito tempo antes. Os soldados então atiraram em cerca de oitenta judeus e jogaram outros, com as mãos amarradas nas costas, nas águas geladas do Vilia (o nome polonês do Neris).

Se esses acontecimentos invadiam a consciência do meu avô, era como assunto de conversa em voz baixa entre adultos. O que *ele* lembrava melhor desses anos era de ir ao cinema. Em Utena, a uma caminhada da casa de seus pais, abriram um cinema: os assentos eram estofados e de veludo vinho, e um professor de música careca martelava um piano de armário durante a exibição de filmes mudos. Semyon passava lá as tardes, absorto, vendo Mary Pickford, Buster Keaton, Ivan Mozzukhin e, mais memoravelmente, Marlene Dietrich em *O anjo azul*, um filme que ele considerou seu favorito pelo resto da vida. Nos feriados, quando parentes iam visitá-los, Frida encenava peças para as crianças na cavernosa sala de estar. Ela cantava, alguém tocava um violino ou o piano, e mais tarde Haskel operava o gramofone que berrava Chopin ou Strauss à noite. Os adultos bebiam uma quantidade exagerada de *slivovitz* e dançavam.

Haskel recitava o kadish na sinagoga local, murmurava graças apressadas pelo vinho e pela carne enlatada e falava com os filhos em iídiche. Frida se dirigia a ele no russo do tsar. Ela considerava a religiosidade dos litvaks provincianos um constrangimento e não tinha em alta conta a língua deles. Por qualquer parâmetro, a família dela era extraordinariamente estranha, algo que Semyon começou a descobrir quando tios e primos os visitavam em Utena.

Frida tinha doze irmãos. O pai dela, Esai Levin, era um advogado que conquistou a distinção inédita de ser apontado magistrado. Mesmo em sua decrepitude, os netos juravam que ele era o único juiz judeu em todo o Império Russo. Aos filhos, ele legou uma jovial desconsideração pelos meticulosos mandamentos da fé judaica e uma crença na educação secular, na ciência e na modernidade. Advogava a necessidade de viajar e conseguiu instilá-la nos filhos. A escolarização alemã de Frida era típica da vida nômade de seus irmãos. O irmão mais novo, Aaron, outro dentista formado em Hamburgo, vivia com Haskel e Frida em Vilnius, onde permaneceu quando eles se mudaram para Utena. Leah foi para São Petersburgo, matriculando-se em um dos poucos programas universitários do império para mulheres. David tornou-se chefe da organização comunista em Xangai e depois abriu uma fábrica de bicicletas na China. Max, o mais novo e mais bonito, tornou-se um próspero advogado em Munique. Aos trinta e poucos anos, ele se sentou na cama, pôs o cano de um revólver na boca e se matou. Duas irmãs disseram que ele estava desesperado por causa de uma mulher que o rejeitara, mas Aaron afirmava que o pobre Max havia contraído sífilis.

No momento em que Frida chegou a Utena, seu pai, Esai, estava morto e sua mãe, Sarah, tinha ido morar com ela e Haskel. Perto de completar oitenta anos, Sarah gostava de entreter as crianças com histórias sobre manhãs de domingo na grande e confortável casa de Esai em Svintsyán. A comprida mesa da sala de jantar muitas vezes tinha doze pessoas sentadas à sua volta, com Esai na cabeceira, enquanto Sarah circulava pela sala com uma bandeja de *bialys* quentinhos. Ela dizia com orgulho que seus convidados incluíam tantos gentios quanto judeus.

Sarah contava aos netos uma história que se tornaria um mito fundador para a família. Em uma noite de outono na década de

1890, um homem escalou uma janela aberta na cozinha. Esai, um insone que lia sentado à mesa da cozinha, não reconheceu o invasor. O homem desarrumado e sujo sacou uma pistola da cintura e a apontou para Esai. Lembrou ao magistrado que ele havia presidido seu julgamento (Semyon nunca conseguia decidir se a acusação era de homicídio doloso ou culposo) e o sentenciara a décadas de prisão. Agora o prisioneiro fugira e tinha vindo obter sua vingança.

Todos os outros na casa estavam dormindo. Esai pediu ao invasor que esperasse alguns minutos antes de atirar nele e lhe ofereceu uma xícara de chá e um pouco de comida. Ele serviu chalá, manteiga, compota de ginja e restos de carne fria. O fugitivo pôs a arma na mesa e comeu e bebeu com sofreguidão. No meio-tempo, contou sua história a Esai, que ouviu como se não houvesse nada de errado. Horas depois, antes que qualquer pessoa na casa acordasse, os dois homens caminharam como amigos para o quartel da polícia, onde o invasor se entregou. Sarah jurava que cada detalhe da história era verdadeiro.

Eu nunca soube que aparência tinha Esai. A única foto sobrevivente da família de Semyon foi tirada anos depois da morte dele. Nela, meu avô deve ter uns catorze anos, e está de pé em um terno de peito duplo atrás dos pais, Haskel e Frida. A avó dele, Sarah, está atrás da filha. O meio-irmão dele, Roma, está atrás dela. Tio Aaron está à esquerda, segurando a filha no colo. O garoto no centro, o único autorizado a posar sem gravata, é o filho de Aaron. Sempre que olho para a foto, minha atenção se desvia para a cortina de renda e o retrato da figura sentada pregado na parede. Por alguma razão, são os detalhes mundanos — o quadro, os pregos, o cabide para casacos, os amores-perfeitos bordados na renda — que me permitem imbuir a imagem com a lentidão e a verossimilhança da vida comum. Fixar essas pessoas em um

momento em que o futuro terrível que as espreitava ainda era uma possibilidade entre muitas.

Na periferia dessas vidas privadas, o país continuava a mudar. Em 1920, o ano em que meu avô completou cinco anos, as tropas polonesas do general Żeligowski capturaram Vilnius e uma ampla faixa da Lituânia. Em seguida, os locais de nascimento de meu avô e seus pais, a algumas horas de distância, passaram a fazer parte de uma nação inimiga. A nova fronteira, uma terra de ninguém de dez quilômetros de largura, cercada de minas terrestres, permaneceria intransponível por quase vinte anos. Semyon só veria Vilnius de novo depois do término da guerra mundial seguinte.

Quando meu avô completou a idade necessária, Frida o mandou para o famoso ginásio Vilkomir Reali. Embora houvesse uma yeshivá perfeitamente respeitável em Utena, a escola em Ukmergė (Vilkomir em iídiche) era uma das duas únicas no país que instruíam os alunos em iídiche, e não em hebraico. Era uma incubadora para as ideias seculares esquerdistas dos iídichistas, que acreditavam que a pátria legítima dos judeus era a Lituânia – não a Palestina, como os sionistas insistiam – e que a língua da literatura e da pedagogia judaicas devia ser o iídiche de derivação europeia, em vez do hebraico bíblico. O eminente linguista e jornalista Yudel Mark era o diretor da escola. Era a única yeshivá que Frida considerava,

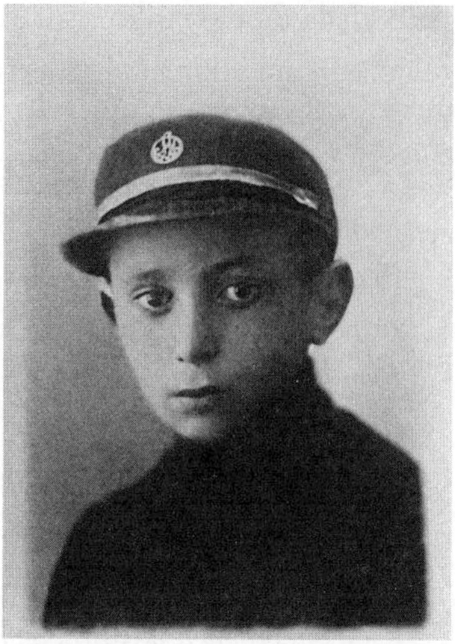

não intimidada pelo fato de estar localizada a 65 quilômetros de distância. Ela alugou para o filho um quarto no sótão da casa de um professor a curta distância da escola, e só o via nas férias e nos feriados mais importantes. Além de iídiche, Semyon estudava ciências, poesia, música e línguas estrangeiras. Ia às aulas usando um uniforme passado a ferro, uma camisa engomada e um quepe com a insígnia de latão da escola acima da viseira de laca.

Semyon ia para casa nos feriados carregado de livros. Lia à noite, à luz do lampião, adormecendo ao alvorecer e normalmente indo até depois da hora do café. Muitos dos livros eram em alemão, língua que Semyon aprendeu com facilidade por causa de sua semelhança com o iídiche. Ele lia e relia *Os sofrimentos do jovem Werther* e *Fausto*, de Goethe, e passava horas memorizando poemas de Schiller, Heine e Hölderlin. Durante as refeições do sabá, ele gostava de recitar o poema favorito de Frida – "A canção que vem do sino", de Schiller – para evidente deleite dela. Semyon afirmava ter memorizado todos os 430 versos do famoso poema. Naquelas refeições de feriado, Haskel murmurava graças pelo chalá e pelo vinho. Então Semyon — ainda com a voz fina, olhando com adoração para o rosto da mãe — se levantava para recitar as estrofes alemãs:

Denn mit der Freude Feierklange
Begrüßt sie das geliebte Kind
Auf seines Lebens erstem Gange,
Den es in Schlafes Arm beginnt.

Porque com o som festivo da alegria
Ela saúda o filho amado
Em sua primeira caminhada,
Que ele começa nos braços do sono.

Depois que meu avô se formou no ginásio, Haskel se mudou com a família de novo, dessa vez para Kaunas, a nova capital da Lituânia. Os fatos que reuni sobre a vida deles lá se resumem a poucos eventos, principalmente porque Semyon evitava falar sobre os anos que viveu em Kaunas, que o lembravam dos choques terríveis que chegaram no começo da década de 1940. A guerra dividia sua narrativa do início da idade adulta em uma abertura que se tornava cada vez mais pastoral em retrospecto, e um período de calamidades que ele descrevia como deturpando seu entendimento do que significava ser humano.

A clínica dentária de Haskel havia estagnado no campo, e Kaunas era não só a maior cidade da recém-dividida Lituânia, mas também a capital cultural dos judeus. Depois da ocupação polonesa de Vilnius, mais antiga e mais cosmopolita, Kaunas passou a prosperar. Na principal via pública, Laisvės Alėja — um bulevar delimitado por árvores que terminava em uma corpulenta catedral neoclássica — brotavam hotéis, cabarés e restaurantes que se empenhavam em alcançar o esplendor de Viena e mesmo de Paris. Acima da confluência do Neman com o Neris, a cidade instalou um funicular de fabricação suíça para transportar turistas até um mirante em Aleksotas, onde poderiam se maravilhar com as igrejas góticas e a ampla praça pavimentada de pedras arredondadas na frente da residência do arcebispo. Os judeus constituíam quase um terço da população da cidade. Seu maior assentamento ficava na margem oposta do Neris, datando de um tempo em que eles tinham permissão de se instalar na cidade propriamente dita. O bairro se chamava Vilijampolė, mas seus residentes o chamavam de Slobodka.

A independência da Lituânia começou com uma promessa de igualdade para os litvaks. Em 1922, eles ganharam uma parcela de autonomia cultural e um papel no governo quase proporcional a sua participação na população. Mas na década de 1930, particularmente depois do estabelecimento do Terceiro Reich e da ascensão veloz do antissemitismo na vizinha Polônia, a situação deles se tornou pior do que em qualquer outro momento de sua história. Judeus foram tirados do governo, de posições militares de alto escalão, dos bancos, do direito e da educação. Por causa da pressão de empresários, também estavam perdendo espaço na maioria das formas de comércio respeitável.

Apesar de tudo isso, eles criaram um lar vibrante e cosmopolita na cidade que chamavam de Kovno. Ela abrigava cinco escolas, um seminário, várias escolas vocacionais, uma sociedade e um museu etnográfico, trinta sinagogas, dois teatros, cinco jornais diários e três bibliotecas. Organizações de bem-estar, clubes desportivos, guildas profissionais, partidos políticos, um orfanato, um hospital e incontáveis restaurantes e cafés rodeavam uma vida comunal judaica que só ficava atrás da de Vilnius.

Meu avô se matriculou na faculdade de matemática e ciências da universidade em 1933. Apenas um punhado de professores judeus permanecia. Durante as aulas, alguns estudantes se queixavam abertamente do "problema judaico". Alguns faziam piadas hostis alto o suficiente para que todos nas salas de aula ouvissem; zombavam de colegas judeus por falarem iídiche e por falarem lituano com sotaque. Semyon – que falava alemão, russo, polonês e lituano, além de iídiche e hebraico – detestava os instigadores, muitos dos quais eram filhos de fazendeiros de aldeias vizinhas que só falavam sua língua natal.

Seus melhores amigos na universidade permaneceram próximos a ele e uns dos outros por quase quarenta anos. Todos os três eram lituanos: um estudante de curso preparatório para direito, muito alto e prematuramente careca, chamado Balevičius, o pintor Savickas e Valius, um ornitólogo espigado. (Meu avô herdou alguns guias de campo alemães do século XIX de Valius, e quando criança eu folheava as meticulosas gravuras coloridas à mão de gaivinas-de-bico-preto e corujas pigmeias eurasianas, ainda hoje as ilustrações mais impressionantes que já vi.)

Mesmo então, os amigos de Semyon se maravilhavam com a ausência de mesquinharia e amargura dele, o deleite infantil e a capacidade de se surpreender, que ele levou até o fim da vida. Eu me lembro de meu avô às vezes ficar tão exageradamente alegre com uma anedota ou uma música que lágrimas lhe jorravam dos olhos. Em seu capricho e explosão, seus acessos de raiva também eram infantis, e podiam ser assustadores. Ele não era fisicamente imponente, mas brigava com frequência. Na universidade, quando um estudante atrás dele fazia uma imitação de iídiche, meu avô atacava antes de lhe dar uma boa olhada para considerar o resultado ou as chances. Nas salas de aula, durante tiradas nacionalistas, ele se levantava e discutia em voz alta com os professores atônitos, atos de rebeldia pelos quais era repreendido, mas nunca expulso.

Não sei onde ele vivia em Kaunas. Seu nome e os dos membros de sua família imediata não aparecem nos arquivos da cidade. O único vestígio dos anos que ele passou lá é uma entrada em uma enciclopédia do entreguerras que lista os membros das Forças Armadas da Lituânia. Depois do nome Semionas Galberstatas há um escasso parágrafo de datas de patentes. Graças a seu diploma universitário, ele pôde entrar no serviço militar como oficial, e assim, em vez de perambular por campos de batata com uma mochila e um fuzil, tonto de fome, ele se matriculou em uma academia de oficiais em Kaunas. Lá foi treinado para comandar a cavalaria e, o mais estranho para mim, ganhou troféus por sua habilidade como cavaleiro.

Mais do que cavalgar, Semyon gostava de cavalos. O funcionamento minucioso da mente desses animais o fascinava; ele nunca se cansava de observar como seus pequenos gestos faziam os animais se mover. Em anos posteriores, manteve um caderno de papel milimetrado aberto ao lado de sua leitura e desenhava página após página de esboços de cavalos, sempre de perfil. Quando li sua entrada na enciclopédia militar, tentei imaginar meu avô como um equitador esguio, vestido com calça e botas de couro envernizado. Em vez disso, minha mente ficava voltando ao beneficiário do seguro social pançudo que conheci na adolescência, o qual na maioria das noites adormecia em uma poltrona amarela com estampa floral e um exemplar de *Chess Life* no colo.

Meu avô se graduou na academia de oficiais como tenente condecorado. Depois, quando tentou encontrar trabalho como professor de ciências, descobriu que os empregos só estavam abertos a lituanos étnicos. Por acaso, um amigo dele mencionou um posto em um ginásio alemão da moda, onde estudavam os filhos pequenos dos cidadãos mais ricos da cidade. Em vez de lecionar botânica e física, Semyon se viu diante de uma sala de crianças de sete anos com o cabelo bem penteado, cantando em lituano sobre patos nadando no lago. Ele gostava das crianças e não se importava com o trabalho. Mudou-se para um pequeno apartamento perto do centro da cidade. Quando não estava lendo, passava as noites caminhando ou ouvindo orquestras na Laisvės Alėja. Ocasionalmente, saía com mulheres, embora nada muito sério.

Esses meses relativamente despreocupados terminaram em um dia quente no meio de junho de 1940. Semyon estava caminhando debaixo das velhas árvores na Laisvės Alėja quando um tanque surgiu, vindo de uma rua lateral. Num lampejo de pânico, ele pensou que os alemães tinham invadido. A Alemanha havia ocupado a vizinha Polônia, e durante o ano anterior meu avô tinha lido relatos de jornal sobre a brutalidade dos alemães com os judeus da Polônia. Os litvaks em Kovno praticamente não falavam de outra coisa. Mas o flanco grosseiro do tanque não estava pintado com uma cruz — os soviéticos haviam recuperado Vilnius para a Lituânia no outono anterior, e agora chegavam para cobrar a dívida. Quando as notícias da invasão se espalharam, alguns judeus celebraram. Os tanques russos, eles diziam, formariam uma parede entre eles e os nazistas.

Se alguns comandantes do Exército Vermelho impressionaram os habitantes da cidade com sua civilidade, isso não durou. Soldados desarrumados e sujos pilhavam lojas, esvaziando-as de sapatos e casacos de inverno masculinos, independente de tamanho ou estilo, câmeras e berços de vime; suas famílias em Khimki e Tula precisavam deles. Destacamentos do Exército Vermelho desmantelaram fábricas e carregaram o maquinário em caminhões para ser transportado e remontado a centenas de quilômetros ao leste. Um anúncio de rádio declarou que todas as empresas e casas particulares eram agora propriedade soviética, embora a maioria dos residentes da cidade continuasse a viver e trabalhar nos mesmos lugares. Pela primeira vez, os russos provaram ser mais benevolentes com os judeus que os lituanos, seus antigos vassalos, que eles suspeitavam terem simpatias pró-germânicas. De repente posições de alto escalão em universidades, ministérios e fábricas recém-sovietizados estavam abertas a candidatos judeus, muitas vezes à custa de ex-chefes lituanos. Se alguns litvaks se regozijavam com essas promoções, seus vizinhos gentios não esqueceriam isso tão cedo.

Os novos empregos dificilmente compensaram a campanha soviética contra a religião e o despedaçamento da vida comunal. Agentes do NKVD fecharam sinagogas e igrejas. Nas ruas, soldados do Exército Vermelho ofereciam barras de chocolate a crianças em troca de promessas de renunciar a superstições paroquiais. "Jesus deu a você essa barra de chocolate ou fui eu?", perguntavam. Na sala de aula de Semyon, agentes soviéticos afixaram retratos do Politburo acima do quadro-negro e ao longo das paredes, e as crianças iam à escola com retratos de Molotov e Bulganin alfinetados nas roupas. "Educadores" soviéticos as faziam marchar em volta do pátio e as ensinavam a cantarolar num russo tosco. Para Semyon, aqueles dias tinham uma qualidade surreal, em que os limites da realidade eram redesenhados a cada manhã enquanto a cidade prendia a respiração.

A ocupação trouxe novos pacientes para o consultório dentário de Haskel: na maioria soldados russos mal-humorados com abscesso nos dentes e rosto inchado. Em casa, Haskel persistia em ser alegre e gentil; além de exalar um ocasional "*Vey iz mir*", ele afastava os incômodos mundanos com um sorriso. Roma, que ajudava no consultório dentário, tornou-se um homem prematuramente grisalho e retraído que gostava de ficar perto da família e sorria timidamente de um jeito atraente e contido. Passava suas horas privadas no quarto, pintando aquarelas e ouvindo rádio.

Numa manhã na primavera de 1941, Haskel foi ao consultório com uma indigestão que à tarde virou uma dor latejante. Durante um intervalo entre pacientes, ele disse a Frida que ia até a rua para falar com o médico, um colega a quem às vezes enviava pacientes. Ele provavelmente receitaria bicarbonato de sódio, disse a ela. Haskel estava esperando na recepção quando sua expressão ficou estagnada e ele caiu de lado da cadeira, morto de ataque cardíaco. O enterro foi realizado no encantador e antigo cemitério judeu em Žaliakalnis, um bairro que devia seu nome à colina verde em que se situava. Chovia enquanto o coveiro aplainava o solo com uma pá. Semyon instalou um marco de madeira na cabeceira do túmulo do pai: segundo um costume judeu, deve se passar um ano antes que os enlutados possam descerrar um túmulo. Dezenas de pacientes de Haskel foram à casa durante o shivá. Depois disso, Frida assumiu o consultório dentário.

Em março, um decreto soviético expulsou cidadãos alemães dos territórios anexados. Nos dois anos desde que Molotov e Ribbentrop, o ministro das Relações Exteriores nazista, tinham assinado um pacto de não agressão no Kremlin, a União Soviética e a Alemanha dividiram a terra que estava entre elas. As fronteiras estavam se mostrando excessivamente porosas. Em Moscou, Stálin se recusava a acreditar que Hitler violaria o pacto, mas na periferia ocidental do país as tropas soviéticas estavam inquietas, sentindo o cheiro do iminente estágio final da guerra, como se fosse chuva.

Tarde da noite, em 14 de junho, caminhões circularam por Kaunas, parando diante de casas com as janelas fechadas e prédios de apartamentos. Agentes do NKVD entravam aos pares com as carabinas erguidas, ordenando que os moradores entrassem nos caminhões. Como em outros lugares na União Soviética, os detidos foram acusados de informações variadas de ideologia e de classe: eram donos de propriedades, funcionários do governo, excessivamente religiosos, sionistas, bundistas, tinham falado publicamente contra Stálin e os sovietes. Como sempre, alguns eram apenas azarados. Durante quatro noites, a polícia secreta prendeu 30 mil pessoas em toda a República Socialista Soviética Lituana, como o território era agora conhecido. Entre os prisioneiros estavam incluídos lituanos, poloneses, bielorrussos e russos, além de cerca de 7 mil judeus. As tropas do NKVD os embarcaram em trens — 150 a 200 pessoas por vagão, sem banheiro e com apenas uma pequena janela para ventilação — e amarraram as portas com arame farpado. Nas laterais dos carros, escreveram em tinta branca "Traidores da Pátria". Os prisioneiros estavam destinados a trabalhos forçados no Cazaquistão, no sul da Sibéria e na foz do rio Lena, perto do oceano Ártico. Depois das deportações, todos em Kaunas andavam em silêncio, com o rosto muito pálido. O tecido da vida cotidiana se rompia e se rasgava. Até os pássaros, contou meu avô, pararam de cantar.

Seis dias depois do último ataque soviético, em 22 de junho, Semyon acordou no escuro, despertado por uma explosão. Eram 3h30 ou 4h. Ele ouviu as sirenes, mas não conseguiu entender de onde vinham e acabou adormecendo de novo. Acordou outra vez uma ou duas horas depois e abriu uma janela. Na extremidade dos dois rios, a base militar em Aleksotas estava queimando. No céu do começo do outono que começava a se iluminar — estava cor de ameixa, ele lembrou — um tufo de fumaça subia, rodopiando. Semyon se deitou de novo, mas não conseguiu dormir. Em algum momento depois das seis ele ligou o rádio; o locutor relatava que o Reich havia declarado guerra à União Soviética.

As estações transmitiam as notícias com fervor. A fronteira com a Polônia ocupada estava a centenas de quilômetros de distância. Semyon se deu conta de que os alemães poderiam chegar à cidade em questão de horas.

Lá fora, soldados do Exército Vermelho corriam pelas ruas, alguns descalços ou sem camisa. De algumas janelas, partisans lituanos atiravam neles, e na maioria das vezes os russos não respondiam ao fogo. Semyon vestiu uma camisa e correu para o apartamento da mãe. Nos corredores do prédio dela, viu vizinhos judeus assustados, discutindo se deviam ficar em Kaunas ou partir. Todos tinham se reunido no apartamento: o meio-irmão dele, Roma, sua avó Sarah, que tinha se mudado com eles de Utena, e, é claro, sua mãe, Frida, que estava fazendo o café, impassível. Semyon se encostou numa parede, arfando. As palavras saíram aos tropeços de sua boca. Precisavam deixar a cidade em uma ou duas horas, ele disse. Quando ninguém na sala se mexeu, começou a gritar. Não tinham lido sobre como os judeus na Polônia eram tratados?

"Os alemães se comportarão de forma decente", Frida respondeu no tom definitivo que adotava durante disputas familiares. Ela se lembrava da ocupação alemã anterior. O general Ludendorff, substituto do chefe do estado-maior da Alemanha, Paul von Hindenburg, tinha escrito um manifesto que começava com "*Mein liebe Juden*". "Meus queridos judeus", dizia, "viemos para mudar suas vidas!" Os alemães não eram nenhuma bênção, mas se comportariam outra vez como europeus civilizados, Frida assegurou a todos. Eram os compatriotas de Schiller e Bach. Além disso, os litvaks haviam suportado outras ocupações, e fariam aquilo de novo. Sarah, que estava com 102 anos, riu, tranquila. Disse que já tinha estado na terra tempo demais para correr agora, e além disso não suportaria ficar afastada das *Kinder*.

Só restava Roma. Semyon implorou ao meio-irmão mais velho, que ficou olhando miseravelmente para o chão. Tudo o que ele conseguiu dizer foi que precisava cuidar do consultório. Frida trabalhava lá sozinha desde que o pai deles morrera, e Roma não se atrevia a deixá-la. "Vou cuidar da mãe", ele balbuciou, sem convencer nem a si mesmo. Semyon queria agarrar o irmão pelas lapelas e forçá-lo a sair do apartamento, mas começou a duvidar de si. Roma não era talhado para correr. Não era atlético nem se sentia à vontade na presença de estranhos — era um solteiro acanhado, o tipo de homem sobre o qual os vizinhos fofocavam e do qual as mulheres se esquivavam. E se eles se separassem? A expressão encabulada e chorosa do irmão o encheu de temor. "Poderia acabar morto", Semyon pensou. Ele estava perdido em pensamentos conflitantes quando Frida se colocou entre os dois e pôs a mão no ombro do filho. Disse que eles estariam seguros em Kaunas e se veriam depois que tudo se acalmasse. Semyon queria dizer algo, mas as palavras ficaram presas em sua garganta. Ele beijou a mãe e a avó, abraçou Roma e correu para casa. Jogou várias mudas de roupa, alguns livros e um pouco de comida em uma mala, trancou a porta da casa e rumou para a estação de trem. Outros, pela aparência judeus, também andavam rápido para a estação, agarrando malas e sacolas arrumadas às pressas.

A plataforma fervilhava de pessoas tentando chegar a um trem que não era capaz de abrigá-las. Corpos, malas e crianças chorando se apertavam nos vagões. Na plataforma, pessoas gritavam por aqueles que haviam conseguido entrar no trem ou que tinham se perdido na multidão; queriam se despedir ou entregar a alguém um suéter ou um filão de pão embrulhado em jornal. Irrompiam brigas. Os homens mais brutos simplesmente jogavam outros para fora do trem e subiam no lugar deles. Semyon tentou forçar a entrada com os ombros em vários vagões, mas uma parede de corpos o empurrava de volta. Ele correu ao longo dos trilhos, procurando uma brecha. Finalmente, subiu com dificuldade uma escada de metal e, de quatro, se esgueirou até o teto corrugado de um vagão de passageiros. Ficou deitado de bruços e enfiou a mala embaixo da cabeça, como um travesseiro.

A camisa branca já estava suja e suada, e ocorreu-lhe que tinha sido uma escolha ruim. O apito soou, e meu avô viu Kaunas, a cidade onde quase todos que conhecia ficavam, bamboleando atrás dele. Um pilar de fumaça da locomotiva subiu ondulando e se dispersou no céu. Ele pensava agoniado na mãe e no irmão quando as habitações de madeira no arrabalde deram lugar à floresta, os quilômetros de bosques densos e impassíveis pelos quais a Lituânia é conhecida. O teto de metal embaixo dele esquentou no sol, e Semyon tirou a camisa. Passaram-se horas com o trem sacolejando agradavelmente sob ele.

Enquanto o sol brilhava entre os pinheiros, o pânico diminuiu e seus pensamentos desaceleraram, movendo-se no ritmo das rodas do trem. Ele se lembrou de uma história que tinha lido quando estava no ginásio em Ukmergė. O exército da imperatriz Catarina havia sitiado Vilnius, com a intenção de desalojar os rebeldes poloneses. Elijah ben Solomon, o gaon de Vilna, gênio erudito e santo de 72 anos, chegou à Grande Sinagoga, onde estava reunida uma multidão. Os judeus frenéticos dentro do imponente templo iluminado por velas falavam de matança e escravidão. Em meio à lamentação, o gaon abriu a arca e liderou a congregação em uma recitação séptupla do salmo 20: "O Senhor te responderá no dia da angústia". Naquele exato momento, uma bala de canhão disparada do monte de um castelo vizinho caiu sem causar danos no teto da sinagoga; ela ainda podia ser vista em pleno século XX. Os judeus lá dentro estremeceram com o impacto, mas o gaon anunciou que o mal tinha sido desviado.

Logo depois, os poloneses abriram os portões da cidade e encerraram o sítio. Era o 15º dia de av de 1792. Semyon se perguntou se, 150 anos depois, outro milagre salvaria os judeus da Lituânia.

Ele estava com sede, e seus olhos ardiam. No lusco-fusco, espiou sobre a lateral do vagão e gritou para um homem de regata inclinado para fora da janela. O homem e esposa o ajudaram a descer para o vagão. O compartimento estava atulhado de pessoas, e Semyon se agachou no piso, entre os leitos. Passadas algumas horas, uma unidade de cavalaria do Exército Vermelho parou a locomotiva. Um oficial de baixa patente interrogou os homens em boas condições físicas a bordo do trem, recrutando a maioria no ato. Quando perguntado sobre treinamento militar, Semyon mentiu e disse que não tinha nenhum. Ele duvidava que os oficiais de Stálin tratariam com benevolência um oficial de um exército estrangeiro. Além disso, tendo lidado com os russos em Kaunas, ele não queria participar do atoleiro político do comando. Foi tornado soldado raso da infantaria soviética e recebeu documentos de identidade temporários. Passariam mais duas semanas até ele receber seu sobretudo e seu fuzil.

Meu avô tinha 25 anos quando se tornou soldado soviético. Durante os quatro anos seguintes, não recebeu nenhuma informação sobre sua família nem sobre ninguém que conhecia. Como suportou isso?, eu me perguntei muitas vezes. Ele não soube o que aconteceu com a mãe, a avó e o irmão, nem com amigos e vizinhos, até o fim da guerra. O pouco que eu soube da vida e da morte deles vem de relatos e estatísticas rudimentares compiladas por oficiais da SS que chegaram a Kaunas alguns dias depois que meu avô escapou, e da pesquisa e dos testemunhos de décadas subsequentes. Mesmo assim, é mais informação do que Semyon foi capaz de reunir ao longo da vida inteira.

No domingo, 22 de junho de 1941 – a manhã em que meu avô deixou Kaunas –, fazia menos de uma semana das deportações de Stálin. Em missas católicas pela cidade, padres instavam os paroquianos a cooperar com o Exército alemão. Dos púlpitos, alguns exigiam vingança contra os colaboradores dos soviéticos, os judeus em particular. Às 9h30 de segunda-feira, a Rádio Kaunas reportou a formação de um governo provisório lituano. Tocou a marcha de *Aída*, interrompida por anúncios de que a estação estava nas mãos dos partisans e que os bolcheviques tinham fugido. A Lituânia, declamou um locutor, estava finalmente livre.

Naquela tarde, o comandante lituano Jurgis Bobelis anunciou que tropas alemãs tinham sido atacadas por casas onde moravam judeus, e avisou que cem judeus seriam mortos para cada soldado alemão morto. No momento em que a Wehrmacht e a primeira unidade dos SS Einsatzgruppen chegaram a Kaunas, na terça-feira 24 de junho, reportou-se que mil judeus da cidade – um em cada trinta – haviam sido mortos. O trem para o leste que saiu sete horas depois do trem de meu avô foi atingido por bombas da Luftwaffe. A locomotiva e vários vagões ficaram queimando em uma clareira. Os passageiros sobreviventes foram presos e devolvidos a Kaunas, ou estuprados ou executados no local.

Os Braçadeiras Brancas, como os paramilitares lituanos ficaram conhecidos, se mobilizaram na segunda-feira. Estudantes da universidade que meu avô tinha frequentado caminharam com eles enquanto cruzavam a ponte sobre o Neris para Slobodka. O bairro abrigava 6 mil dos mais pobres e mais devotos judeus da cidade. Algumas famílias viviam lá desde a Idade Média. O tropel de lituanos levava fuzis, facas, machados e martelos. Eles entraram nas casas de Slobodka e conduziram os ocupantes para as ruas. Quando se reuniu uma multidão suficiente de judeus, deram-lhe ordens, sob a mira de armas, de correr até o rio. Lá, outros homens os instruíram a tirar as roupas e correr para a água. Enquanto homens e mulheres nus, alguns agarrados a irmãos, pais e filhos, entravam no Neris — o velho rio serpeante que passava pelos montes de sepultamento dos lituanos pagãos, pelas pedras mitológicas e pelos carvalhos sagrados —, homens com metralhadoras abriram fogo atrás deles.

Alguns membros da turba não se contentaram com a execução. Invadiram casas de Slobodka e aterrorizaram famílias, muitas das quais estavam sentadas para o almoço. Os invasores desmembraram corpos, pregaram mãos nas paredes, enfiaram agulhas e furadores em olhos. Decapitaram um rabino chamado Zalman Ostrovsky e puseram sua cabeça em uma janela, como um destaque de loja. Atearam fogo em rolos manuscritos da Torá e em arcas sagradas. Cortaram barbas com cacos de vidro, depois encharcaram os homens com querosene e atearam fogo neles, enquanto oficiais recém-chegados da SS tiravam fotos dos corpos em chamas. Cadáveres encheram as ruas. Homens com fuzil e olhos turvos, muitos bêbados, berravam, cambaleando: "Judeus! Comunistas!".

Em outros lugares em Kaunas, os Braçadeiras Brancas prenderam judeus, lacraram as portas de suas casas e os transportaram para os velhos fortes tsaristas, onde quase todos seriam mortos. Na sexta-feira 27 de junho, uma turba pegou mais cinquenta ou sessenta judeus e os conduziu a um lugar conhecido como Garagem Lietūkis, perto do centro da cidade. Enquanto uma multidão observava, homens abriram mangueiras de incêndio e forçaram os bocais na boca dos presos até a barriga deles explodir. A garagem ficava na rua Vytauto. Seu nome era uma homenagem ao grão-duque cujas cartas de direitos tinham atraído milhares de judeus para as terras que eles chamavam de Lita. O governante tinha sido apelidado por eles de Ciro lituano, em homenagem ao benevolente rei persa que libertara seus ancestrais do cativeiro babilônico.

Não há registro exato de quanto tempo fazia que os judeus viviam entre os lituanos. Sabe-se que os primeiros entre eles vieram muitos anos antes que os sacerdotes do tempo de Jagelão começassem a realizar batismos em massa no Neris. Seiscentos anos de coexistência terminaram no fim de junho de 1941. Nos cinco meses seguintes à invasão alemã, mais de 137 mil dos judeus do país foram liquidados por seus colegas de trabalho e vizinhos, no linguajar da SS. A maioria foi jogada em covas cavadas às pressas. Outros 70 mil foram mortos a tiros ou com gás antes do fim da guerra.

Os mortos foram catalogados meticulosamente. Em um relatório datado de 1º de dezembro de 1941, o Standartenführer Karl Jäger, líder de um esquadrão da morte conhecido como Einsatzkommando 3, afirmou um tanto falsamente que a Lituânia estava *judenfrei*, livre de judeus. Ao nome de cada cidade e shtetl ele anexou uma data ou datas de liquidação e uma contagem de mortes, computando não só homens, mulheres e crianças judeus executados mas também comunistas, ladrões, saqueadores de túmulos e os "mentalmente defeituosos". Os fuzilamentos em massa, observou Jäger, foram levados a cabo "sob minhas instruções e ordens [...] por partisans lituanos".

Menos de um em cada vinte litvaks viveu para ver o fim da guerra, a menor taxa de sobrevivência na Europa. Os pais da minha mãe estavam entre os que restaram. Eles carregaram consigo vestígios de uma cultura que nunca mais se enraizaria no país setentrional de montes de pedras sobre túmulos e ruínas romanescas e florestas intransponíveis, onde uma Jerusalém moderna desapareceu como a neve da primavera.

* * *

Como a maioria das crianças soviéticas, fui alimentado com programas de televisão sobre a Grande Guerra Patriótica, como ela ainda é conhecida na Rússia. Todos concordavam que a Guerra contra o Fascismo era o apogeu da nação, nosso sacrifício e presente ao mundo, um momento em que o povo soviético se comportou com abnegação e nobreza, unido pelo dever coletivo. Como a maioria dos garotos soviéticos, eu preferia filmes de guerra a musicais e documentários sobre o Pacto de Varsóvia e a produção regional de grãos, e assistia ao máximo que conseguia. Naturalmente, eu tinha orgulho da participação de Semyon em combate e perguntava incessantemente sobre ela. Sua aversão a falar sobre aquilo era quase tão grande quanto meu desejo de fazê-lo.

Em visitas a Vilnius, eu brincava com as medalhas que ele guardava em uma caixa cor de osso. Não eram condecorações importantes, como a Estrela Vermelha ou a Ordem de Lênin, que eu via na televisão. Manchadas, presas a pedaços de pano listrado, suas medalhas comemoravam batalhas e aniversários. Uma dizia "Por bravura". Semyon me contou que a recebeu depois que médicos do Exército removeram duas lascas de metralha das suas costas. Ele levantou a camisa para me mostrar uma das cicatrizes, uma fenda costurada na concavidade sardenta embaixo da omoplata. Mais tarde, em Nova York, Semyon ingressou em uma organização de veteranos da Segunda Guerra Mundial: algumas dezenas de judeus idosos falantes de russo usando ternos amarrotados que se reuniam uma vez por mês em uma casa de kebab no Queens. Mas Semyon raramente falava sobre suas experiências na guerra. No front, ele viu muitos mortos, na maioria garotos mais novos que eu, e dizia que não queria que tais visões aparecessem para mim nem para ninguém mais. Normalmente, aquilo punha fim à conversa.

Em poucas ocasiões, minha insistência extraía alguns fatos: ele serviu na 16ª Divisão de Fuzis do Exército Vermelho, conhecida como Divisão Lituana, porque era constituída sobretudo por refugiados da antiga República Socialista Soviética da Lituânia. Operava um morteiro usado para esvaziar trincheiras inimigas e explodir veículos e soldados protegidos contra tiro de enfiada. Em 1944, um comandante impressionado com a fluência de meu avô em alemão começou a usá-lo como tradutor. Semyon fazia interpretação em interrogatórios de soldados inimigos e membros da Waffen-SS capturados; também traduzia transmissões de rádio, documentos e comunicados. Depois disso, ele contou, não combateu muito mais.

Nos primeiros dias de maio de 1945, meu avô entrou em Berlim com a Primeira Frente Bielorrussa, comandada pelo marechal Zhukov. Semyon dava poucos detalhes do que vira lá, e minhas imagens da batalha e de seus resultados vêm principalmente de fotografias e livros: tropas de choque e unidades de tanque soviéticas entrando na capital arruinada, Buicks e Studebakers fornecidos pelos americanos rebocando artilharia leve, cossacos montados com troféus de guerra amarrados nas selas. No dia seguinte à queda do Reichstag, soldados do Exército Vermelho posaram para uma foto amplamente reproduzida, içando sua bandeira vermelha no topo dele. Centenas de milhares haviam sido mortos e mutilados no período que antecedeu a batalha final. Os soldados soviéticos vitoriosos pilharam apartamentos e lojas, mataram soldados e civis presos e entornaram bebidas alcoólicas e solventes de laboratório, ficando bêbados durante dias. Um correspondente do Exército soviético contou que "os soldados russos estupravam todas as alemãs, dos oito aos oitenta".

Embora Semyon tenha me contado pouco sobre essas semanas, ele admitiu que o deixaram com uma sensação persistente de horror. A história que contou ocorreu na Unter den Linden, o bulevar que passa sob o Portão de Brandemburgo, onde alguns dos apartamentos mais grandiosos de Berlim ficavam voltados para as velhas tílias que davam nome à rua. Nos últimos dias de combate, os moradores cortaram as árvores para fazer lenha. Semyon disse que, na primeira vez que viu o bulevar, chorou. A artilharia soviética tinha reduzido alguns dos opulentos edifícios a esqueletos sobre um monte de entulho.

Mas nem tudo foi destruído. Semyon entrou em vários apartamentos destrancados e vagou pelos aposentos abandonados, maravilhado com as lareiras de mármore. Sobre uma mesa de cozinha, ele deparou com o café da manhã — ainda quente —

deixado por terminar pelos ocupantes em fuga. Disse que passava a maior parte do tempo remexendo em centenas de livros, em estantes que alcançavam o teto. Em uma prateleira, atrás de um antigo conjunto de livros ilustrados à mão de Wilhelm Meister e volumes de poesia, ele descobriu um romance banido de Heinrich Heine. Meu avô enfiou cerca de uma dúzia dos livros mais raros e mais valiosos na mochila.

Semyon me contou sobre os livros com mais animação que sobre qualquer outra coisa que tivesse a ver com a guerra. Semanas depois, seu batalhão marchou do front alemão para o leste por estradas de terra em uma camada de sujeira e lama que chegava aos tornozelos, resultado do tráfego de botas e pneus de caminhão e de dias de chuva. As alças da mochila lhe cortavam os ombros. Por fim, ele tirou a mochila pesada e pôs os livros antigos, inclusive os belos Meisters, em uma pilha ao lado da estrada lamacenta. Nunca se perdoou por isso.

Meu avô voltou para casa, em Kaunas, no outono de 1945. Andou pelas ruas atapetadas de poeira e entulho, aparentemente sem habitantes. Nada na cidade funcionava. Aqueles que permaneciam ficavam em filas para receber cartões de racionamento. Meu avô caminhou até o apartamento de sua mãe, mas encontrou uma família de lituanos morando lá. Eles disseram não ter nenhuma ideia sobre os antigos moradores. As coisas e a mobília de Frida tinham desaparecido.

O consultório dentário de Haskel estava vazio, sem sequer as peças do banheiro. Semyon encontrou poucos vestígios da família e de sua antiga vida. Mas, em algum lugar perto do centro da cidade, passou por uma judia de aspecto familiar, uma vizinha de Frida de antes da guerra. Definhada e muito magra, era uma de um punhado de sobreviventes do gueto de Kaunas. Eles se abraçaram. A mulher contou que, alguns dias depois que Semyon deixou a cidade, homens armados usando braçadeiras brancas chegaram à casa da mãe dele. Os paramilitares mataram a avó de 102 anos antes de entrar; Sarah sangrou até morrer no chão da sala de estar. A mãe e o irmão foram levados ao Forte Dezessete. Juntos com cerca de 3 mil outros, foram metralhados, e seus corpos jogados em uma vala. Provavelmente foram obrigados a cavar o próprio túmulo, acrescentou a vizinha. "Seu pai era um homem astuto", ela observou. "Ele foi esperto de morrer quando morreu."

Semyon deixou Kaunas horas depois de encontrá-la. Não conseguia mais suportar os vestígios de sua vida ali. Embarcou no primeiro trem para Vilnius, sua cidade natal. Não estivera lá desde os dois anos, mas, para sua surpresa e alegria, localizou Aaron, o dentista irmão de Frida; cerca de trinta anos antes, seu tio vivia com eles em Vilnius, e, mais tarde, os visitara muitas vezes em Utena. Aaron tinha uma sorte fora do comum: passara os anos da guerra no profundo interior russo, curando infecções orais e extraindo dentes, e conseguira até reaver seu antigo apartamento em Vilnius. Depois que Semyon o encontrou, eles foram morar juntos. Meu avô tinha 39 anos e ficou aliviado de encontrar um remanescente da família — o último lembrete vivo de que ele não tinha nascido na solidão.

Todos os tipos de escassez definiam os anos pós-guerra na Vilnius soviética. Como veterano do Exército, Semyon tinha direito a mais privilégios do que a maioria, e entregava seus cartões de racionamento a Aaron. Na maior parte do tempo, eles tinham açúcar, ovos, café e manteiga em quantidade suficiente. Mas uma noite, no jantar, Aaron foi para a mesa mal-humorado. Ele repreendeu Semyon por passar manteiga demais no pão: não sabia como era difícil conseguir cem gramas que fosse daquilo? E continuou a fulminar Semyon, até que meu avô jogou o prato na mesa com estrépito, levantou-se e vestiu o casaco. Ele não podia acreditar que, depois de todos os deslocamentos e mortes, seu tio pudesse ser tão mesquinho. A discussão se intensificou. "Eu sou toda a família que você tem!", gritou Aaron. "Você não vai gostar de ficar lá fora sozinho, sem ninguém, vai voltar correndo." Meu avô afivelou o cinto. Era uma faixa surrada de pele de porco com uma estrela na fivela de metal, remanescente dos dias de Exército. "Então eu não tenho família", ele respondeu, e saiu andando. Semyon passou meses dormindo no sofá de seu amigo Valius. Nunca mais falou com o tio.

Ele dormia pouco naqueles anos, algumas noites só três ou quatro horas. Sonhava no mais das vezes com a mãe e, especialmente, o irmão. Roma, de olhos escuros, tímido, olhava para ele de modo acusador, e Semyon acordava num sobressalto, o coração acelerado. Nessas noites, ele ficava deitado no escuro e revivia aquela manhã de junho em 1941, convencido de que podia tê-los salvado. Devia ter exigido, ameaçado, arrastado os parentes pelas roupas e os conduzido à estação de trem. Por que tinha dado ouvidos à mãe? E como podia ter escolhido a si mesmo em detrimento de Roma – seu irmão gentil e solitário que ele nunca ouvira pronunciar uma palavra indelicada sobre quem quer que fosse?

Sua sobrevivência, ele decidiu, devia ter sido uma questão de pura sorte. Nos sonhos, ele via o número da casa de Frida em Kaunas – 10-9. A despeito de sua aversão de cientista à superstição, começou a evitar o número 19, convencido de que dava azar e era possivelmente letal. Um dia, ele se deu conta de que a catástrofe que lhe ocorrera estava provavelmente predeterminada. De acordo com o calendário juliano usado na Lituânia tsarista de seu nascimento, ele nasceu em 9 de outubro – 9/10 –, o número malévolo. Então, para comemorar seu próximo aniversário – o trigésimo sexto, em 1946 –, ele convidou poucos amigos a seu apartamento no dia 15 de novembro, data que escolheu ao acaso. Mais tarde, Semyon a incluiu em seus documentos como sua data de nascimento. Estava disposto a ganhar três semanas de vida se aquilo afastasse o infortúnio que o deixara sozinho no mundo.

Em 1945, meses antes da queda de Berlim, Semyon estava comendo em um refeitório quando viu uma secretária do Exército com cabelo louro no estilo de Veronica Lake. Ele se deu conta de que já a vira, em Kaunas; sabia até seu nome. Ela era de Slobodka e tinha sido casada com um líder de uma organização socialista judaica chamada Bund. Semyon não pôde deixar de olhar para ela. Uma loura natural era coisa bastante rara entre as mulheres litvaks, e ela ainda tinha cintura fina e era esguia, com olhos levemente radiantes e azuis...

Ele não foi o primeiro nem o último soldado a propor casamento a ela, mas não houve um candidato mais persistente em todo o Primeiro Front Bielorrusso. O fato de todos a considerarem superior a ele não o persuadiu; meu avô gostava de dizer que um homem só precisava ser mais bonito que um macaco. Antes do fim da guerra, ela concedeu a ele um pouco de conversa e até alguns beijos. Semyon se esforçou para ficar marcado na lembrança dela, certo de que não a esqueceria tão cedo.

Ele a viu de novo em Vilnius dois anos depois que a guerra acabou. Ela estava numa esquina, olhando a vitrine de uma loja de produtos em consignação. Essas lojas, onde as pessoas vendiam suas posses por rublos muito necessários, eram os únicos lugares para encontrar uma blusa decente ou um par de sapatos de couro bom. A antiga secretária do Exército viu o reflexo de Semyon cruzando a rua na direção dela. "Se ele me vir, nunca vai parar de me importunar", pensou, e baixou os olhos para a calçada, mas Semyon a reconheceu do outro lado da rua. Ele havia memorizado até a forma de suas costas.

Raisa Mebelis permitiu que ele a levasse para sair várias vezes. Era viúva e vira tantos homens no front que não tinha nenhuma pressa de encontrar mais um. Além disso, não era do tipo que se apaixonava loucamente. Seu primeiro marido, um político sério, foi morto nos primeiros dias da guerra. Também era bonito, de um jeito circunspecto, com uma testa alta e estreita e sobrancelhas proeminentes que sugeriam princípio e propósitos elevados.

Semyon a fazia rir com suas piadas sentimentais e seus carinhos constantes. Levava flores para ela em todos os encontros (ainda que só margaridas embrulhadas em jornal), abria portas para ela, aparecia atrás de Raisa sempre que ela punha ou tirava seu casaco violeta com gola de pele de raposa. Ele era de confiança e divertido, e tinha uma aparência tolerável, apesar do nariz. Casaram-se um ano depois. No dia da cerimônia, ela lançou olhares furtivos para sua irmã mais nova, Ida, e revirou os olhos. Raisa contou a Ida antes da cerimônia que provavelmente ficaria com Semyon por um ano ou oito meses, depois conseguiria um divórcio rápido. Meus avós permaneceram casados por 46 anos.

Quando criança, eu acreditava que minha avó era uma mulher perfeita, uma ideia que, mesmo adulto, nunca superei inteiramente. Ela era alta e esbelta, com dedos longos que faziam desconhecidos comentarem que devia ter estudado piano. Semyon gostava de dizer que ela se parecia com Ingrid Bergman. Amigas, do jeito vagamente invejoso e desconfiado como os judeus falam das louras, diziam que ela parecia "nórdica". Uma firmeza de caráter complementava sua aparência. Raisa raramente levantava a voz ou usava mais palavras que o necessário, e enfrentava infortúnios com um bom senso que tranquilizava todos e servia como um alívio para a falta de tato, a fala incessante e as fúrias mercuriais do meu avô.

E assim coube a Raisa administrar a volatilidade do marido e tirar o máximo proveito das decisões ruins dele. Durante as visitas dela a Moscou, eu ficava muito agradecido por sua presença no meio das discussões dos meus pais. Semyon tomava o lado da minha mãe e se metia na briga, invariavelmente piorando as coisas. Naqueles momentos, Raisa me pegava pela mão e me levava para outro aposento. Fechava a porta e lia para mim em uma voz baixa e serena, de quando em quando erguendo a vista para conferir se eu estava prestando atenção. Em pouco tempo, eu adormecia em seu colo.

Não me ocorria na época que ela um dia fora jovem. Eu tinha três ou quatro anos quando as pernas dela começaram a tremer e ocasionalmente travar ao atravessar uma rua. Um especialista na escola de medicina onde Semyon lecionava a diagnosticou com mal de Parkinson. A degeneração prematura dos gânglios basais desencadeava os sintomas, ele explicou como se lesse de um livro, e receitou uma bateria de comprimidos. Disse a ela que não havia causa conhecida e que os sintomas piorariam aos poucos.

Semyon se culpava. Ele tinha sido infiel e, pior, indiscreto. Uma amiga de Raisa o vira em um restaurante com uma aluna de pós-graduação, uma morena rechonchuda. Raisa o confrontou e eles discutiram. Estavam aos gritos quando ele a empurrou; Raisa bateu a cabeça na parede e passou semanas se queixando de dores de cabeça. Depois do diagnóstico, Semyon mergulhou em artigos científicos sobre a doença, convencido de que seu acesso a havia causado. A partir de então, ele se tornou mais gentil e mais amoroso, e passava mais tempo com ela em casa.

Meus avós falavam russo com minha mãe e comigo, lituano com colegas de trabalho e vizinhos, mas um com o outro, em casa, falavam um iídiche cadenciado. Meu avô se dirigia a ela usando a forma familiar de seu nome russo – Raya –, mas em momentos de afeição usava um iídiche aspirado suave e a chamava de Khayale.

Na primeira vez que Raisa me viu, disse minha mãe, ela ficou surpresa e deliciada com meu cabelo louro e meus olhos azuis (que escureceram quando fiquei mais velho); disse que eu me parecia com seu irmão mais novo, Leib. Uma de minhas lembranças mais antigas é de acordar no apartamento dos meus avós em Vilnius e encontrar Raisa sentada ao meu lado. Através das grades da cama de criança eu observava a geometria da luz do sol no parque e me sentia seguro. Raisa gostava que eu lhe fizesse companhia na cozinha, onde eu a via cozinhar e, no fim do verão, encher potes de vidro com pepinos, repolho e compotas.

Durante minhas visitas, ela preparava uma refeição notável pelo custo e pela inconveniência. Mandava Semyon ao mercado de agricultores para comprar um frango, depenava-o meticulosamente, segurando-o sobre o fogão aceso, depois o desossava e o cortava em partes. Ela punha o peito em um moedor de ferro com manivela que expelia fios de carne rosa; acrescentava leite, cebola, endro e pão branco finamente cortado, moldava-o em bolinhos e os dourava na manteiga. Eu me sentava num banco ao lado dela e observava. Enquanto cozinhava, ela me contava sobre irmãs e primas que eu não conhecia e que agora viviam em lugares chamados Sydney, Bersebá e Tel Aviv, e às vezes falava sobre a infância da minha mãe, ou a dela própria. Uma ou duas vezes ela até falou da guerra. Dava para ver que ela acreditava que rememorar o passado era uma extravagância.

Uma tarde, quando eu tinha sete ou oito anos, Raisa devia estar com uma disposição peculiar, porque pegou um álbum de fotografias com capa de veludo rosa com relevo e me pôs sentado na frente dele. Apontou para um pequeno instantâneo em preto e branco. Nele, ela usava um casaco de pele de ovelha e um cinto do Exército com uma estrela na fivela de metal. Ela olhava para a câmera com um meio sorriso desafiador. O uniforme e as insígnias militares me animaram, mas eu não conseguia ligar aquele olhar desafiador à mulher gentil e frágil que me espiava com olhos úmidos que, aumentados pelos óculos de leitura, pareciam pires azul-claros tremendo. Eu queria perguntar sobre a foto, mas alguma coisa no modo como ela me olhava me fez engolir as palavras. Raisa devolveu o álbum à estante e voltou para a cozinha.

Diferente da família de Semyon, a de Raisa não ostentava nenhum magistrado, nenhuma solteirona que se matriculara na Alemanha e nenhum comerciante próspero. O shtetl onde ela nasceu, no mesmo ano que meu avô, era tão subjugado e comum quanto qualquer um na Zona de Assentamento. Kaišiadorys — ou Koshedar, como era conhecida em iídiche — supostamente ganhou esse nome depois que a ferrovia decidiu construir uma estação de passagem lá, para que as locomotivas se abastecessem de água no meio do caminho entre Kaunas e Vilnius. De acordo com essa história provavelmente apócrifa, quando o prospector encarregado da tarefa chegou pela primeira vez ao local, uma clareira no bosque, deparou com dois camponeses acampados em volta de uma fogueira. "O que estão fazendo?", ele perguntou aos homens, que se ergueram num salto e ficaram parados, rígidos, à vista do uniforme russo do oficial. "Cozinhando kasha, vossa excelência", um deles respondeu.

O pai de Raisa, Moishe, um funileiro com um punhado de cabelo vermelho, instalava o teto nas débeis casas da cidade, trabalhando principalmente para judeus vizinhos. Sua esposa era uma costureira tímida chamada Liba. Nenhum deles recebeu muita educação além de instrução religiosa em casa e palavras suficientes para ler uma graça. Minha avó, chamada Khaya em iídiche, era a segunda mais velha de quatro filhos – três meninas e um bebê. A mais velha, Dvoira, era morena como a mãe, mas os outros nasceram com olhos azuis e eram louros. Vizinhos gentios piscavam para eles e perguntavam: "Vocês têm certeza de que são judeus? Será que alguém roubou vocês de pais lituanos?". Em casa, não havia muito ritual nem reza. Nunca havia comida, dinheiro nem roupas suficientes para eles. E ninguém podia fazê-los acreditar que o Soberano do Universo tinha algum interesse nessas faltas.

Aos catorze anos, Raisa tinha um emprego em tempo integral como guarda-livros em uma fábrica que engarrafava cerveja, água mineral com gás e limonada para algumas cidades. Em uma foto datada de 1932, um grupo está em volta de um caminhão decorado com o nome da cervejaria, Zilberkveito. Raisa, que tem dezesseis ou dezessete anos, usa um vestido comprido com gola de xale e segura um livro de registros de contabilidade. Ela está ao lado de um homem mais velho num terno de três peças que parece exercer alguma autoridade. Ao lado dele — com expressão cansada e os ombros caídos —, ela parece absurdamente jovem.

Raisa se tornou — por temperamento e necessidade — a filha responsável. Sua irmã mais velha, Dvoira — que detestava o som do nome em iídiche e preferia ser chamada pelo nome tchekhoviano Vera —, era obstinada, perspicaz e severa. Quando Raisa começou a trabalhar na cervejaria, Vera já tinha passado algumas semanas na cadeia por distribuir folhetos subversivos. Impenitente, ela continuou a comparecer a reuniões comunistas; em uma delas, conheceu um rapaz lituano com cabelo cor de palha chamado Jonas e começou a sair com ele. Quando Moishe descobriu, rejeitou a filha. Vera deixou a casa dos pais sem verter uma única lágrima, maldizendo o pai. Nem uma igreja nem uma sinagoga os casaria, então Vera e Jonas foram de carona para Klaipėda, uma cidade portuária no Báltico, para serem casados por um magistrado. Batizaram o filho de Karl, em homenagem a um revolucionário lituano chamado Karolis Požela e, é claro, a Karl Marx. Vera rejeitava os temerosos judeus provincianos de Koshedar junto com o pai; como diz o ditado russo, ela pôs uma cruz sobre ele. A partir desse momento, mandava notícias à mãe e aos irmãos em comunicações sucintas e pouco frequentes rabiscadas no verso de cartões-postais.

Moishe imprecou baixinho quando Liba deu à luz uma terceira filha. Ele dizia que precisava de mais uma menina na casa tanto como de um *lokh in kop* – um buraco na cabeça. A irmã mais nova de minha avó, Ida, foi uma criança sorridente e indolente; adorava danças e festas e gastava o pouco dinheiro que tinha em presilhas de cabelo e pentes. Depois de seu bat mitzvá, Raisa lhe ensinou os rudimentos da escrituração contábil, uma profissão com a qual Ida se sustentou pelo resto de sua vida ativa.

Leib era a alegria da família. Todos se lembravam de quando, durante uma ceia de Chanucá, Leibele, de cinco anos, fez os adultos que lotavam a sala se dobrar de rir quando entrou em uma caixa abarrotada de neve e anunciou que ia guardá-la para o verão. Ele era amável e bonito, e aos treze anos já era mais alto que o pai. Quando as crianças iam a pé para a escola, as três irmãs o flanqueavam de todos os lados, para proteger e mostrar orgulho de seu garoto.

Moishe, Liba e os filhos deixaram a casa com teto de folha de flandres em Kaišiadorys na metade da década de 1930 e, como muitos outros habitantes de cidades pequenas, seguiram para Kaunas, com sua promessa de mais trabalho e melhores escolas.

Como muitos outros judeus de poucos recursos, eles se instalaram em Slobodka. Duas primas de Raisa, Alta e Esther, já moravam na rua Veiverių, a alguns passos da ponte sobre o Neman, com uma vista grandiosa da catedral gótica na margem oposta. Moishe voltou a trabalhar como instalador de tetos; Liba costurava robes de chambre; Ida e Leib se matricularam em um ginásio hebraico movimentado.

Minha avó adorava Kaunas. Ela teve aulas de contabilidade e encontrou emprego principalmente em fábricas. Havia muito trabalho a ser feito, pelo menos para ela: Raisa não só era escrupulosa e esforçada, mas aparecia nos escritórios sombrios de fabricantes de barris e guarda-chuvas em vestidos surpreendentemente elegantes que eram graciosos, mas nunca maliciosos. As costureiras de Slobodka os faziam pela metade do que os alfaiates do centro da cidade cobravam. Raisa os complementava com camafeus de marfim e coral, golas de pele de raposa, renda inglesa. Homens a assediavam constantemente. Ela saía com vários, mas se apaixonou por um rapaz esguio e ambicioso ativo em círculos socialistas, que tinha chegado a uma posição de liderança no Bund.

Não posso lhes dizer o nome dele. Minha mãe não sabia que Raisa tinha sido casada com ninguém além do pai dela até depois de sair de casa para a universidade. Elas falaram sobre ele uma ou duas vezes, nunca na minha frente. Minha mãe não tinha certeza de Raisa alguma vez ter mencionado o nome do homem. Minha avó guardava uma foto do primeiro marido em uma caixa de joias, e alguns anos antes de eu nascer a foto se perdeu, ou era o que ela afirmava. Tudo o que sei vem de fofocas ouvidas em jantares da família: os dois eram um casal impressionante e viveram brevemente em um apartamento grande perto do centro de Kaunas. Dançavam em clubes noturnos da Laisvės Alėja, amavam o cabaré, jantavam com amigos em restaurantes e cafés luxuosos. As pessoas brincavam que um dia ele seria ministro do governo ou juiz. Eles se casaram menos de um ano antes da invasão soviética.

Um coronel russo ficou tão apaixonado por Raisa que encontrou para ela um cargo elevado no Ministério das Finanças; o posto estava fora do alcance de judeus apenas um mês antes. Ela agora tinha uma pequena equipe e, o mais estranho de tudo, um motorista que toda manhã esperava do lado de fora de seu apartamento em um automóvel. O supervisor soviético de Raisa gostava dela – todos os chefes gostavam –, e, durante as deportações soviéticas em junho de 1941, quando vários amigos do marido dela foram presos, agentes do NKVD ignoraram o apartamento deles. O coronel ligou para ela alguns dias depois: se os alemães cruzassem a fronteira, ele disse, ela e sua família seriam presos, ou pior. Ao primeiro sinal de guerra, ela deveria partir.

Na manhã da invasão alemã – domingo, 12 de junho – o motorista do ministério esperou do lado de fora do apartamento dela. Raisa se espremeu no carro junto com os pais, Ida, Leib e a prima Alta, que se sentou com a filha de quatro anos, Sarah, no colo. Os passageiros se espremeram no meio de malas, sacolas, cobertores e uma arara de estimação. Vera, a comunista rejeitada, já tinha deixado a cidade com o marido e o resto dos vermelhos em fuga. O marido de Raisa fez planos de deixar a cidade com os pais; eles concordaram em se reunir na Rússia. Enquanto o carro se afastava, Raisa viu Slobodka sumindo no espelho retrovisor.

Soldados soviéticos pararam o carro na fronteira bielorrussa. Todos que seguiam para o leste tinham de viajar a pé. Liba e Moishe protestaram; disseram que era loucura caminhar quilômetros sem destino. A filha de Alta começou a chorar. Todos ficaram na margem da estrada, olhando uns para os outros pensando no que fazer. No fim, metade deles decidiu voltar e se arriscar em Kaunas. Liba chorou quando abraçou os filhos, que deram a ela a maior parte de seu dinheiro. Raisa viu os pais e a prima desaparecerem numa curva na estrada arborizada. Então recolheu suas coisas e, junto com o irmão e a irmã mais novos, começou a caminhar para o leste.

As malas eram pesadas e a comida acabou alguns dias depois. Os assentamentos pelos quais passaram pareciam abandonados: casas deixadas às pressas, janelas quebradas, gado mugindo vagando pelas estradas. Eles pensaram em voltar, mas souberam que Kaunas tinha sido tomada, que os alemães avançavam para o leste, logo atrás deles. Quando o dinheiro acabou, trocaram suas posses por comida. Em igrejas e celeiros, ao lado de caminhões, no acostamento de estradas, Raisa trocava seus camafeus e combinações de seda por uma bisnaga de pão velha de um dia ou um avental cheio de maçãs passadas do ponto. As mulheres da aldeia experimentavam roupas na frente dela, ao ar livre, e mesmo que não servissem as pegavam. Raisa trocou luvas com borda de pele, dois chapéus, pentes de marfim de Ida, estojos de ruge, joias e todo tipo de roupa de baixo até que as malas ficaram vazias. Então ela trocou as malas. Seu anel de casamento de ouro foi o último item a ir embora.

Três semanas depois de deixarem Kaunas, morriam de fome. Muitas vezes não sabiam onde estavam nem o dia da semana. Um dia um homem que passou por eles numa caleça em uma estrada de terra os levou até uma estação de trem. Minha avó achou que aquilo era um milagre. Tinham consigo apenas pertences suficientes para trocar por três bilhetes de trem.

Não havia comida a bordo do trem, e em todo caso eles não tinham nada mais para trocar. No segundo dia, Ida encontrou um bico de pão dormido embaixo de uma cama. Eles o partiram em três pedaços, lambendo os farelos duros na palma da mão. Nunca perguntaram para onde o trem ia. Em algum lugar trocaram de trem, depois trocaram de novo. Permaneciam a bordo desde que fossem levados para o leste ou para o sul. Os vagões estavam apinhados de refugiados em pânico ou resignados. Quando homens se aproximavam das meninas, Leib fazia o papel de protetor, embora fosse magro e mal parecesse ter mais de dezesseis anos.

Uma noite, Raisa acordou com febre. Encharcara as roupas de suor, e erupções vermelhas lhe cobriam os braços. Ida pressionou um pano úmido na cabeça da irmã, mas pela manhã Raisa estava delirando. Minha avó me contou que não se lembrava do que aconteceu depois. Só recordava fragmentos – um leito sob seu corpo, mãos estranhas pegando a comida e o chá que ela não conseguia engolir, alguém rolando-a de lado para tirar os lençóis de debaixo dela.

Raisa recobrou os sentidos em uma sala de hospital improvisada. Uma enfermeira lhe disse que ela quase tinha morrido de tifo e ficara delirando durante três semanas – e que estava no Uzbequistão. Quando Raisa tocou a cabeça, descobriu que estava careca: enquanto estava inconsciente, uma enfermeira lhe raspara a cabeça para conter a disseminação de piolhos infectados por tifo. Ida também estava lá, sem cabelo – tivera disenteria –, mas o irmão delas não. Enquanto Raisa e Ida estavam doentes, um regimento do Exército Vermelho recrutou Leib e o levou para o front. O hospital, uma fazenda coletiva modificada, cheirava mal e estava cheio de refugiados famintos e maltrapilhos, muitos doentes ou moribundos. Não havia pão ou carne, nem nada para comer além de arroz e melancia. Um uzbeque ordeiro que limpava o quarto pediu Raisa em casamento. "Case comigo, tenho um dente de ouro", ele ofereceu, rindo. Ela e Ida dormiam lado a lado com estranhos e acordavam à noite devido às dores da fome. "Temos que ir embora", disse Raisa à irmã numa manhã, "senão vamos morrer aqui."

Elas embarcaram em um trem para a capital uzbeque, Tasquente, onde souberam que havia uma missão lituana. Reuniram dinheiro suficiente para chegar à metade do caminho para lá. No compartimento do trem, uma família judia as olhava com cautela: duas mulheres carecas debilitadas e com o rosto escurecido de doença e fome, vestidas com sobretudos do Exército comidos por traças, no calor sufocante do fim de agosto. "Olhem essas duas", uma mulher mais velha no beliche oposto sussurrou em iídiche. "Parecem ladras." Raisa sorriu. "Não somos ladras, só estamos com fome", respondeu na mesma língua, e logo todos no compartimento estavam falando e rindo. A mulher enfiou a mão numa sacola e deu a Ida uma batata cozida. O condutor viria recolher os bilhetes, então Raisa e Ida se deitaram em uma cama mais baixa, uma atrás da outra, como garfos numa gaveta, enquanto a família as cobria com xales e vestidos. Quando o condutor entrou, a judia sussurrou para ele – não via que sua mãe idosa estava dormindo debaixo daquelas roupas?

Não sei o que aconteceu depois que minha avó chegou a Tasquente. Não perguntei a ela a tempo. Sei que depois ela e a irmã foram evacuadas para uma cidade perto dos Urais onde trabalharam na linha de montagem de uma fábrica de munição. Em outro lugar, Raisa vendia soda reforçada com xarope. No fim, em algum momento de 1942, ela e Ida se alistaram na Divisão Lituana do Exército Vermelho. Raisa tinha 26 anos. Ela me contou que dormia em barracas armadas na neve e lavava as roupas de baixo dos soldados em rios gelados, mas, como eu era criança, não me contou que logo depois de se alistar ela soube que o marido tinha sido morto. Muitos anos depois, Raisa confidenciou a minha mãe que teve um amante russo durante a guerra, um soldado de Moscou chamado Vassíli. Depois da guerra, ele foi a Vilnius pedi-la em casamento, mas era gentio, e ela o recusou.

Em maio de 1944, Raisa finalmente viu o irmão mais novo. Aconteceu em um sonho: ela estava caminhando em um parque num dia ensolarado ameno quando viu um rapaz num banco do parque, enrolado da cabeça aos pés em ataduras brancas. Num sobressalto, como acontece nos sonhos, ela soube que era Leib. Raisa gritou e soluçou no sonho e acordou arfando, com o rosto tomado de lágrimas e suor. Naquela tarde ela contou a Ida o sonho; algumas horas depois, um atendente entrou na barraca e lhe entregou um telegrama que ela abriu com mãos trêmulas. Dizia que em 1º de maio o soldado Leib Mebelis, de 22 anos, tinha sido morto em combate em algum lugar perto de Vitebsk.

Meses depois, um homem da companhia de Leib descreveu os acontecimentos em detalhes para Raisa. Durante um contra-ataque alemão, o oficial comandante pediu um voluntário para consertar uma linha de telefone quebrada em território inimigo. Era uma missão perigosa, e dois soldados mais velhos chamaram Leib de lado: você não tem mulher nem filhos em casa, disseram, você vai. A linha telefônica era usada para comunicação com o comandante da divisão, e Leib foi enviado para consertá-la três vezes antes de ser atingido por fogo de morteiro e morrer instantaneamente. Um telegrama subsequente o declarou herói e lhe concedeu uma medalha póstuma, presenteada a Raisa em uma caixa de papelão simples: um pedaço de cetim azul-celeste grampeado em um disco de latão folheado a ouro que dizia: "Por bravura".

Depois da guerra, Raisa voltou para Kaunas. O Exército a ajudou a rastrear sua família remanescente. A irmã mais velha, Vera, passara os anos da guerra costurando lenços em uma fazenda coletiva perto dos Urais. A prima Esther tinha trabalhado em outra fazenda coletiva no Uzbequistão. Mas sua prima rechonchuda e alegre, Alta, havia sido prisioneira no gueto de Kaunas. Raisa mal a reconheceu. Seu rosto tinha cor de sebo. Elas ficaram sentadas juntas por algum tempo, abraçando-se. "Sua mãe está morta", disse Alta em voz baixa, e começou a chorar.

Aos poucos, Alta contou o que acontecera depois que se separaram na floresta na fronteira bielorrussa, quatro anos antes. Antes de chegarem a Kaunas, um bando de paramilitares lituanos atirou em Moishe e prendeu Liba e Alta. No gueto, as duas dividiam um quarto. Alta descreveu como, em algum momento de 1944, vira Liba ser levada por guardas e forçada a entrar em um veículo de transporte. Como se soube depois, ela foi levada a Stutthof, um campo de concentração perto de Danzig, onde morreu na câmara de gás.

Não muito depois de encontrar Alta, Raisa atravessou a ponte para Slobodka, rumo à antiga casa de sua família na rua Veiverių. A única pessoa que ela reconheceu lá foi seu antigo faz-tudo lituano. Ele estava sentado nos degraus da casa fumando um cigarro; os dois se cumprimentaram, e ele a convidou para entrar. Ofereceu-lhe chá, e conversaram sobre o que tinha acontecido. "O que alguém poderia ter feito?", ele disse, encabulado. Depois que se despediu e foi para a porta, Raisa percebeu que o colchão dele estava coberto com as roupas de cama dela.

Anos mais tarde, após ela ter se instalado em Vilnius com meu avô, eles tomaram um ônibus para Kaišiadorys, o shtetl onde ela nascera. Durante a guerra, a SS o transformara em um campo de trabalho onde prisioneiros do gueto de Kaunas cavavam turfa nos bosques pantanosos. Não se lembravam dos pais dela lá, ou diziam não se lembrar; as famílias judias que ela conhecia tinham desaparecido. Não havia mais nenhuma das placas em iídiche pintadas à mão que antes margeavam as ruas, e não restava ninguém para chamar a cidade por seu nome em iídiche, Koshedar, que desde então só apareceu em livros. As placas só mostravam o nome lituano da cidade, Kaišiadorys. Minha avó andou pelas ruas em silêncio. A casa da sua infância estava onde ela se lembrava, e ela bateu na porta. Agora uma família lituana vivia lá. A mulher que abriu usava o casaco da avó da minha avó.

Raisa tinha 34 anos quando minha mãe nasceu. Semyon queria um menino, mas se viu cheio de alegria quando soube que eles tinham uma filha. Depois da guerra, ele disse uma vez, quem ia querer nascer homem? O tempo dos nomes hebraicos tinha passado, decidiram Semyon e Raisa, e batizaram a filha de Anna, em homenagem à heroína de Tolstói. Os três se mudaram para um prédio art déco de quatro andares no que tinha sido a rua Zavalnaya, mas agora se chamava rua da Komsomol. Dividiam um apartamento sem aquecimento de dois quartos no segundo andar com um casal, que trabalhava na companhia de ópera da cidade, e os filhos deles, Alfredas e Violetta, em homenagem aos amantes trágicos da ópera de Verdi. Quando menina, minha mãe brincava de casinha com Alfredas: ele era o pai, ela a mãe, e o macaco de plástico dela, enrolado em uma toalha de mão, o filho.

As três crianças cresceram acreditando que eram russas e que talvez todas as outras pessoas também fossem. O russo era a língua em que os pais falavam com eles, a língua do jardim de infância e da escola, dos anúncios de rádio e das placas de rua. Outras línguas eram para conversas adultas privadas. Foi a avó de Alfredas quem fez minha mãe perceber que eles eram diferentes, afinal. A velha estava ensaboando a cabeça do garoto na banheira comunal quando disse, em lituano, que os vizinhos eram judeus. Minha mãe, parada do lado de fora junto à porta do banheiro, perguntou o que eram judeus; ela nunca tinha ouvido a palavra. "Ela entende", murmurou a velha, e não disse mais nada. Era conhecida no prédio por seus pronunciamentos constrangedoramente francos e enigmáticos. Quando se conheceram, ela anunciou a Semyon e Raisa que era cleptomaníaca; na maioria das noites, podia ser encontrada se esquivando pelo porão, tirando querosene com um sifão dos aquecedores dos vizinhos.

Minha mãe tinha oito anos quando Semyon a levou pela primeira vez a Kaunas. (Raisa, que depois da guerra se mudou para Vilnius com as irmãs e as primas, desprezava e temia a cidade menor e ficava em casa. A única vez que ela consentiu em voltar lá foi anos depois, para o descerramento de um monumento às vítimas do gueto de Kaunas, para o qual ela e Semyon haviam doado dinheiro.) Da estação de trem eles tomaram um ônibus até o alto de um morro verdejante e ensolarado e caminharam para o cemitério Žaliakalnis, onde Semyon planejava finalmente pôr uma lápide no túmulo do pai. O guardador de túmulos disse que os registros do cemitério haviam sido destruídos ou perdidos – Semyon teria de encontrar o túmulo sozinho. Pelo restante do dia, Semyon levou minha mãe pela mão entre fileiras de obeliscos de mármore, mausoléus e grupos de lápides de granito. Ele parava a cada túmulo sem identificação, tentando lembrar onde tinha ficado no enterro de Haskel, onze anos atrás, alguns meses antes das deportações soviéticas e da invasão alemã.

O sol já estava baixo, e ele ainda não tinha encontrado o túmulo. No fim, Semyon reduziu a possível localização a três lotes. Na manhã seguinte, pagou por uma pedra de granito simples com o nome de Haskel, em russo, e as datas de seu nascimento e sua morte, a ser entregue ao cemitério. O guardador de túmulos perguntou em qual dos três túmulos ele queria colocá-la. "Escolha um", disse Semyon, então pegou a filha pela mão e começou a andar na direção do portão de ferro batido decorado com a estrela de Davi.

Depois que minha mãe e eu fizemos o check-in em nosso hotel em Vilnius, ela quis ir até a Porta da Aurora. Lá, em uma capela ao ar livre que se eleva na rua pavimentada com pedras arredondadas, um padre rezava uma missa em polonês. Peregrinos vinham ver o famoso ícone da Virgem, que dizem ser a imagem de Bárbara Radziwiłł – uma nobre que teve um caso secreto com Sigismund II Augustus, tornou-se rainha e morreu logo depois, possivelmente envenenada pela mãe do rei. Em tempos antigos, judeus tiravam seus quipás quando passavam pela porta. Às vezes, se eles se descuidassem ou se esquecessem de fazê-lo, minha mãe me contou, cristãos lhes arrancavam os quipás da cabeça e os pregavam em um muro. Nos tempos soviéticos a adoração da Virgem era depreciada, mas quando criança minha mãe gostava de olhar os peregrinos – na maioria idosas do campo – prostrarem-se sobre as pedras debaixo da Madona.

Durante nossa visita, havia várias centenas de peregrinos reunidos na porta. Eles se ajoelhavam na chuva e em certos momentos da missa encostavam a fronte nas pedras. Muitos estavam vestidos com casaco e botas de couro, alguns com um logotipo da Harley-Davidson nas costas. Eram membros de um clube de motociclismo cristão devotado a Nossa Senhora da Porta da Aurora e tinham dirigido até ali desde a Polônia. O endereço do site do grupo estava impresso nas costas de capas de chuva amarelo brilhante. Apinhados na rua estreita com suas bandanas e óculos escuros de aviador, os motociclistas pareciam ao mesmo tempo ferozes e fora de lugar, como a equipe de apoio de uma banda de metal que tivesse ido parar no palco de uma peça de época medieval. Quando eles se curvavam para a Virgem em uníssono, um campo de rebites de cromo cintilava à nossa frente.

A velha cidade de Vilnius, que parece uma Praga em miniatura, é delicada como uma xilogravura. Enquanto andávamos por suas ruas secundárias, tentei imaginar que aparência devia ter nos anos imediatamente seguintes à guerra, durante a infância da minha mãe. Mesmo hoje, Vilnius tem uma tendência a sumir: se você caminhar o bastante, uma rua vai inesperadamente se tornar uma estrada de terra cercada de casas baixas de madeira caindo aos pedaços e quintais. Você pode ver uma bomba de água ou galinhas ciscando na grama. A cidade de que minha mãe se lembrava da infância era cheia de alvenaria se esfarelando e lotes terraplanados onde cresciam capim e dentes-de-leão, um lugar assombrado pela passagem da guerra. Uma manhã, quando ela tinha cinco ou seis anos, Semyon a levou a uma livraria. Eles estavam olhando as estantes quando ouviram o que parecia um trovão e depois viram as janelas escurecerem. Um prédio de cinco andares do outro lado da rua, abandonado desde a ocupação, tinha desabado.

Enquanto caminhávamos pela cidade, minha mãe observou que quase nada mudara. Era um comentário peculiar. Ela parecia mal notar as torres de escritórios de vidro e aço ao norte do rio, ou as vitrines com telefones celulares e as cadeias de lojas de roupas europeias que pontilhavam as avenidas. Por fim, chegamos à casa atarracada onde ela vivia quando criança. A rua onde ficava agora se chamava Pylimo; em sua fachada mostarda suja estava inscrito o ano de sua construção, 1912.

Minha mãe bateu na porta e um jovem sobressaltado de regata branca a abriu e nos convidou a entrar, achando graça nos visitantes do passado distante. Minha mãe andou pelo apartamento com as mãos à frente do corpo, como se apalpasse o caminho no escuro. Com delicadeza, ela pisou no vão da porta do quarto que dividia com os pais. Tinha um carpete verde, e ao lado de um futon havia um computador zumbindo sobre uma mesa de jogo, como um altar.

As lembranças mais antigas de minha mãe são povoadas por primas e tias. Quando criança ela via os pais com pouca frequência, e por vários anos não os vira quase nunca. Logo depois de minha mãe nascer, Semyon começou um doutorado na Universidade Estatal de Moscou – não havia um neurofisiologista qualificado para orientá-lo no Báltico. Ele passava meses direto na capital soviética. Depois de frequentar aulas de economia na universidade, Raisa encontrou emprego em uma repartição do governo encarregada da produção de alimentos. Ela fazia auditorias em fábricas distantes e raramente estava em casa antes da hora de dormir da minha mãe, embora voltasse dessas viagens com sua bolsa de couro azul envernizado lotada de balas e biscoitos para a filha.

Depois que voltou de Moscou, Semyon ficava em casa escrevendo sua dissertação, e a maior parte do cuidado da filha recaía sobre ele. Seu temperamento infantil o tornava o companheiro de brincadeiras ideal. Ele convenceu minha mãe de que tinha trabalhado em um circo, e para provar fazia truques de mágica e até malabarismo, ainda que não muito bem. Ele compunha poemas de improviso sobre um menino travesso chamado Vovka, e, quando minha mãe tinha cinco anos, ensinou-a a ler e desenhar. Eles andavam por toda a cidade juntos — iam até o cinema Pioneer, a feira de agricultores perto da estação de trem, o clube de xadrez na praça Lênin. Às vezes, ele a chamava por um nome masculino, Andriusha, e lutava com a filha como se ela fosse um menino. Minha mãe ficava sentada no colo de Semyon enquanto ele datilografava. Ela insistia que ele desenhasse cavalos, e normalmente o pai a atendia, assobiando temas de Verdi enquanto isso. Em vez de contos de fadas, ele lhe contava sobre o casarão de seus pais em Utena, onde Frida encenava peças, a cozinheira levava para ele ovos quentes de manhã e havia vasos de flores em todos os aposentos.

Quando criança, minha mãe passava a maioria das tardes nas casas de irmãs e primas de Raisa, que moravam a curta distância umas das outras, perto do antigo bairro judeu da cidade. Ela

gostava de visitar Esther, prima de sua mãe, que tinha um filho da sua idade, e de brincar com as filhas amistosas e míopes de Ida. Vera morava em uma torre nova de blocos de concreto no limite da cidade. Seu marido lituano morrera com sua companhia em um bloqueio alemão e fora proclamado postumamente um herói da União Soviética. Como viúva de um herói, Vera ganhou um apartamento particular com água quente. Em vez de visitar a casa de banhos pública, onde famílias batiam umas nas outras com galhos, nos fins de semana Raisa levava minha mãe para o apartamento da irmã mais velha na rua Shevchenko para o prazer de um banho só seu.

Também havia a tia de minha mãe que não tinha filhos, Alta. Ela era corpulenta e alegre; cozinhava e, para deleite de todos, aparecia em reuniões da família com biscoitos e bolos quentes, dando abraços espalhafatosos de mocinha. Quando uma valsa ou uma romança russa tocavam no rádio, Alta volteava pela sala de estar, seus braços emoldurando um parceiro invisível, e acompanhava a música com uma voz de soprano sentimental que lembrava o canto de um pássaro. As únicas vezes em que ela ficava calada e abatida era quando estava perto da minha mãe, que durante anos supôs que a tia não gostava dela. Alta a alimentava respeitosamente e a visitava de tempos em tempos, mas não fazia mais nada, desaparecendo em seu quarto até que Raisa a rendesse.

Eu já era nascido quando minha mãe soube a razão da indiferença de Alta. Três anos antes da guerra, Alta deu à luz uma menina de cabelos escuros e olhos verdes chamada Sarah. No gueto de Kaunas, elas dividiam uma cama, dormindo a alguns passos de Liba, que ajudava a cuidar da menina. Na manhã de 27 de março de 1944, homens armados chegaram em vans para prender as crianças. Os alemães se referiam a suas matanças em massa planejadas como "ações", e nenhuma delas se tornou mais notória do que a Ação das Crianças. Testemunhas recordam que o choro e os gritos das mães judias podiam ser ouvidos nas ruas horas depois.

Um policial do gueto foi buscar Sarah naquela manhã, gritando ordens em polonês, mas Alta se recusou a entregá-la. Eles acabaram na rua, e, depois de uma luta corporal, Alta pegou a filha de sete anos e correu. O policial levantou a carabina e atirou. A bala perfurou o braço esquerdo de Alta e o peito de Sarah. Sarah morreu instantaneamente, nos braços da mãe, que desmaiou. Alta acordou na enfermaria do gueto, soluçando e berrando até vomitar e sufocar; durante dias ela não conseguia reter comida nem água. Um médico disse que ela estava psicótica e durante semanas lhe injetou sedativos.

Em 1971, quando minha mãe estudava na universidade e estava em casa durante um feriado, Alta a chamou de lado e contou sua história. Disse que tinha sido difícil para ela ficar perto da minha mãe porque a filha se parecia muito com ela quando criança.

Fiquei encantado com Vilnius quando estive lá pela primeira vez, com suas igrejas anãs e seus telhados quatro águas — os primeiros exemplos de arquitetura não soviética que via. Eu pensava na cidade como um assentamento gótico na fronteira com o Ocidente místico, um lugar misterioso e fascinante à maneira dos contos de fadas. Mas havia algo mais em Vilnius que não entendi até anos depois. Quando visitava meus avós aos cinco ou seis anos, conheci um menino da minha idade no pátio deles. "Você é judeu?", ele perguntou. Não era uma pergunta que eu já tivesse ouvido, e eu disse que não sabia. Era verdade. Mas, pela reação de meus avós, tive ciência da atmosfera de medo e ódio que existia entre os cristãos e os judeus da cidade, que para mim — um filho do socialismo – parecia tão arcaica quanto a arquitetura local. Eu sentia o temor e o desconforto da minha mãe sempre que ela visitava a cidade ou até quando falava sobre ela. Muitas vezes, ela me dizia que nada em Vilnius era mágico.

As histórias de infância dela são habitadas por uma ameaça sem causa evidente. Minha mãe era jovem demais para se lembrar de Semyon ser despedido de seu emprego de professor na Universidade Vilnius, semanas antes da data em que ele apresentaria sua dissertação. Não foi dada nenhuma razão oficial, mas todos entenderam o que aconteceu. Era 1952, e Stálin tinha revivido o pior da retórica antissemita do governo, estimulando expurgos pelo país; ela foi amplificada para um frenesi na primavera e no verão seguintes, quando um grupo de médicos judeus foi acusado de conspirar para matar Stálin.

Semyon e Raisa temeram o pior – uma volta à perseguição dos anos de guerra – e fizeram um plano. Um velho amigo de Semyon, um advogado alto e careca chamado Balevičius, levaria minha mãe, então com três anos, para morar com os pais idosos dele no campo. Tingiriam o cabelo castanho dela de loiro e lhe dariam seu sobrenome. Balevičius – um lituano que cresceu em um shtetl e falava iídiche com fluência – se casou com a filha de um vizinho judeu e passou os anos da ocupação alemã lecionando matemática a alunos da aldeia e escondendo a identidade de sua mulher. Depois da guerra, quando um vizinho russo a chamou de *zhidovka* – judiazinha –, Balevičius quebrou as janelas do porão do homem e passou meses preso por vandalismo.

A mais perturbadora das histórias da minha mãe ocorre em algum momento da metade da década de 1950, quando o corpo de uma menina lituana de cinco anos que tinha sido estuprada e estrangulada foi descoberto em um porão em Vilnius. Durante a muito propagada busca por seu assassino, a velha conversa começou a circular pela cidade: um judeu havia matado a menina para usar seu sangue em rituais religiosos. Durante semanas, uma atmosfera retaliatória sombria pairou sobre lojas, parquinhos e salas de aula da cidade. Dizia-se que o prefeito havia convocado tropas a ser estacionadas nos arredores da cidade, em preparação para possíveis tumultos.

A conversa morreu depois que o assassino foi encontrado. Era um lituano perturbado de vinte e poucos anos, filho de um professor de biologia chamado Petrila, que por acaso lecionava no departamento do meu avô na universidade. O assassino confessou o crime ao pai e logo depois sangrou até a morte em uma banheira. Sua mãe, a ex-mulher do professor, o ajudou a cortar os pulsos. Depois que Petrila foi à polícia e a identidade do filho se tornou pública, ele foi condenado por funcionários do partido por não o ter entregado antes; tomaram dele o apartamento e o emprego, e ordenaram que se mudasse para uma fazenda coletiva.

O professor Petrila era um amigo da família. Foi ver meus pais uma última vez, para se despedir e pedir dinheiro. Depois de uma breve conversa, Semyon saiu; quando voltou, menos de uma hora depois, ele entregou a Petrila um rolo grosso de notas, toda a sua poupança. Minha mãe, que não era muito mais velha que a menina estrangulada, viu isso se desenrolar enquanto tomava o café da manhã. Pensei muitas vezes sobre quão perto ela esteve do pior do que transpirava entre os lituanos, russos e judeus naquele país, da fenda que nunca vai se fechar, enquanto observava o infeliz visitante na cozinha de seus pais.

Com o tempo, o pior do mau pressentimento se desfez. Minha mãe não foi mandada para o campo nem teve que clarear o cabelo. Balevičius se tornou diretor da escola de direito da Universidade Vilnius. A morte de Stálin trouxe um fim à propaganda antissemita mais violenta. Meses depois do enterro de Stálin, no que hoje me parece um ato de bravata assombrosa, Semyon processou a universidade por término ilegal de contrato e, para surpresa de quase todos, foi reintegrado. Ele permaneceu lá por mais 27 anos.

Minha mãe se lembra dos anos que se seguiram como um período de relativa fartura e calma, atestados pelos detalhes de suas histórias. Havia o boiler que Semyon instalou em algum momento do começo da década de 1960, e a mulher devota da igreja ortodoxa antiga que ajudava Raisa no trabalho de casa, e a cabana no campo que eles alugavam todos os meses de julho e agosto. A cabana, perto da praia de Valakampiai, tinha uma horta, um poço de manivela e uma proprietária idosa, uma polonesa que todos chamavam de Pani Verpaskhovska, que tinha o hábito de falar alto com seus cinco gatos. Ida e Esther alugavam cabanas adjacentes, e minha mãe se lembra de passar os longos dias de verão brincando com as primas no bosque. Em um deles, depois de lerem *O último dos moicanos*, ela e a prima Grisha pintaram o rosto com graxa de sapato, fizeram saias de folhas de carvalho e decoraram o cabelo com penas arrancadas do chapéu de Esther. Então subiram em um carvalho e gritavam e assustavam os passantes, fingindo ser índias.

A família extensa se reunia para feriados e comemorações, geralmente no apartamento de Ida. A irmã mais nova de Raisa era a melhor cozinheira da família e tinha talento para entreter, e naqueles anos do pós-guerra as celebrações da família haviam passado a incluir as irmãs e primas da minha avó, com os maridos e filhos. Não faz muito tempo, minha mãe me contou sobre um aniversário (não se lembrava de quem) quando ela tinha cinco ou seis anos. Já passava da meia-noite, e todos tinham comido, bebido e dançado. Ainda não exatamente dispostos a ir embora, os adultos dormiam em suas cadeiras. Só a prima Esther estava na cozinha, fazendo barulho ao lavar a louça. As crianças dormiam no outro aposento, exceto minha mãe, que adormeceu aninhada no canto do sofá. Em algum momento da noite, ela abriu os olhos; despertada em um sobressalto por um som ou sonho, se pôs a estudar a sala.

A irmã mais velha da mãe dela, Vera, estava sentada sozinha, com o casaco de gola de chinchila abotoado, a boca fechada formando um hífen severo mesmo dormindo. Ida, a anfitriã, piscava para espantar o sono, mas cochilava no ombro do marido, Chaim, que ninguém considerava um gênio, mas que tinha uma ótima voz para cantar e um armário cheio de ternos elegantes. Raisa estava reclinada no sofá ao lado da minha mãe, que apoiara a mão no colo de Semyon. No meio da sala, duas mesas tinham sido juntadas, cobertas com uma toalha e postas com a abundância daqueles anos: restos de arenque com creme azedo (em russo, "arenque com casaco de pele"), o famoso gefilte fish de Ida, carne de boi ensopada com ameixas secas e cenoura, rábano-picante, pão de centeio, chalá, as bombas caseiras de Esther, casca de laranja cozida em açúcar. Havia uma garrafa de vodca e uma de vinho tinto. Havia xícaras em pires combinando, uma chaleira de porcelana azul, um sifão de água com gás, uma pequena jarra de leite, rodelas de limão arrumadas em leque num pires, um açucareiro com prímulas pintadas, dois vasos de vidro lapidado cheios de salgueiros-gato e mimosas. Havia retratos de família emoldurados nas paredes, xilogravuras decoradas com âmbar lituano, um calendário com folhas para arrancar dois dias atrasado, uma menorá em miniatura e um relógio feio de malaquita falsa e latão. Talvez o mais estranho de tudo fosse uma tapeçaria na parede, retratando um homem com chapéu tricórnio que ajudava galantemente uma mulher com vestido do século XVIII a cruzar um riacho. Havia livros em uma estante, cortinas verde-mar feitas em casa esvoaçando na brisa, um mancebo, um suporte para guarda-chuvas com amentilhos secos e nenhum guarda-chuva, e na parede um espelho oval nacarado, no qual as mulheres se alternavam para retocar a maquiagem e que os homens faziam questão de evitar.

No canto havia um rádio, um console de madeira clara com pernas cônicas encimado por uma antena interna, na frente um painel de vidro esfumaçado com duas maçanetas grandes de baquelite. Estava ligado e tocava baixinho uma daquelas músicas de big band ainda populares na metade da década de 1950, talvez "Bésame mucho" ou "Noites de Moscou". Alta, a tia que raramente sorria para minha mãe, a que perdera a filha no gueto, dançava sozinha à luz do lampião. Mexia os quadris sob uma saia plissada pesada, puxando as pontas de um xale imaginário no ritmo da música. Mantinha fechados os olhos bem delineados. Ela se virou levemente ao som da batida, jogando a saia para trás. Só minha mãe a observava. A orquestra continuou a tocar, os saxofones vigorosos davam lugar a trompetes e depois voltavam a tocar, uma bateria soava em algum lugar atrás deles. Alta dançou ali, ao lado do console cintilante e das cortinas esvoaçantes, possivelmente por muito tempo, ou ao menos até que minha mãe, bocejando no sofá, fechou os olhos.

Professor recente na universidade, Semyon conseguiu encontrar para a filha uma vaga na principal escola da cidade, entre filhos de oficiais do partido locais e pessoas influentes. A mesa ao lado da de minha mãe era ocupada pelo filho do chefe do partido na Lituânia. O garoto ao lado dele era filho do comandante da divisão do Exército Vermelho da república. Minha mãe achava aquilo solitário e opressivo. Sua amiga mais próxima era uma garota com comportamento masculino chamada Giedre. Em confabulações após a aula, elas insultavam as louras de olhos arregalados que cozinhavam e tricotavam, e fantasiavam sobre o dia em que se casariam. Minha mãe continuou sem gostar da escola mesmo depois que as outras garotas foram obrigadas a admitir que ela era bonita e a convidavam para festas onde os casais populares fumavam, embebedavam-se com vinho de maçã e dançavam ao som de gravações de fita piratas de Connie Francis e Paul Anka.

Depois que um desenho feito por ela venceu uma competição da cidade, minha mãe passou a ansiar pela aula de artes, e passava o resto do tempo lendo. Em algum momento no oitavo ano, ela começou a frequentar depois da aula um clube de literatura supervisionado por sua professora favorita, uma mulher transferida da Rússia com cabelo bem curto e óculos de lentes grossas chamada Rosa Vladimirovna. Com o tempo, Rosa fez confidências a minha mãe sobre seus pais, que tinham sido editores de jornal em Moscou. Eles foram presos e mortos em 1937, no auge do Grande Terror, e ela passara o restante da infância em um orfanato na sombria cidade de Górki, batizada em homenagem ao autor de romances realistas socialistas populares. Violando a política da escola, ela fazia a classe ler Anna Akhmátova, Marina Tsvetáieva e Óssip Mandelstam, os grandes poetas da idade de prata que haviam tido problemas com Stálin. Tomas Venclova – poeta de Vilnius já conhecido como um dissidente aos vinte e poucos anos, alto e magro, que usava suéteres e uma boina preta – visitou o clube e contou a uma turma de estudantes de treze anos sobre o suicídio de Tsvetáieva e a loucura e a morte de Mandelstam em um campo de trabalhos forçados. "Vocês já pararam para pensar", ele perguntou aos estudantes, "que nenhum de nossos grandes poetas morreu de causas naturais?"

Durante esses encontros depois da escola, minha mãe começou a sentir o peso e a escuridão do lugar e do tempo em que vivia. Tal percepção provocou nela uma feroz aversão adolescente às versões soviéticas oficiais da história e da cultura ensinadas nas aulas. Mas ela estava aprendendo também o quanto era afortunada. Naqueles anos, pensava muito em uma história da época da guerra que sua tia Esther lhe contara. Um dia, quando Esther tinha dezessete anos e vivia em uma fazenda coletiva no Uzbequistão, distraidamente rabiscou um par de chifres em uma fotografia de Stálin que apareceu na primeira página de um jornal. Depois que uma colega de quarto a denunciou, dois agentes do NKVD a levaram de carro para uma sala sem janelas e a interrogaram por horas. No fim, eles só não a prenderam porque era órfã e ainda não tinha dezoito anos. Minha mãe pensava na história de Esther enquanto contemplava sua própria vida; ela se deu conta do quanto era sortuda de ter nascido depois do fim dos expurgos e da guerra.

Minha mãe tinha consciência de ser diferente, embora a princípio não soubesse por quê. Afinal, a União Soviética não era um Estado sem classes onde todos tinham uma nacionalidade comum, onde a religião havia sido desacreditada como superstição? Uma ou duas vezes, ela ouviu uma colega de classe murmurar que Hitler não tinha terminado seu trabalho, mas insultos como aquele eram raros. Indícios mais sutis abundavam. Ela notava os olhares e os silêncios com que a recebiam em assembleias e bailes da escola, e mais tarde passou a reconhecer os olhares mais graves, com olhos semicerrados, de adultos.

Ela ainda era uma criança, e em Vilnius só as crianças tinham o privilégio de não conhecer o passado, que estava logo abaixo da superfície das vagarosas rotinas diárias da cidade provinciana. Mal se haviam passado quinze anos desde que os restos de 80 ou 90 mil pessoas, na maioria judeus locais, tinham sido enterrados em clareiras na floresta a sete quilômetros a sudeste de Vilnius, em um lugar pitoresco chamado Ponary, onde, antes da guerra, famílias faziam piquenique. O comandante alemão o escolheu por causa das valas fundas que os soldados russos haviam cavado lá para armazenar gasolina e diesel. Como ocorria com muita coisa do passado recente da Lituânia, todo mundo sabia sobre Ponary, mas agora dificilmente alguém falava seu nome. À medida que passou a entender mais essa história, minha mãe começou a abominar a bela cidade barroca onde nascera, onde segredos estavam à vista de quem se preocupasse em vê-los.

O sonho dos iidichistas havia sido desacreditado. Os judeus que permaneciam na Lituânia sabiam que o país nunca mais poderia ser sua pátria. Ida e as filhas foram as primeiras da família a emigrar; minha mãe tinha quinze anos quando deu nelas abraços de despedida no aeroporto. Esther e sua família as seguiram para Israel quatro anos depois. Logo Alta, Vera e os filhos dela também partiram. Quando eu tinha cinco anos, minha mãe e seus pais eram os últimos da família de Raisa a permanecer na União Soviética. Minha mãe implorava aos pais para ir embora — para Israel, Estados Unidos, Austrália, qualquer lugar *fora dali*. Acreditava que a resposta para a infelicidade dela e dos pais estava do outro lado da fronteira fechada, onde o sol se punha sobre o Báltico.

Eles permaneceram em Vilnius por causa de Semyon. Nos dias de semana, ele ficava debruçado sobre pilhas de pastas, trabalhando em uma tese de pós-doutorado que estava sempre tentadoramente perto de ser concluída. Havia livros e textos científicos parcialmente escritos ou esperando para ser começados, e ele estava sempre à beira de uma descoberta que significaria uma situação mais próspera para todos eles. Minha mãe discutia com ele quase todo dia, furiosa por Semyon mantê-los ancorados naquela cidade claustrofóbica, até mais do que pelas infidelidades que o marido era inepto para esconder mesmo da filha. Minha mãe tinha virado uma adolescente teimosa e orgulhosa, e julgava Semyon com a moralidade clara e virtuosa dos jovens.

Para piorar as coisas, como carreirista, Semyon era péssimo. A discrição e o tato que lhe faltaram na juventude não tinham chegado com a idade. Ele era incapaz de ser civilizado com os colegas que desprezava, e falava com seus superiores na universidade com uma franqueza que beirava a grosseria. Em uma festa de professores, bebeu um copo de vodca atrás do outro, de estômago vazio, e sofreu o primeiro de três ataques cardíacos, deixando a sala em uma maca. Ele publicava constantemente — mas seus modos e sua tendência a se desviar de assuntos seguros mantinham fora de alcance as promoções e os prêmios pelos quais ansiava.

Semyon era menos agradável na presença de um primo em primeiro grau, filho da irmã mais velha de Frida, que os visitava várias vezes por ano. As visitas podiam ter sido ocasiões alegres, porque Valery Kirpotin era um dos poucos sobreviventes da família de Semyon. E era também uma pessoa importante. Kirpotin era um nome de guerra revolucionário; o sobrenome com que nascera era Rabinovich. Ele tinha sido um dos crentes na linha de frente da causa bolchevique, e nos primeiros anos da União Soviética serviu como secretário pessoal de Máximo Górki, o romancista mais famoso do país. Mais tarde, tornou-se um dos principais críticos literários do país.

Embora Kirpotin fosse um estudioso de Dostoiévski, era um dos principais custodiantes da estética e da ideologia realistas socialistas. Em periódicos oficiais, censurava colegas escritores e críticos por suas tendências antissoviéticas, e por imitarem o Ocidente burguês. Havia solidificado suas visões enquanto fazia as minutas das reuniões de Górki com Stálin, e até o fim da vida permaneceu pessoalmente envolvido na produção, recepção e censura de literatura soviética.

O primo do meu avô morava em um apartamento suntuoso em Moscou e viajava em uma limusine com chofer. Seu irmão, outro ex-bolchevique, chamado Sergei Dalin, tornou-se um economista proeminente que estudava a China e os Estados Unidos. No auge da influência de Kirpotin, Dalin foi preso e sentenciado a vinte anos em um campo de trabalhos forçados. Isso estava de acordo com o hábito de Stálin de prender os cônjuges, irmãos e filhos dos membros de seu círculo íntimo e outras figuras proeminentes, para assegurar que eles permanecessem dóceis e leais.

Minha mãe ansiava pelas visitas de Korpotin, porque seu tio famoso — que falava com ela sobre autores e livros e a estimulava a ler — era o único membro da família que a tratava como adulta. Há uma foto deles tirada em um parque de uma cidadezinha chamada Ignalina. Kirpotin, segurando um chapéu de aba larga, está ao lado da esposa; seu irmão Dalin e sua tia Tânia estão ao lado dele; minha mãe está atrás do banco ao lado de Frosia, a governanta loura de seus pais.

Kirpotin era um estudante de yeshivá de um shtetl que se tornou um dos mais importantes intelectuais oficiais da nação, mas isso era algo que Semyon preferia não reconhecer, tratando o primo com suspeita e o escárnio habitual. Nas refeições, eles discutiam em voz alta, seus narizes de dois andares se enfrentando na mesa como duelistas em uma clareira. As rixas iam até tarde

da noite, estimuladas pelos pronunciamentos na linha do partido de Kirpotin, que Semyon descartava como "bosta de cavalo de comissário". Pela manhã, os dois estavam mal-humorados e se evitavam, o sentimento ruim às vezes durando meses. Não sei se Semyon se dava conta dos graves riscos que seus pronunciamentos anticomunistas impunham a ele e sua família, mas continuava a expô-los na presença do primo, sem moderação. "Quando você vir uma multidão correndo em uma direção", ele disse certa vez a minha mãe, "corra na outra."

Quando comecei a visitar meus avós, eles tinham se mudado do centro de Vilnius para um bairro afastado chamado Antakalnis. O apartamento privado de três quartos estava situado em um conjunto de prédios projetados por um arquiteto sueco e, portanto, considerados chiques. Minha mãe morou lá vários anos antes de se formar na escola, ganhando uma medalha por ter as melhores notas, e fugir para Moscou, sua substituta temporária para Jerusalém, Sydney ou Nova York.

Semyon transformou o antigo quarto da minha mãe em um laboratório, e quando criança eu passava lá minhas tardes de verão, ajudando-o em seus experimentos. No mais das vezes, ele dissecava sapos. Fazia incisões na pele dorsal do animal, prendia eletrodos nas duas principais colunas de nervos que corriam ao longo da espinha, depois sondava o sapo com um conjunto de ferramentas. O tempo todo, um braço de metal tremulante registrava as reações involuntárias do sapo como rabiscos de tinta em uma fita de papel rotativa. Semyon fazia questão de que os experimentos fossem humanizados. Aplicava éter nos sapos antes de brandir suas tesouras cirúrgicas e depois os matava enfiando um alfinete no cérebro deles.

Do que mais me lembro no laboratório são os sons: o coaxar de sapos em seus potes ao longo do rodapé, o crocitar de pássaros em suas gaiolas, o zumbido dos tambores de metal que giravam a fita de papel, a conversa agradável de estudantes de pós-graduação que sempre concordavam em ficar para o jantar, o ruído de fundo de jogos de futebol na televisão da sala de estar. Às vezes Raisa vinha da cozinha para pedir a Semyon que tirasse o lixo ou fizesse alguma tarefa doméstica. Nesses momentos, ele assentia vagamente, sem tirar os olhos do trabalho, e respondia, numa altura quase insuficiente para que ela ouvisse: "Querida, não tenho a menor ideia do que você está falando".

Sua desatenção era famosa. Todo dia ele se arrastava pelo apartamento procurando freneticamente os óculos que tinha deixado na testa. De manhã, cozinhava ovos quentes, que adorava desde a infância. Pelo menos uma vez por mês, depois de jogar os ovos na água fervente, começava a pensar no trabalho e saía para uma lenta caminhada de 25 minutos. Andar ajudava-o a pensar, ele dizia. Quando voltava, os ovos tinham explodido na panela chamuscada. Uma vez, quando estava saindo do apartamento para dar uma aula, Semyon se deu conta de que tinha se esquecido de pôr a gravata e enfiou uma no bolso. Deu um nó nela no ônibus sem ajuda de um espelho. Depois da aula, um aluno se aproximou dele e timidamente perguntou: "Professor, por que o senhor está usando duas gravatas?".

Às vezes, quando ia trabalhar, ele me levava junto. Pelas suas contas, tinha dado aula para cerca de 35 mil alunos. Isso incluía a maioria dos médicos da cidade, e Semyon deparava com eles em todos os lugares. Em quase todos os quarteirões alguém dizia olá para ele ou o cumprimentava com um aceno de cabeça. Muitos de seus alunos, que encontrei mesmo depois de vir para Nova York, se lembravam dele mais por sua falta de escrúpulos. Enquanto instruía uma classe sobre como tirar sangue, meu avô arregaçava uma manga e deitava o braço, com a palma da mão para cima, sobre uma mesa. Então comia um sanduíche e folheava um livro sobre zoologia enquanto uma fila de trinta médicos em treinamento esperava a vez para furar a veia dele com uma agulha hipodérmica soviética gigante. Ocasionalmente, olhava para baixo para dar uma dica.

Dentro de um prédio neobarroco amarelo do campus, Semyon operava um pequeno museu de zoologia. Suas três salas abrigavam uma vibrissa de baleia, um lobo empalhado, um enorme crustáceo com pintas, do gênero *Homarus*, alguns ossos de mastodonte e uma vitrine contendo vários beija-flores-de-orelha-violeta da América do Sul, seus corpos iridescentes do tamanho de um polegar presos com alfinete no veludo. Enquanto olhava uma caixa de besouros lustrosos, eu decidi que quando crescesse me tornaria um especialista em besouro-da-batata do Colorado. O inseto com listras laranja e marrons parecia auspiciosamente predatório, e o melhor de tudo: vinha dos Estados Unidos. Eu tinha sete anos e contei a meu avô meu plano. "Claro", replicou Semyon, assentindo com a cabeça. "Você é um homem, não uma mulher idiota, e um dia também vai ser cientista." Com isso, ele trancou a porta do museu com uma chave antiquada que carregava numa argola grande, pegou minha mão e andou comigo para o elevador.

No dia seguinte a nossa chegada a Vilnius, minha mãe e eu localizamos o consultório de Haskel, na rua do Calvário nº 12, onde os avós dela um dia extraíram dentes com alicates de ferro fundido. Uma placa escrita à mão na frente da loja no térreo do prédio anunciava uma liquidação de artigos de lingerie. Passamos pela escola de minha mãe, que ela disse parecer a mesma — o busto do poeta futurista em homenagem a quem a escola fora batizada ainda estava perto da entrada. Caminhamos a esmo pelo bairro judeu, ao longo da rua dos Vidreiros e da rua dos Judeus, depois paramos para olhar uma pedra que mal se notava marcando o lugar onde ficava a casa do gaon de Vilna.

Depois que as luzes se acenderam nos cafés e nas cervejarias, iluminando seus guarda-sóis amarelos e verdes, acompanhei minha mãe até o restaurante onde ela ia encontrar suas amigas. Quarenta e dois anos depois de se formar na escola, ela ia participar de seu primeiro reencontro. Ao ver um grupo de mulheres paradas do lado de fora do restaurante, ela começou a correr. Houve um alvoroço de beijos e abraços, então as mulheres se juntaram na calçada, seus braços em volta da cintura umas das outras, enxugando lágrimas.

Pouco a pouco, elas informaram minha mãe sobre suas colegas de classe. A alegre garota magrela de quem todos gostavam tornou-se jornalista de televisão e morreu de cirrose aos quarenta anos. Outra estava em casa, com complicações em decorrência de diabetes. A bela loura peituda que todas invejavam no ensino médio agora vivia na Alemanha e tinha mandado um e-mail. As mulheres diziam que as meninas tinham se saído melhor que os meninos, mais da metade dos quais tinha morrido — alguns de álcool, um de suicídio, vários de doença cardíaca. E o menino com olhos sonolentos com quem todas queriam dançar, o magrinho com cabelo castanho liso, saiu em seu barco num lago e, depois de beber o dia todo, caiu na água e se afogou. Tinha pouco mais de quarenta anos. Algumas das mulheres tinham estado no enterro dele. "Mas é maravilhoso ver você", diziam a minha mãe, e as lágrimas recomeçavam. Por fim, as mulheres enlaçaram os braços atrás das costas de minha mãe e entraram no restaurante. Eu me despedi com um aceno e voltei ao hotel.

Na manhã seguinte, a amiga dela Giedre nos levou para a torre que tinha vista para a cidade. A bandeira tricolor lituana ondulava no topo, visível a quilômetros de distância. De acordo com as histórias mais antigas, Gediminas, avô do rei Jagelão, trouxe um grupo de caça ao vale Šventaragis, como a terra ao nosso redor era chamada, e matou um bisão. Naquela noite, em um sonho vívido, Gediminas viu um enorme lobo – feito de ferro e blindado numa armadura de ferro – uivando no alto do pico onde ele matara o bisão. Parecia que centenas de lobos uivavam dentro dele. De manhã, o alto sacerdote pagão Lizdeika interpretou o sonho. Disse a Gediminas que uma cidade dura como ferro e feroz como os gritos dos lobos seria fundada naquele lugar. Olhamos para Vilnius da torre de pedra que Gediminas construiu ali; a cidade, filigranada como um conjunto de peças de xadrez, se estendia sob um céu baixo, cor de tempestade.

Abaixo de nós, podíamos ver o retângulo pomposo da catedral reconstruída, as cúpulas e os pináculos da cidade velha, prédios residenciais de altura média nas distâncias suburbanas, a faixa prateada enfumaçada do Neris, e no extremo do rio uma implacável extensão de cimento de uma arena de esportes soviética. Ela foi erguida no lugar do cemitério Shnipishok, um local de sepultamento que datava do século V. Muitas lápides lá, salpicadas com Leões de Judá, tinham ficado ilegíveis. Antes de ele ser destruído, em 1949, autoridades soviéticas permitiram que os judeus locais salvassem os restos de apenas sete túmulos. Naturalmente, um deles pertencia ao gaon de Vilna. Quando abriram seu túmulo, membros da sociedade sagrada judaica afirmaram que seu cadáver não havia se decomposto e que até os pelos de sua barba permaneciam intactos.

Os restos dele foram transferidos para Dembovka, um cemitério judeu mais novo em uma parte abandonada de Vilnius. O mausoléu do gaon fica lá hoje. A lousa sobre seu túmulo é entulhada com notas esfareladas em hebraico e iídiche, suplicando

ao santo que interceda em benefício dos poucos judeus remanescentes na cidade e visitantes do exterior.

As cinzas do *ger tzedek* – o possivelmente apócrifo prosélito justo – estão perto. O estranho título foi dado a um polonês, o conde Valentin Potocki, que na metade do século XVIII cometeu o ato inédito de se converter ao judaísmo e assumiu o nome um tanto ostentoso de Abraham ben Abraham. Depois que ele ignorou os apelos de seus pais para que renunciasse à fé pagã – eles até se ofereceram para lhe construir um castelo onde o filho poderia praticar sua religião em paz –, autoridades católicas o sentenciaram à morte. O gaon o teria visitado na prisão e mesmo se oferecido para ajudá-lo a escapar da cela, mas Potocki decidiu morrer como mártir. Os judeus de Vilnius recitaram o kadish para ele no dia em que foi queimado no poste, o segundo dia de shevat de 1749. Uma estranha árvore retorcida, dita semelhante a um corpo humano, cresceu no local onde ele foi enterrado, no cemitério Snhipishok. Depois que vândalos arrancaram seus ramos, os judeus erigiram uma proteção de ferro em volta dela. Os devotos e supersticiosos afirmavam que a árvore secaria quando o infortúnio ameaçasse os judeus da cidade. Ela ainda podia ser vista lá em 1941, pouco antes que os nazistas chegassem, quando alguém a cortou.

Quando Semyon era criança, cantores vagavam pelas ruas de Shnipishok, oferecendo-se para cantar em benefício dos parentes mortos dos visitantes por alguns groschen.* Uma lápide dizia: "Pare e olhe! Você ainda é um visitante; eu estou em casa". Depois que escavadeiras soviéticas aplainaram o cemitério, as lápides foram usadas para construir uma escada aberta no flanco de um morro vizinho. Se você olhar para esses degraus hoje, ainda poderá ler os nomes dos mortos.

E assim a metrópole de sinagogas, banhos rituais e matadouros, teatros e cafés iídiches — a cidade judaica mais próspera na diáspora — gradualmente desapareceu. Depois que os judeus foram embora, os vestígios da sua cultura foram metodicamente apagados. Em uma rua lateral perto do prédio onde Ida, tia de minha mãe, tinha morado, fiquei surpreso de encontrar os contornos de letras iídiches acima das janelas do térreo. Mal eram visíveis, espectrais sob uma fina camada de tinta branca.

A lembrança mais sólida da Vilnius judaica está numa colina acima da rua Pamėnkalnio. A casa de madeira estranhamente geórgica parece um armazém de aldeia. Todos costumam chamá-la de Casa Verde, embora formalmente seja conhecida como Museu Estatal Judaico da Lituânia. Em seu punhado de aposentos, sua única exposição permanente, intitulada *A catástrofe*, documenta o fim abrupto da Vilnius judaica. Não há muitos objetos originais expostos na Casa Verde, por falta de financiamento; as fotografias e os documentos nas paredes são na maioria fotocópias.

* Antiga moeda de prata alemã. (N. T.)

Uma reprodução ampliada do Relatório Jäger ocupa uma parede inteira. Quando minha mãe e eu visitamos a Casa Verde, fiquei parado na frente dela um longo tempo e li os cálculos atuariais dos mortos. A entrada para Utian, a cidade onde a família de Semyon vivia, enumerava a liquidação levada a cabo lá em 3 de julho de 1941: "235 judeus, 16 judias, 4 comunistas lituanos, 1 ladrão, 1 assassino". De uma semana depois, outro cálculo: "438 judeus, 87 judias, 1 lituano (ladrão de cadáveres de soldados alemães)". A entrada para a cidade natal de Raisa, Koshedar, era mais sucinta: "1911 judeus, judias e crianças judias".

Do outro lado da rua da Casa Verde, uma placa nova em folha aponta o caminho para o Museu de Vítimas do Genocídio, uma instituição muito maior. Ele está situado em um palácio da justiça tsarista neoclássico que serviu como sede da Gestapo e, depois da guerra, tornou-se uma prisão da KGB. O Centro de Pesquisa sobre o Genocídio e a Resistência da Lituânia realiza seu trabalho na porta ao lado. Os objetos expostos dentro dele documentam a deportação, a prisão e a repressão política de lituanos étnicos pelos soviéticos — o genocídio do nome do museu. Entre os itens expostos, há fotografias granuladas de dissidentes protestando, uma coleção de panfletos e correspondência da KGB e o chapéu de um general soviético. Apenas alguns dos longos cartazes explicativos mencionam os judeus da Lituânia.

A narrativa do duplo genocídio, como ficou conhecida — a noção de que todos sofreram igualmente durante a guerra —, se tornou a principal justificativa na recusa do governo a reconhecer o papel da Lituânia no Holocausto ou levar a julgamento colaboradores do nazismo. Em 2007, essa narrativa gerou um apêndice bizarro. Naquele ano, o chefe do Ministério Público do país enfim iniciou uma investigação de crimes de guerra. Estranhamente, seus alvos não eram colaboradores locais do nazismo, mas judeus — duas mulheres e um homem com mais de oitenta anos – que sobreviveram ao gueto de Vilnius. No começo da década de 1940, alegou o promotor, eles haviam participado de ataques a lituanos étnicos. Os acusados não negaram isso. Durante a guerra, eram membros da resistência judaica, e os lituanos em questão trabalhavam para a SS. Uma das acusadas era ex-presidente do Yad Vashem, o memorial do Holocausto em Jerusalém. Outra era uma amiga da minha família – avó de seis netos que lecionava biologia ao lado de Semyon na Universidade Vilnius. Editoriais de jornais instaram o governo a levar a julgamento o caso contra os octogenários. A cobertura noticiosa local se referia a eles como "terroristas".

Com a economia da Lituânia em colapso, uma atmosfera de aspereza pairava sobre a bela nação báltica, membro da União Europeia e da Otan, agora independente por quase vinte anos. Em Vilnius, alguém pichou "*Juden Raus*" [Fora Judeus] na última sinagoga remanescente; outra pessoa deixou uma cabeça de porco cortada nos degraus de outra *shul* em Kaunas. Em 2009, o terceiro maior diário do país, *Respublika*, publicou um editorial na primeira página. Um cartum que o acompanhava mostrava dois homens sustentando um globo nos ombros. Um usava chapéu preto, tinha nariz adunco e era gordo, o outro estava mascarado e bronzeado, seu corpo musculoso coberto só por uma tanga. O editorial – com o título "Quem realmente dirige o mundo?" – asseverava que judeus e homossexuais estavam conspirando para destruir a economia da Lituânia. Três dias depois, alegando um enorme aumento do interesse e do apoio de seus leitores, o *Respublika* republicou o cartum na primeira página.

O cartum foi um dos tópicos de conversa no vasto apartamento forrado de livros de Dovid Katz, aonde fui depois de visitar a Casa Verde. Katz era uma das poucas figuras públicas na Lituânia a insistir em falar sobre o Holocausto, e eu queria conhecê-lo. Ele era um linguista eminente que havia lecionado em Yale e Oxford, e fora para Vilnius na década de 1990 para criar um instituto de iídiche, uma importante realização para a universidade provinciana onde meu avô tinha lecionado. Então, sem dar nenhuma explicação, a universidade o demitiu. Ele insistiu que foi despedido por escrever editoriais defendendo os partisans judeus idosos acusados e fazer lobby com diplomatas europeus e americanos em benefício deles. "O problema é que ninguém aqui está disposto a se pronunciar contra esses abusos", disse Katz, enchendo minha taça de espumante.

Com barriga ampla, roupas pretas e barba preta fulminante, Katz parecia notavelmente um padre ortodoxo russo; em suas visitas a Belarus e Ucrânia, mulheres com a cabeça coberta por mantilhas às vezes se ajoelhavam na frente dele e lhe beijavam a mão. Ele por acaso era filho de um conhecido poeta iídiche do Brooklyn. Numa festa em que era anfitrião, ele fazia as apresentações e valsava entre um representante do Museu Memorial do Holocausto, em Washington, D.C., um jornalista britânico e a embaixadora americana na Lituânia, uma mulher de aparência vigorosa de saia azul plissada que usava na lapela um broche do Departamento de Estado. Alguém perto deles estava discutindo um par de leis que o governo editara recentemente. Uma delas punia "negar ou minimizar qualquer um dos dois genocídios" com uma sentença de prisão de dois anos; a outra legalizava a suástica como um "símbolo de importância nacional".

Um funcionário consular alemão contava a um par de suecos visitantes sobre a recente parada do orgulho gay. Era apenas a segunda nos países bálticos e levou o governo de Vilnius a isolar seu trajeto com barricadas e polícia de choque. Cerca de trezentos participantes do evento, na maioria mulheres e estrangeiros, foram enfrentados por milhares de manifestantes que atiraram neles pedras, linguiça crua e bombas de fumaça. Dois membros do Parlamento pularam as barricadas e foram contidos pela polícia. Alguns na multidão eram skinheads; outros agitavam a bandeira do Terceiro Reich. Desde minha chegada a Vilnius, eu estava muito consciente de estar em uma capital europeia sem um único bar gay, um lugar onde ataques a homens e mulheres homossexuais eram quase tão comuns quanto piadas homofóbicas em jantares de resto decorosos, o que aumentava a sensação de que muitos na cidade viviam em um passado com o qual eram incapazes ou não tinham vontade de lidar.

Eu estava no apartamento de Dovid Katz, com a taça de espumante na mão, falando com o marido da embaixadora dos Estados Unidos, um homem esguio com o rosto bonito e as maneiras excessivamente meticulosas de um diplomata de carreira. Ele parecia alguém que passara a maior parte da vida de terno. O que usava no momento parecia impecável. Ele discorreu sobre a "situação no local". Naturalmente, garantiu-me, era complexa. Havia realidades geopolíticas e imprevistos econômicos a considerar, e, é claro, a história — que também era complexa. Depois da humilhação da guerra e de numerosas ocupações estrangeiras, ele me disse, as pessoas ali precisavam sentir que controlavam o próprio destino. Precisavam sentir orgulho. As pessoas de Moscou também precisavam sentir orgulho de sua história, mesmo que ela tivesse de ser editada para melhor acomodá-lo. O diplomata americano falava de modo discursivo, em tons baixos e monótonos que tornavam o que ele dizia difícil de acompanhar, o que comecei a perceber que era seu objetivo.

Na Casa Verde, um homem barrigudo e atarracado no fim dos cinquenta anos andou até mim e minha mãe e perguntou de onde éramos. Fez essa pergunta de modo provocativo e em voz muito alta, fixando-nos seus olhos castanhos apertados. Uma camiseta justa sobre sua barriga dizia: "Shalom de Nova York". Seu nome era Efraim Gartman. Ele disse aquilo de forma evasiva, junto com a informação de que era guia e genealogista amador de Kaunas. Quando minha mãe mencionou que seus pais tinham vivido ali, ele ergueu uma sobrancelha e perguntou: "Judeus?". Sua avidez era levemente desconcertante. Assenti e disse que estávamos buscando informações. "Então está decidido", exclamou Gartman, agarrando nossos antebraços como um parente havia muito perdido. "Amanhã vocês irão a Kaunas." Ele anotou a esquina de uma rua e nos disse que o encontrássemos ali às dez da manhã.

Pegamos uma carona para Kaunas com um sobrinho da colega de classe de minha mãe, um economista desempregado chamado Arunas. Os óculos de leitura aumentavam seus olhos, que pareciam pires descorados e tremidos. Ele usava uma camisa de manga curta enfiada na calça. Estudou-nos no espelho retrovisor de seu Škoda, a princípio tímido, mas com interesse genuíno. Durante o trajeto de uma hora, mulheres paradas ao longo da estrada vendiam recipientes de plástico com morangos silvestres e cogumelos cantarelo. Em algum lugar no caminho, Arunas disse que um amigo dele, um clínico geral, tinha sido aluno de Semyon.

"Parece que seu avô era um homem engraçado", disse Arunas. De acordo com o amigo, Semyon era famoso por uma história que contava aos alunos sobre ser soldado em Berlim pouco depois da vitória dos Aliados. "Seu avô costumava dizer: 'Lá estávamos nós, Halberstadt, Shapiro e Gutman, soldados lituanos caminhando por Berlim, cantando canções lituanas.'" Com isso seus ombros subiam e desciam em uma risada silenciosa. "Imagine, Halberstadt, Shapiro e Gutman, que lituanos!"

Efraim Gartman estava esperando na esquina indicada, olhando impaciente para o relógio de pulso. Arunas estacionou a um quarteirão da Laisvės Alėja, ao longo de um cubo de concreto que abrigava os arquivos da cidade, e reclinou o banco para tirar um cochilo. Era uma amena manhã de sexta-feira. Lá dentro, a recepcionista olhou com expressão de poucos amigos para Gartman, como se o esperasse. Ela nos informou que o arquivista-chefe estava ausente, por conta de um resfriado, e que teríamos de voltar na semana seguinte. Gartman piscou para nós. Ignorando a recepcionista, ele se enfiou em uma sala de teto baixo e nos fez sentar em frente a uma mulher vestindo um cardigã de mohair. Ela olhou para ele com o ar de alguém que tinha desistido havia muito tempo de discutir com os pedidos dele. "Olá, Efraim", disse.

Gartman informou à arquivista que estávamos procurando duas famílias que tinham vivido em Kaunas, e ela, com relutância, concordou em nos ajudar. Escrevi os nomes dos pais e dos irmãos de Semyon e Raisa numa papeleta e contei a ela o que sabia. A mulher disse para voltarmos em trinta minutos e desapareceu por uma porta lateral. Quando voltamos, ela apontou para uma bandeja de papel amarelado. "Nenhum Halberstadt", anunciou. Quando eles se mudaram para Kaunas, seus registros

provavelmente permaneceram em Utena, a mulher explicou, e quase todos os livros de registros e documentos de cidades pequenas se perderam na guerra. "Mas encontrei alguns Mebelis."

Ela entregou a minha mãe uma bandeja com três cartões de identidade amarelados. Preenchidos à tinta, continham os nomes, endereços e fotos da família dela. O irmão de Raisa – com dezoito anos, boa aparência, bonito, de casaco escuro e gravata – olhava atentamente para a câmera. Seu cartão de identidade dizia Mebelis, Leib, balconista, nascido em 7 de abril de 1922, em Kaišiadorys. Em nacionalidade, *Žydu*: judeu. Abaixo da fotografia, sua assinatura em caligrafia infantil.

Os outros cartões de identidade pertenciam ao pai dele, Moishe, funileiro, nascido em Ukmergė. Reconheci suas orelhas grandes como as de Raisa, que tinha vergonha e deixava a franja comprida o suficiente para cobri-las. Um segundo cartão tinha sido emitido seis meses após o primeiro, depois que Moishe perdeu o passaporte, em algum momento de 1940. Seu nome também aparecia em uma listagem de jornal de passaportes perdidos e roubados, outro item da bandeja da arquivista.

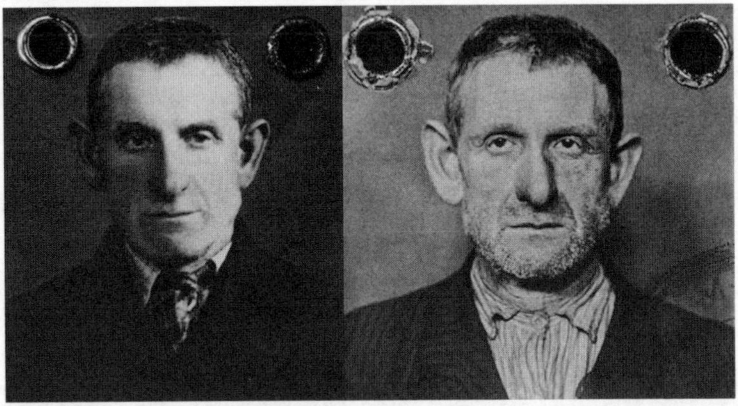

Na foto mais antiga, Moishe parece sereno, até impressionante: bem-vestido, de gravata e paletó escuro; claramente, estava vestido para a ocasião. Na segunda, tirada na véspera da anexação soviética de Kaunas, ele está desalinhado e com a barba por fazer, sem gravata, carrancudo, parecendo anos mais velho em um paletó simples e com a camisa abotoada até em cima. O que aconteceu nos meses intermediários? As informações nos cartões eram idênticas. Tez, cor do cabelo, cor dos olhos, ocupação. No campo altura, ambos diziam: "Média". O timbre azul do departamento de polícia cobre seu ombro esquerdo. Nas duas fotos, ele tem 59 anos, um ano a menos que minha mãe naquele dia em Kaunas. Ela olhou atentamente os cartões de identidade e comentou como Moishe se parecia com Raisa. Era a primeira vez que via uma foto do avô.

Minha mãe virou os cartões e leu em voz alta o endereço: "Veiverių nº 30, ap. 1". "Vocês não vão encontrar", interrompeu Gartman, olhando por cima do ombro dela. "As ruas foram renumeradas." Ele coçou a cabeça. De repente se animou e, sem explicação, subiu correndo a escada. Em sua ausência, minha mãe e eu caminhamos sob as árvores ao longo da Laisvės Alėja. O dia estava brilhante e frio; nuvens brancas como cravos pairavam em um céu perfeito. Gartman nos encontrou e pôs em minha mão uma folha de papel. Abriu um sorriso largo. Era uma fotocópia de um mapa de antes da guerra de Slobodka. O número 30 estava na base da rua Veiverių, a apenas alguns passos do Neris. "Ela ainda está lá", ele disse, seus olhos brilhando sob a aba de tamanho exagerado do boné.

A casa no mapa sobressaía da paisagem monótona como um toco em uma floresta primitiva. Ficava no que um dia tinha sido uma movimentada rua principal. Alguns anos antes, a cidade havia derrubado as casas e lojas no lado mais próximo do rio e alargado a rua para fazer uma autoestrada de várias pistas. Carros e caminhões passavam zumbindo, seguindo para a cidade. Um posto de gasolina — com algumas bombas sobre o asfalto brilhando devido a décadas de óleo de motor derramado — ocupava um lote próximo. O bairro ainda era o mais pobre da cidade, modernizado sem muito empenho. Como em muitas periferias de cidades do bloco soviético, tudo parecia estar revertendo a um passado agrário. Prédios deteriorados, na maioria de tábuas de madeira, com acréscimos de qualidade inferior à carpintaria de antes da guerra, brotavam ao longo da rua como cogumelos em decomposição. Eu me perguntei se Moishe tinha trabalhado em seus tetos de folha de metal antiquados.

A casa onde minha avó viveu quando jovem era a mais alta dali – um retângulo descascando de tijolo e cimento rachado com madeira compensada cobrindo várias janelas. Nos fundos, a sacada do andar de cima havia caído. A principal função da construção parecia ser sustentar um outdoor de uma rede francesa de supermercados. Inacreditavelmente, alguém ainda morava ali. Havia roupas penduradas num varal sobre o lote de trás, e no parapeito de uma janela, no alto de uma escada, uma lata de sardinha cheia de bitucas de cigarro e cinzas. "Devem ser indigentes", murmurou Gartman, com desaprovação.

A tinta cor de alga marinha estava escamada em alguns pontos, revelando cor-de-rosa e pintas azuis. Um cadeado pendia na porta do apartamento 1, aquele que minha avó, seus irmãos e seus pais tinham ocupado décadas antes, quando se mudaram de Kaišiadorys. Estiquei o pescoço para espiar por uma janela, mas havia pouco para ver além de um aposento vazio com várias placas de drywall sem pintura num canto. O que quer que tivesse acontecido, como quer que o lugar tivesse parecido, não dava mais para saber. Minha mãe desceu a escada e ficou na calçada, com uma expressão inescrutável, os pensamentos abafados pelo rugido dos caminhões.

Efraim Gartman nos levou por Slobodka, um bairro que fora durante muito tempo conhecido por seu nome lituano, Vilijampole. Em uma rua, deparamos com uma pedra lembrando o gueto de Kaunas, um monumento para o qual meus avós tinham doado dinheiro. Era um obelisco cinza singelo, com alguns versos em lituano e hebraico inscritos e as datas 1941-1944. Parecia tão banal e despretensioso quanto um hidrante.

Diante dele, Gartman cuspiu no chão. Um homem pequeno e intratável de camiseta e boné coberto de texto em hebraico, ele parecia absurdamente desafiador em um lugar agora vazio de judeus. Nativo de Kaunas, Gartman dizia que era um programador de computadores que passara a se interessar pela história da região. Um chato local, ele saraivava o jornal diário com cartas e editoriais sobre o passado da cidade; escrevia à arquidiocese sobre erros históricos em uma placa na entrada principal da catedral. Recentemente, até publicara uma brochura turística em francês, intitulada *Les traces de France à Kaunas*, sobre vestígios locais do exército de Napoleão. Sua principal ocupação era servir de guia para visitantes do exterior: na maioria judeus americanos e canadenses à procura de antepassados em Kaunas e nos shtetls em volta. "Não é por dinheiro", Gartman insistia. "É mais por interesse pessoal."

Ele se deslocava pelas ruas confiante, um punho fechado contra a cidade. Adolescentes acotovelando-se em volta de um violonista vieram perguntar se ele era um "antiskinhead". A tarde toda tentei não fazer a pergunta óbvia, indelicada, que me ocorreu no momento em que o conheci, mas no fim minha curiosidade venceu. Estávamos almoçando em um restaurante na cidade antiga. "Por que você ainda vive aqui?', perguntei. "Por que não?", ele retrucou.

Após o almoço, Arunas nos levou a Žaliakalnis, onde minha mãe queria procurar o túmulo de seu avô. O portão de ferro batido do cemitério, decorado com uma estrela de Davi, estava aberto, com a fechadura quebrada. O caminho de entrada lembrava o início de uma floresta. Embora alguns túmulos tivessem sido cavados depois da guerra, o lugar parecia uma invenção da Antiguidade, tão desolado quanto uma necrópole romana. Um punhado de monumentos e lápides sobressaindo irregularmente do chão, mal visíveis em meio a uma profusão de cicuta-dos-prados, urtigas e arbustos de bordo sombreando com suas folhas os nomes dos mortos. Havia pedras tombadas no chão entre um tapete de latas de cerveja, embalagens de comida e mais lixo. A maioria dos lotes estava nua, lápides e marcos tendo sido removidos. Nos tempos soviéticos, o cemitério empregava um guardador de túmulos, Gartman nos contou, mas desde a independência fora quase abandonado. Não restavam judeus suficientes em Kaunas para pagar por sua manutenção, e as pessoas dali tinham levado muitas das lápides de mármore e granito; um vizinho de Gartman usou uma para fazer degraus para sua casa de barcos. Por fim, o cemitério se tornou um ponto de encontro de adolescentes locais,

um lugar misterioso e romântico para ir à noite, longe das luzes da cidade e das radiopatrulhas da polícia.

Por algum tempo, pareceu que nós éramos os únicos visitantes em Žaliakalnis. Mas em uma clareira deparamos com meia dúzia de adolescentes bem-vestidos e bem penteados, reunidos em torno de um homem de meia-idade sentado em um túmulo. Um garoto de jaqueta de esquiador lia algo em alemão de um aparelho portátil, e quando ele acabou os outros aplaudiram. Eu me aproximei para perguntar quem eram eles. O professor, um homem alto e louro com óculos de plástico transparente, me disse em inglês que eram uma classe do ensino médio de Berlim em uma viagem de campo. Tinham vindo ver o cemitério para "aprender sobre os aspectos sombrios da história de nosso país". Aqueles alunos tinham escolhido vir aqui, o professor me contou; o restante da classe foi para o Marrocos. Eu agradeci, e ele me apertou a mão com firmeza um pouco excessiva, telegrafando sua solidariedade. Então piscou para afastar as lágrimas dos olhos.

Gartman, Arunas, minha mãe e eu caminhamos entre os túmulos por sete horas, mas não encontramos nenhum com o nome Haskel. Minha mãe era jovem demais em 1957 para se lembrar de muita coisa da última visita que fizera ao local. Passamos por obeliscos — grandes demais para ser removidos, me ocorreu —, túmulos de crianças que lembravam troncos de árvores sem galhos, mausoléus dos ricos e eminentes, inscrições em hebraico, iídiche, russo, polonês, lituano e até inglês. Ninguém falava. Na volta para o carro de Arunas, perto dos limites do cemitério, deparamos com um túmulo com um nome que fiquei surpreso de reconhecer. Aninhado em um montículo de lixo, ele pertencia a Danielius Dolskis.

Mais cedo naquele dia, sob os olmos na Laisvės Alėja, paramos em frente a uma estátua de bronze de Dolskis que a cidade erigira sete anos antes. Ela o retratava de fraque e gravata-borboleta, e parecia incongruente com as pizzarias e vitrines de lojas de celulares. O cantor antes conhecido como Daniel Dolski veio de São Petersburgo para seu país de adoção em 1929, apenas dois anos antes de sua morte, aos quarenta anos; depois de aprender a língua espinhosa com entusiasmo incomum, escreveu e gravou uma coleção de músicas que quase todos os lituanos de certa idade ainda cantarolam ou assoviam de memória. Dolskis enchia os cabarés na Laisvės Alėja, lugares com nomes como Versailles e Metropolis. Raisa dançava nesses clubes com seu primeiro marido; Semyon tinha encontros lá nos anos antes da guerra. Dolskis interpretava músicas de jazz sentimental chamadas *Schlager* e cantava sobre uma centáurea-azul de verão que lhe havia atiçado o coração e sobre a praia de Palanga, onde seu amor se afogara nas ondas frias e ele continuava a ouvir sua voz pela eternidade.

Dolskis, por acaso, era judeu. Em uma clareira de dentes--de-leão e sumagres, seu túmulo, não maior que aqueles ao lado, jazia entre latas vazias de cerveja de frutas vermelhas, sacos de batatinhas rasgados, embalagens de balas e cigarros apagados, um lugar de descanso improvável para o artista mais amado do país. "Uma desgraça", murmurou Arunas, recolhendo as latas de cerveja. Gartman apertou os olhos contra o sol poente e nada disse. De pé entre o mato alto, ele parecia um destaque da paisagem, insondável como as estátuas nos mausoléus decrépitos. Minha mãe estava absorta em pensamentos, tentando recordar as palavras de uma melodia de Dolskis que Semyon cantava para ela quando era criança, na hora de dormir. Então se lembrou de uma parelha de versos. "*Onyte, einam su manim pašokti,/ Leisk man karštai priglaust tave*", ela cantou. "Ana, venha dançar", significava, "deixe que eu me encoste gentilmente em você." Ela ficou lá, cantando-a ao vento.

Vários anos depois, voltei a Vilnius para um trabalho de verão, lecionando em um programa para americanos e canadenses que quisessem estudar escrita em lugares exóticos. Eu passava três tardes por semana com oito alunos, em sua maioria adultos, em um prédio escolar revestido com painéis de carvalho, e tinha o resto do tempo para mim. A coordenadora do programa me ligou de Montreal alguns dias antes do meu voo. "Tivemos de redistribuir as acomodações e pôr você em outro apartamento", ela disse. "Por favor, anote seu novo endereço. É Kalvarijų nº 12, andar de cima."

Olhei para o bloco de anotações por um momento, pensando que uma sinapse errante tinha sido acionada em meu cérebro. O número 12 da rua Kalvarijų era um dos dois ou três endereços que eu conhecia em Vilnius. Durante minha última visita, minha mãe e eu fomos vê-lo – uma casa de três andares art déco branca que fora repintada e reformada tantas vezes que parecia existir em vários períodos históricos. O consultório dentário do meu bisavô Haskel tinha sido ali. Em 1916, no andar de cima, uma parteira deu à luz o segundo filho de Haskel, meu avô Semyon. Ninguém no programa de escrita sabia disso.

A casa ficava em um quarteirão logo ao norte do rio Neris, separado do centro da cidade por uma ponte margeada por estátuas realistas socialistas enegrecidas de trabalhadores e soldados. Quando o táxi se aproximou, a loja no térreo estava aberta. Um quadro-negro dobrável do lado de fora anunciava uma promoção de lingerie feminina, exatamente como vários anos atrás. A vendedora, a mesma com quem eu tinha falado antes, ainda não sabia de nenhum fato sobre a história do prédio. Ela sorriu para mim, achando graça. A casa onde Haskel e Frida viveram – número 1, do outro lado da rua – tinha sido substituída por um Holiday Inn de altura média, feito de ferro e aço.

O vestíbulo sem iluminação da casa do meu avô tinha o cheiro turfoso das casas velhas da Europa Oriental. O apartamento, no andar de cima, estava recém-pintado e equipado com o tipo de coisas anônimas comuns em quartos alugados por semana: um sofá de dois lugares, uma chaleira elétrica, uma fotografia emoldurada de um resort caribenho. Da sacada, vi as entradas de antigos celeiros, onde as pessoas antes guardavam produtos perecíveis e carvão. Agora quase todas as partes do pátio estavam ocupadas por Škodas e Volkswagens estacionados debaixo de uma única tília empoeirada, que os cobria com suas folhas em forma de coração.

Além do pátio, uma bagunça arquitetônica se espalhava para o norte. Havia casas atarracadas do século XIX, caiadas mas com a fachada acinzentada pela idade; blocos de apartamentos soviéticos que costumam circundar toda cidade do antigo império; casas de madeira de idade incerta revestidas com ripas desbotadas; e as recentes torres espelhadas de bancos finlandeses e austríacos. Guindastes cercados de luz sobrenatural erguiam um edifício, e por algum tempo observei sua pantomima em câmara lenta. Um amigo lituano me contou que, por causa de seu panorama confuso, aquela parte de Vilnius era conhecida localmente como "Hong Kong".

Julho é o momento mais encantador para estar em Vilnius. As noites são frescas e as ruas cheiram a lilás. As pessoas ficam sentadas em bancos e olham os passantes como se ainda fosse algo que se devesse fazer. Os guarda-sóis das cervejarias ficam nas calçadas até de manhã, e o centro da cidade ainda está cheio às 2h. Depois dos meses invernais escuros, todos se expõem ao sol no delírio de verão das cidades do norte, participando da sociabilidade e da farra maníacas que vemos depois do pôr do sol em Estocolmo, Reykjavík e São Petersburgo.

No dia seguinte a minha chegada, fui a uma festa que o programa de escrita realizou no centro da cidade, para as pessoas se conhecerem, depois caminhei por uma rota sinuosa e desconhecida, esperando encontrar um lugar familiar. Quão grande poderia ser a cidade? Era meu aniversário, e eu estava gostando de guardar aquilo só para mim. Duas alunas, mulheres em seus quarenta anos da Califórnia que estavam trabalhando em romances, caminhavam comigo. Olhamos para lojas desconhecidas, janelas com grades altas e monumentos a grão-duques barbudos, e falamos sobre a estranheza de estar ali. Após algum tempo elas acenaram para um táxi.

Nós nos despedimos na rua dos Vidreiros, no limite do antigo bairro judeu, ao lado do monumento moderno ao gaon de Vilna, e por um tempo andei sem prestar atenção a onde estava. Passei por uma igreja luterana e uma ortodoxa russa antes de acabar na frente dos pináculos avermelhados semelhantes a um brinquedo da catedral de Santa Ana. Enquanto passava por ali a caminho de Moscou, Napoleão supostamente disse que queria pôr a igreja na palma da mão e levá-la para Paris, e eu pude imaginar por quê. O crepúsculo estava quase findando quando alcancei a margem e caminhei ao longo do Neris, que brilhava como uma fita metálica azul entre as margens escuras. Eu estava agradavelmente perdido.

Era divertido estar imerso em história sem estar preso nela, me deslocar pelas ruas silencioso como um peixe.

Mais cedo naquele dia, enquanto passava pela estação ferroviária da era soviética, eu me lembrei de uma de minhas viagens de infância a Vilnius. Devia ter cinco ou seis anos. Já gostava de trens e passava a maior parte do trajeto desde Moscou correndo para cima e para baixo no corredor, espiando em compartimentos abertos, fazendo perguntas sobre estranhos e vendo a paisagem passar com a cabeça encostada na janela. A coisa de que mais me lembro são as cortinas do trem. Cada uma tinha uma imagem dos marcos de Vilnius ligados por linhas cheias de laços – um mapa da cidade em caricatura. Eu tentava entendê-lo quando meu pai apareceu atrás de mim. Ele estava de ótimo humor. Pôs a mão sobre minha cabeça e se ajoelhou ao meu lado.

Ele apontou para a cortina, em um ponto pouco acima do mapa, e disse que era ali que viveríamos, no apartamento de Semyon e Raisa em Antakalnis. Então moveu o dedo indicador de uma imagem para a próxima – um museu, uma igreja, as torres da universidade – e explicou o que era cada uma delas. Eu sentia a respiração do meu pai no pescoço. Mesmo então percebia como aquele momento era incomum, e me encostei timidamente nele. Em minha memória desse momento, o sol brilha através das cortinas brancas com tanta intensidade que reflete nas partículas de poeira no ar e na aliança de ouro do meu pai. Ele pôs um braço em volta de mim, pressionou uma bochecha áspera contra a minha e me beijou a orelha, ruidosamente. Eu me lembro da excitação crescendo em meu peito como um balão inflando; sentia que sua força podia me fazer desmaiar. Então meu pai apontou para uma imagem no centro do mapa, de uma fortaleza de pedra medieval numa colina. "Se você for bonzinho", ele disse, "vamos escalar a colina e subir na torre." Eu me lembrei daquilo enquanto estava parado na rua escura. O céu estava claro e a lua, quase cheia, e cigarras cantavam ao longo do rio. Acima dos telhados, eu podia ver o contorno da fortaleza de pedra de Gediminas.

Caminhei por horas naquela noite, às vezes sem saber onde estava. Por algum tempo, fiquei em um bar muito iluminado com interior de madeira esculpida onde me demorei bebendo uma cerveja pilsen e observando casais aproveitando a última rodada da noite. Eles falavam e riam ao som de música pop dos anos 1990, mas, à maneira lituana, faziam isso em voz baixa e quase timidamente. Paguei e comecei a andar por uma rua margeada por casas caiadas, me perdendo de novo até avistar uma placa que não vira antes. A tinta recém-aplicada não conseguia esconder o contorno escuro de letras em iídiche. Havia só duas ou três placas como aquela na cidade, alguns dos últimos vestígios dos judeus de Vilnius fora dos museus.

Em algum momento, devo ter virado para o sul, porque depois de um tempo o Neris e a ponte familiar margeada com estátuas de soldados e operários de fábrica surgiu. Em vez de cruzá-la até meu apartamento do outro lado, virei à direita e continuei a andar ao longo do rio. As ruas tinham se esvaziado, e só um motorista ocasional, apressado para chegar em casa, iluminava o cenário com seus faróis. Cheguei a uma rotatória e passei por uma igreja barroca tardia. Atrás da parede cor de pudim da São Pedro e São Paulo estava a fachada semelhante a um bolo, com REGINA PACIS FUNDA NOS IN PACE pintado em letras grandes. Depois da igreja, a cidade antiga terminava abruptamente, dando lugar a uma rua larga do planejamento urbano da era socialista.

Quando criança, eu via essa rua da janela de um bonde. Agora passava da meia-noite e os bondes não estavam funcionando; a rota deles era traçada por cabos gêmeos esticados acima das faixas de tráfego vazias. Caminhei pela rua Antakalnio por quase uma hora. Ainda estava margeada por edifícios de concreto da era soviética, mas nenhuma placa de que eu me lembrava da infância existia. Passei por uma pizzaria, uma academia de ginástica, um café anunciando drinques com chocolate, a fachada verde e amarela de um supermercado. Passei por blocos de apartamentos idênticos por um longo trecho e depois uma caixa de concreto de um prédio escolar no estilo amizade das nações do começo da década de 1960. Na entrada separada de um centro de pesquisa, virei à esquerda para uma rua arborizada estreita que subia um dos morros circundantes.

Eu tinha me afastado muito do centro da cidade. Não havia muita iluminação de rua, mas um instinto me puxou mais para cima no morro, embora eu não soubesse ao certo para onde. Minha mente estava agradavelmente em branco. Era uma noite vasta e vazia, e a sensação de caminhar era boa.

A rua estreita tinha o nome de um compositor polonês. Mais acima, passava por alguns dos imóveis mais caros da cidade, mansões construídas em um declive acima do rio, mas não cheguei a elas. Virei à esquerda depois de avistar o contorno familiar do que tinha sido o prédio dos meus avós; eu me perguntei se o telhado de metal no abrigo em frente a ele ainda estava pintado com cor de alga marinha, mas estava escuro demais para ver. Lá, me sentei na borda de um canteiro de concreto para plantas, ao lado de uma palmeira envasada e algumas bicicletas estacionadas, e olhei para as janelas do primeiro andar, onde Semyon, Raisa e minha mãe viveram e onde passei vários verões. As janelas estavam com a cortina fechada e escuras, exceto por uma luz azulada que podia ser o brilho de uma televisão ou de uma tela de computador. Não havia ninguém do lado de fora. O vento morreu e as folhas pararam.

Sentado ali, eu me lembrei de uma manhã de julho, no verão em que completei oito anos. Podia deduzir o ano porque meus pais estavam em Vilnius durante o último verão que todos passamos juntos como uma família. Naquela manhã, acordei no que antes tinha sido o quarto de empregada, minhas pernas já compridas demais para minha cama de criança. Por causa dos bruxuleios avermelhados atrás das cortinas, eu sabia que era cedo e todos estavam dormindo, e deslizei só de meia pelo parquê até o corredor. Semyon e Raisa tinham deixado a sala de estar para meus pais. A porta estava entreaberta, e eu olhei para minha mãe e meu pai dormindo no sofá-cama: estavam enlaçados, segurando um ao outro do jeito secreto e desesperado de seu último ano juntos. Dormiam em lençóis brancos, cercados por centenas de livros em estantes de madeira clara – mais livros, me parecia, do que qualquer pessoa poderia ler em uma vida inteira –, enquanto um relógio tiquetaqueava alto na mesa de centro.

A cozinha cheirava a pão de centeio, semente de papoula e sabão. Não havia nenhum sinal do rato solitário que fazia minha mãe ter ataques e que Semyon, com uma piscada fingida para mim, se recusava a pegar com uma ratoeira. Uma fieira de cogumelos brancos, para a sopa de Raisa, pendia de uma maçaneta do armário. Mais tarde, Semyon iria até a feira buscar a galinha que minha mãe depenaria e chamuscaria no fogão, enchendo o apartamento com o cheiro agradável de penas queimadas.

Entrei no escritório do meu avô. Semyon e Raisa dormiam em um canto. Ao contrário dos meus pais, estavam deitados em lados opostos da cama, absortos em suas respectivas obrigações durante o sono. O equipamento de laboratório de Semyon ocupava duas mesas compridas: calibradores, medidores, pilhas de bandejas de dissecação cheias de cera, fileiras de alfinetes, fórceps, tesoura cirúrgica, fitas de papel de impressão com elásticos, e acima seis tambores de alumínio verticais prateados à luz da manhã, parecendo um panorama retrofuturista de Fritz Lang.

Depois que me certifiquei de que eles estavam dormindo, me agachei ao lado de uma pilha de potes com furos nas tampas de metal brilhantes e olhei os animais dentro deles. Um estudante de pós-graduação os tinha trazido na tarde anterior. Havia vários sapos e uma única rã verde-parda geniosa, que ocupava sozinha o maior pote. Naquele verão, eu tinha passado horas deitado no chão, olhando para os sapos, e recebera instruções claras de não tocar neles.

Mas todo mundo estava dormindo, então que mal havia naquilo? Abri uma tampa e a pus no chão, tomando o cuidado de não fazer barulho, então tirei um sapo do pote, com as mãos tremendo um pouco de excitação. Segurei o animal na frente do rosto — apertando forte por medo de que escapasse —, mas quando abri a mão ele ficou sentado na minha palma, parecendo tonto, mas decididamente vivo.

Seu corpo granuloso e compacto parecia inesperadamente substancioso. Os olhos — pretos com a borda cor de cobre — estavam fixos nos meus. Meu avô roncava pesadamente ao lado. Água pingava da torneira da cozinha. Naquele momento, eu estava convencido de que, em cada um dos outros apartamentos da cidade, outras crianças dormiam em camas cercadas por adultos roncando, mobília reconfortante e relógios tiquetaqueando alto, crianças que sabiam mesmo no sono que estavam quentes, seguras e eram amadas, como eu naquela manhã.

Imaginei de onde vinha o sapo: queria poder discernir isso simplesmente estudando os pontos e marcas em seu corpo. Eu só sabia que ele não pertencia à cidade, muito menos a um apartamento lotado — como eu, o sapo era um visitante. Não estava lá por nenhum erro seu, e eu queria salvá-lo da bandeja de dissecação. Mas não sabia como chegar a um lago, onde eu acreditava que sapos viviam, ou mesmo onde poderia encontrar um lago naquela cidade. Além disso (apesar de estar segurando o sapo proibido), eu me orgulhava de ser um filho obediente. Não sabia ainda que dentro de um ano deixaríamos aquele país e meu pai, não percebia ainda que era permitido ou sequer possível alterar a própria vida tão completamente. Eu olhava para o sapo e ele olhava para mim. Então, agradecido por nosso breve encontro, cuidadosamente o pus de volta no pote.

3. A pátria chama

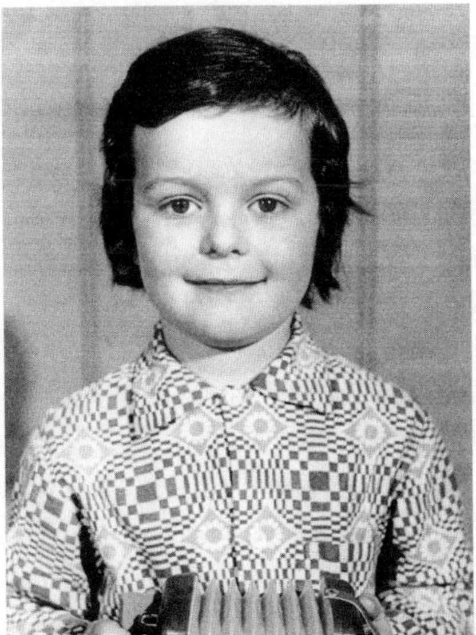

Eu estava numa quadra de basquete segurando uma braçada de cravos. Não me lembro muito de como foi a manhã. Recordá-la é como tentar estudar uma fotografia usando só a visão periférica: se olho para ela diretamente, a cena flutua, desfazendo-se em um borrão de tinta de impressora. O que posso dizer com certeza é que é o primeiro dia de aula em uma escola para filhos de diplomatas e pessoas bem relacionadas em Moscou, e estou no primeiro ano, portanto deve ser 1º de setembro de 1977. Crianças de uniforme estão em formação no pátio, um batalhão de roupas sintéticas azuis e marrons, cada um de nós segurando um buquê. Nas laterais, nossos pais gritam estímulos; alguns tiram fotos. Há um atril sobre uma plataforma, e atrás dele uma mulher que parece um armário recita um discurso em cadência lenta que flutua acima dos outros sons; de algum modo isso parece apropriado, porque ela é a diretora. Atrás dela, alguém pendurou retratos de Brejnev e Gromiko e outros membros do Birô Político do Comitê Central do Partido Comunista da União das Repúblicas Socialistas Soviéticas.

Tento ficar reto e prestar atenção, mas não consigo, porque as flores da menina de sete anos na minha frente me trespassaram. De cada caule de um metro brota meia dúzia de flores da cor de uma hemorragia nasal. Pareço saber que a palavra para elas é "gladíolos". Sei também que são caras e significam status, e que meus cravos, em comparação, são banais. As flores desajeitadas oscilam acima da cabeça lustrosa com rabo de cavalo da menina, e eu olho fixo para elas, morto de inveja. Ela é pequena para sete anos, e os gladíolos são quase da sua altura. A diretora continua sua fala monótona. As flores são pesadas demais para os pulsos finos da menina, e pouco a pouco se dobram para trás, como uma patinadora artística caindo em câmara lenta, até que os gladíolos repousam sobre minha cabeça e caem em cascata sobre meus ombros. Não consigo ver minha mãe e meu pai, que estão assistindo de algum lugar nas laterais. Fico sabendo depois que eles se mataram de rir, mas fiz sete anos recentemente e minha humilhação é repentina e completa nessa manhã, a mais importante de minha vida. Sussurro, implorando para a parte de trás da cabeça da menina. Tento afastar as flores batendo nelas, para de algum jeito alertar a menina sem sair da formação, mas ela não pode ou não quer me ouvir, e sob a cobertura das folhas em formato de espada começo a chorar.

Minha mãe era a beldade do Departamento de Psicologia quando meu pai falou com ela pela primeira vez. Eles se conheceram em um espaço para estudantes perto da sala dela de materialismo dialético, no velho prédio da Universidade Estatal de Moscou, na rua Mokhovaya. Ela estava lendo um conto de Flannery O'Connor em uma edição da *Foreign Literature*. Reconstruí a partir de fotografias a aparência que devia ter nesse momento: cabelo que se curvava formando um S sobre as bochechas e lhe caía nas costas, minissaia verde-oliva, botas de couro até os joelhos com saltos médios, pernas cruzadas, um cigarro pendendo de um canto da boca, nada de maquiagem, um rosto alternadamente tímido, provocante ou precoce, mas invariavelmente autoconsciente.

É claro que ela sabia que era bonita e estilosa, e tinha consciência do status que aquilo lhe assegurava. Estava esperando que a aula começasse. Teria uma aula sobre os primeiros textos de Lênin, ou uma extensa citação de Engels para copiar do quadro-negro e depois recitar de memória, e às vezes ela fazia o tempo passar mais depressa olhando para as janelas do necrotério do Primeiro Instituto Médico, onde em algumas tardes estudantes praticavam autópsia em cadáveres. Era 24 de maio de 1969; três dias antes, ela completara vinte anos.

Em uma biblioteca em algum lugar daquele prédio, um estudante de economia pálido de cabelo encaracolado chamado Izya desenhava um quadro cronológico de congressos do partido para o exame oral de minha mãe que aconteceria em breve. Era o tipo de trabalho que ela detestava fazer. Izya era um dos vários rapazes que ela permitia que se sentassem ao seu lado no refeitório, um de cerca de meia dúzia que carregavam seus livros, adulavam-na com tangerinas da feira dos agricultores e faziam seu dever de casa de comunismo científico. Eles tendiam a ser judeus e mais simples do que ela, mas despachados e pacientes. Em troca da atenção e da companhia da moça, não pareciam se importar de ser usados ou, na maneira de ver dela, úteis. Ela não contava para eles que não namorava rapazes judeus; eram tímidos demais para o seu gosto, apegados às mães, e muito parecidos com Semyon.

No trajeto do dormitório na colina Lênin até as salas de aula na rua Mokhovaya, ela às vezes usava um terninho de veludo cotelê com calça boca de sino e um lenço comprido da cor de uma faixa revolucionária. Os ônibus eram lotados de mulheres em casacos e cardigãs comprados em lojas, carregando as compras da mercearia em bolsas de rede; ao lado delas, minha mãe parecia ter entrado no ônibus saída das páginas de *Bonjour tristesse*. Homens idosos com dentes incisivos cobertos de ouro e medalhas espalhadas sobre blazers de lã olhavam para ela. Um deles exigiu, invocando sua idade e sua condição de veterano, que ela voltasse para casa e trocasse "essa roupa por algo decente". Ela fingiu que não ouviu. Algumas das amigas da minha mãe acreditavam que ela era imune a ofensas. Às vezes, ela também acreditava que podia negar o enfado e o tempo frio da cidade simplesmente escolhendo rejeitá-los. Moscou era sombria, mas ela apreciava sua vastidão. Servia como uma solução temporária para Vilnius, uma cidade provinciana que minha mãe via sob a sufocante redoma da história.

Às vezes, seu pensamento mágico a tornava negligente. Durante tediosas reuniões compulsórias da Liga da Juventude Comunista — a Komsomol —, ela às vezes se levantava e saía. Seus amigos mais próximos eram estudantes de intercâmbio, um casal canadense, Donald e Faye (todo adulto soviético sabia que fazer amizade com ocidentais nunca era inteiramente seguro). Os três caminhavam até o Café Metelitsa, na Kalinin Prospekt, para ouvir conjuntos de jazz, ou iam a algum lugar no campus para ouvir bandas de rock, lideradas principalmente por filhos de funcionários do partido e diplomatas, que podiam tocar "I Can't Get (No) Satisfaction" em público sem ser punidos por isso.

Com sua colega de quarto Beba, uma judia morena e corpulenta de Beltsy, minha mãe tomou o metrô para uma sinagoga na praça Nogin. Na frente da sinagoga, homens de terno preto na caçamba de um caminhão filmavam todos que entravam ou saíam. Minha mãe estava ciente de que, devido a suas transgressões ideológicas, seu quarto no alojamento e o auxílio estudantil que recebia podiam ser revogados, e de que ela podia ser expulsa da Komsomol e até da universidade, mas se recusava a considerar seriamente essas possibilidades. Nem mesmo depois que Beba achou um buraco no alto do armário do dormitório delas escondendo um emaranhado de fios e um minúsculo microfone.

Meu pai foi até minha mãe enquanto ela lia o conto de O'Connor. Um amigo lhe dissera, ele puxou conversa, que ela tinha cópias de alguns poemas de Joseph Brodsky. Ele podia pegá-los emprestados? Não era um pedido incomum. Muitas das melhores ficção e poesia recentes estavam oficialmente proibidas e circulavam em folhas datilografadas e copiadas com papel-carbono conhecidas como *samizdat*; as páginas eram emprestadas muitas vezes, por apenas um dia ou mesmo algumas horas.

O que a fez parar para pensar foi a aparência dele. Meu pai parecia mais velho que os outros estudantes – teria uns 24 anos? – e seu cabelo era muito curto. Tinha a gola branca engomada, usava um casaco de camurça caro e a calça fortemente vincada, o que era um traje suspeito para um aluno de graduação em 1969. Por um momento, ela pensou que ele devia ser um daqueles estudantes mais velhos que às vezes apareciam nas aulas no meio do semestre, homens que mal conseguiam entender as lições de casa, mas estavam lá por razões "sociais", o que significava que suplementavam seus estipêndios passando informações sobre outros estudantes à KGB. Pior ainda, ele estava matriculado no departamento de filosofia, que era conhecido por ser "ideológico", o que queria dizer que estava fora do alcance de judeus e outras pessoas "não confiáveis", e o nariz pequeno arrebitado e os olhos cinza confirmavam que ele era gentio. Mas lá estava ele, pedindo que lhe emprestasse poesia proibida. Embora ela soubesse que devia dispensá-lo, por alguma razão não o fez. Enquanto falavam, ela percebeu que ele era articulado e pelo menos passavelmente inteligente, e que estava flertando com ela. Seu nome era Viacheslav, mas todos o chamavam Slava. Ela pensou que ele se parecia um pouco com Steve McQueen em *A mesa do diabo*, um filme do qual vira uma parte, sem som.

Na noite seguinte, eles se encontraram do lado de fora do quarto dela no alojamento, na hora combinada. Minha mãe entregou a ele as páginas gastas de poesia, mas meu pai se demorou e a acabou chamando para dar uma volta. Os dois passaram o começo da noite andando pela Arbat. Ainda levaria anos para que o bulevar se tornasse uma faixa de lojas para turistas em lavanda e amarelo, e os prédios ainda tinham a pátina gasta da Moscou do pós-guerra. Slava falou sobre discos de jazz e filmes e romances estrangeiros traduzidos; ela pôde perceber que ele estava tentando impressioná-la com conhecimento sobre o Ocidente. Ele tinha um rosto animado e expressivo que casava bem com suas efusões confusas de entusiasmo. Mas, quando foi a vez de minha mãe falar, ao contrário da maioria dos homens, ele ouviu sem interromper, dando a ela a impressão de que pensava a sério sobre o que dizia. Além disso, seus modos eram atraentemente antiquados: ele trazia flores, abria portas para ela, segurava seu casaco para que o vestisse quando ela se levantava.

Eles saíram para caminhar de novo na noite seguinte, e na outra. Meu pai estava se revelando diferente da pessoa que ela supunha que fosse. Ele também detestava as aulas políticas compulsórias, e divagava animado sobre manifestações estudantis em Paris, Howlin' Wolf e Nabokov. Quando descobriu que ela tinha estudado inglês na escola, ele lhe levou um artigo da *Down Beat* sobre um saxofonista chamado Steve Lacy e implorou a ela, com sinceridade infantil, que o traduzisse. Numa manhã, meu pai a levou para tomar café no Sétimo Céu, no sétimo andar do Hotel Moscou, na praça Manezhnaya. Depois que se sentaram, ele recitou em voz alta um poema para ela.

Quase um mês depois de se conhecerem, eles passaram um fim de tarde em um banco de parque perto da Arbat, sob uma faixa que dizia: "Erga alto a bandeira do internacionalismo proletário". A rua já estava escura; a maioria dos pedestres tinha ido embora. Meu pai estava contando a minha mãe sobre Vinnitsa e Tamara — ainda não lhe contara sobre Vassíli — quando, inesperadamente, começou a falar sobre uma mulher casada com quem ele tivera um caso depois de se mudar para Moscou. A história não constrangeu minha mãe. Ela sabia que ele tinha passado três anos no Exército e imaginava que devia ser experiente com mulheres. Ela era virgem e não tinha nada comparável para revelar, então contou a ele sobre a primeira vez que tinha se apaixonado, por um garoto chamado Kolya. Ela tinha dezessete anos e ainda estava na escola. Os dois se conheceram enquanto minha mãe estava visitando parentes em Moscou, e, depois que ela voltou para Vilnius, escreviam longas cartas românticas um para o outro. Kolya pediu a ela que fosse para Moscou e se casasse com ele; ela disse sim, mas Raisa proibiu o casamento: esqueça ele, disse, você dois são jovens demais. No fim, Kolya ficou noivo de uma moça mais perto de casa. Quando minha mãe olhou para meu pai, ele estava curvado, soluçando. "Sei que você nunca vai me amar assim", meu pai disse, enxugando o rosto com um lenço. Ela tocou na mão dele.

O que eu soube sobre o namoro deles ouvi na maior parte da minha mãe. Em duas ou três ocasiões meu pai também me falou a respeito, naqueles momentos incomuns em que estávamos sozinhos e ele sentia vontade de conversar. Durante uma das minhas visitas, ele e eu estávamos caminhando até depois do Hotel Metropol quando passamos por uma esquina onde ele às vezes encontrava minha mãe naqueles anos. Meu pai parou, fez com a mão um movimento circular, indicando a cidade à nossa volta, e disse, de um jeito um pouco enigmático: "A única coisa que tínhamos era nossa juventude".

O que sei sobre o ano seguinte àquele em que eles se conheceram pode ser organizado em várias cenas, cortadas como fotografias. Eis uma: quando o semestre terminou, no fim de maio, eles pegaram um trem para um lugar chamado Djemete, na Crimeia, um resort estudantil com barracas, jogos improvisados de futebol e badminton e dança à noite ao som do rádio transistor ou do violão de alguém. Meu pai disse a minha mãe que não dançava, então ela dançou com alguns outros rapazes, ao som de uma música de Chubby Checker que ela conhecia das festas de escola. Quando ela o viu depois, descobriu que meu pai a observara com ciúme, e ele começou uma discussão e ficou emburrado.

Outra cena: em junho ou julho, eles se encontraram no apartamento de um quarto que ele dividia com Tamara, o marido dela, Mikhail Mikhailovich, e a mãe dela, Maria Nikolaevna. Tamara era uma das poucas pessoas que conseguiam intimidar minha mãe. Não muito depois de se conhecerem, Tamara comentou que o terno de veludo cotelê favorito da minha mãe tinha sido mal cortado e costurado. Estilo, diferentemente de homens, era algo que Tamara manejava com maestria. Ela sabia que o propósito das roupas era afirmar confiança e poder, e desenhava as camisas com monograma e os blazers de lã do meu pai, depois observava enquanto as funcionárias da Casa da Moda os costuravam. Ela já usava o permanente louro oxigenado e os acessórios rococó de que me lembro da infância.

Nessa noite específica, Tamara tinha dado a eles ingressos para uma peça de Tchékhov, e minha mãe chegou num vestido de verão vermelho, com um cravo vermelho no cabelo. Tamara declarou, com seu jeito inequívoco, que minha mãe era bonita e tinha estilo. Era seu elogio supremo. Depois disso, quando minha mãe passava semanas no apartamento, começou a ansiar por ver Tamara. Nessas noites Maria Nikolaevna assava para ela seus famosos pirojkis e todos comiam em volta da grande mesa na cozinha; depois, meu pai dormia numa cama dobrável na cozinha, e minha mãe no sofá da sala. Em pouco tempo, meu pai pediu a minha mãe que deixasse o quarto no alojamento na colina Lênin e fosse morar com eles.

Maria Nikolaevna não permitiu. Durante décadas, ela tinha visto maridos e amantes — de sua filha e dela própria — aparecerem e sumirem com a mesma velocidade, e não estava disposta a dividir sua casa com uma estudante com o terço da sua idade. Minha bisavó preferia crianças a adultos, mas não muito. Em minhas lembranças mais antigas, ela está sentada em um banco perto da janela da cozinha diante de um copo de chá, marrom e compacto, e quebra cubos de açúcar com um alicate de aço enegrecido, enfiando o açúcar entre a bochecha e as dentaduras.

Ela gostava de folhear os jornais diários procurando cartuns políticos. Um dos mais comuns mostrava um banqueiro corpulento de cartola e monóculo — com "Otan" ou "EUA" ou "AGRESSOR IMPERIALISTA" escrito no peito em negrito — dominando trabalhadores de pele escura extenuados, e, se por acaso eu estivesse na cozinha, me puxava para o colo, apontava para o desenho e lia a legenda em voz alta com entusiasmo patriótico.

Nos fins de semana, ela assava pirojkis de maçã, que distribuía com austeridade militar. "Pegue um e será a morte para você", murmurava quando eu rodeava o prato. Sua visão periférica era sobrenatural, e ela não se preocupava em erguer a vista do jornal quando dava esse aviso. Se eu estivesse me sentindo corajoso e com fôlego, ela me perseguia, as solas de metal de seus sapatos ortopédicos tinindo no parquê.

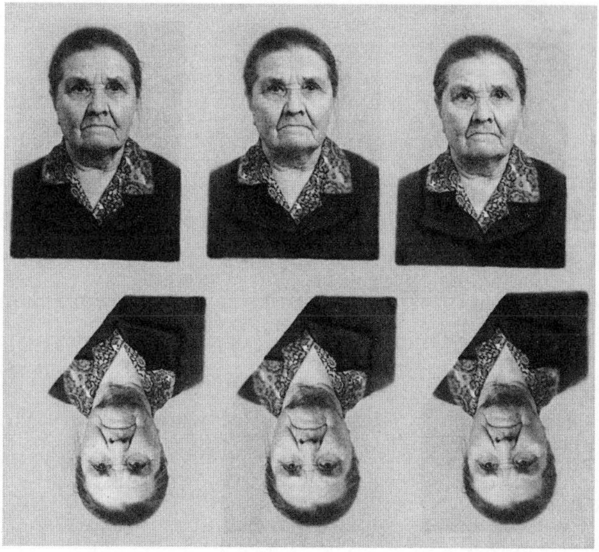

Maria Nikolaevna não era sentimental e acreditava no poder da fala simples. Portanto, permaneceu convenientemente indiferente quando descobriu, no fim do verão de 1969, que minha mãe estava grávida. "Se parir, não pense que vou tomar conta do diabinho, já tenho muito a fazer sem você", ela disse a minha mãe numa tarde, à guisa de cumprimento. Ela cedeu após uma discussão de dois dias com Tamara, e minha mãe se tornou a quarta moradora do apartamento de dois quartos. Durante semanas, a gravidez foi o principal tema de conversa em volta da mesa da cozinha. "Você é muito nova para desperdiçar o tempo em casa com um bebê", aconselhou Tamara. "Vai sentir falta de dançar. Um aborto leva vinte minutos e nem dói." Na noite seguinte, Tamara mudou de ideia e insistiu para que ela ficasse com o bebê. Meu pai disse que a decisão era dela e ficou fora da discussão. Minha mãe não se atreveu a contar a Raisa; já era bastante ruim ela estar namorando um gentio. Estava convencida de que, se a mãe descobrisse que ela não era mais virgem, seu coração simplesmente pararia.

Minha mãe estava grávida de quase dois meses quando, em fevereiro, ao lado de um grupo de bétulas na margem de um lago ainda congelado no limite sudeste da cidade, meu pai se ajoelhou diante dela e lhe entregou uma aliança de ouro puro. Ela decidira ter o bebê. Tamara e Mikhail Mikhailovich pegaram um leito em um trem noturno para Vilnius para se apresentarem a Semyon e Raisa e planejarem o casamento. A cerimônia ocorreu algumas semanas depois, dentro de um zigurate de concreto no Bulevar Leningrado chamado Palácio do Matrimônio – em Moscou, praticamente todas as solenidades cívicas eram realizadas em um palácio –, onde, semanas antes, minha mãe tinha retirado um cupom que lhe dava direito a comprar um par de sapatilhas brancas de couro envernizado na loja de noivas vizinha. Sua gravidez ainda não era visível e ela não tinha contado à mãe, mas sua amiga Lyuba arruinou tudo quando chegou à cerimônia com uma caixa de brinquedos para bebê embrulhada numa fita vermelha.

Primos vieram de Vilnius, amigos do meu pai da universidade compraram suas primeiras gravatas e Mikhail Mikhailovich, o homem mais baixo no salão, usou um terno tão brilhoso que minha mãe desejou que ele entrasse em combustão no corredor. Até Kirpotin e Dalin, os tios bolcheviques dela, foram à

cerimônia; em seus ternos escuros de lapela larga, pareciam um par de fabricantes clandestinos de bebidas de Chicago. Quando minha mãe assinou a certidão de casamento, segurava um buquê de cravos brancos e usava uma flor no cabelo.

Depois, todos foram para um salão de banquete no Conselho de Cooperação Econômica, na Kalinin Prospekt; uma cliente de Tamara, esposa de um vice-ministro, mexera os pauzinhos para fazer a festa. Duas noites depois, Anna e Slava comemoraram de novo com seus amigos em um quarto do alojamento na colina Lênin. Todos se fartaram de espumante soviético e frango assado que sobrou da festa enquanto ouviam o *White Album*, que alguém tinha trocado por um par de botas impermeáveis.

Semyon, que passava as noites em Moscou em jogos predatórios de xadrez rápido com seu novo genro, permanecia grosseiro como sempre. Quando soube que meu pai estudava filosofia, perguntou a ele, de forma amistosa e num tom nada contido: "Como o filho de um soldado com uma costureira se torna filósofo?". Raisa detestava que o genro fosse gentio — com toda a probabilidade um namorador e um bêbado, na conhecida tradição eslava —, mas, composta como sempre, evitava externar tais pensamentos para a filha. Semyon era mais pragmático. Quando se deu conta de que o neto ou a neta teria nacionalidade russa e não judia no passaporte interno, disse a Raisa que era melhor que fosse assim. Depois dos pogroms e campos de concentração, que sentido havia em pôr mais judeus no mundo?

Vassíli estivera conspicuamente ausente do casamento. Afirmando que sua presença deixaria Mikhail Mikhailovich ciumento, Tamara proibiu meu pai de convidá-lo. De qualquer forma, não pretendia comparecer. Quando meu pai ligou para ele para contar sobre o casamento, duas semanas antes, Vassíli disse que casar com uma judia quase certamente destruiria suas chances de fazer carreira no governo e ingressar no partido. Meu pai desligou. "Tudo de bom em mim vem da minha mãe", ele disse a minha mãe depois. Vassíli foi a Moscou naquele outono. De acordo com minha mãe, parecia em boa forma e impressionantemente bem-vestido, encantou Semyon e Raisa e disse a Tamara que ela parecia mais adorável do que nunca. Ela disse que ele foi gentil e afetuoso comigo, passando delicadamente um pente em meu cabelo molhado, comigo ainda na banheira.

Depois, minha mãe e Vassíli tomaram chá e conversaram. Embora ele fosse articulado e encantador, de perto pareceu a ela de algum modo vazio, consumido por dentro. Em meio a risadas e animação no apartamento de Tamara, minha mãe observava seu novo marido dirigir-se a seu pai com a formalidade fria de um colega de trabalho. Meu pai e Vassíli nunca concordaram quanto ao que aconteceu entre eles nos anos seguintes a essa visita. Vassíli me contou que no fim, por pura vingança, meu pai simplesmente parou de falar com ele; meu pai afirmou que foi Vassíli que parou de retornar suas ligações e cartas, preocupado que a condição de judia de minha mãe e o pedido dela para deixar o país arruinassem seu histórico impecável na KGB. O certo é que aquele dia de outubro de 1970 foi a última vez que se viram.

Eu nasci seis meses depois do casamento dos meus pais, em julho. Minutos depois de dar à luz, minha mãe esticou uma perna com câimbra e me chutou da mesa de parto. Uma parteira me pegou. Na manhã seguinte, minha mãe descobriu que alguém tinha posto um nome, Aleksandr, na minha certidão de nascimento; ficou claro que Semyon e meu pai o haviam escolhido sem contar a ela. Furiosa, anunciou que, como fora ela que dera à luz, seria ela que daria o nome ao filho. Durante meses ela se recusou a decidir, brincando com Vadim e Vladimir, até que numa manhã, empurrando um carrinho de bebê num parque, ela se viu sentada em um banco ao lado de uma idosa de lenço. As duas começaram a conversar, e minha mãe expressou sua indignação com meu nome. "Deve ser o destino dele", disse a mulher, olhando para o carrinho, e minha mãe capitulou.

Depois que meus pais me levaram do hospital para casa, eu dormia ao lado da minha mãe na cama dobrável na cozinha de Tamara. Candidatar-se a um apartamento privado em Moscou exigia uma *propiska*, uma permissão da polícia para residir dentro dos limites da cidade. A única maneira de minha mãe obter uma era se registrar como moradora do apartamento de um quarto do prédio sem elevador de Tamara. Como ela não tinha feito aquilo, e por causa da escassez de moradia na cidade, a espera por um novo apartamento podia durar anos. A influência de Tamara mais uma vez se provou útil: depois de nove meses morando em imóveis sublocados, meus pais se mudaram para um apartamento privado em uma das novas torres de apartamentos de nove andares que estavam sendo erguidas no limite sudoeste da cidade. Com dinheiro que ganharam de Semyon e Raisa, eles compraram o apartamento cooperativo de dois quartos — um buraco racionalizado na proibição soviética de propriedade privada — enquanto Tamara os ajudava a furar a lista de espera subornando a pessoa certa. O apartamento se revelou luxuoso, com sacada, copa e piso de linóleo no tom intumescido de uma garganta inflamada. O edifício, construído de blocos de concreto brancos que ficaram cinza quase da noite para o dia, ficava perto do lugar onde meu pai pedira minha mãe em casamento um ano antes — o lago havia sido drenado e preenchido, as bétulas tinham sido cortadas e levadas embora. Hoje esses edifícios de apartamentos idênticos são conhecidos como Brejnevki, em referência ao secretário-geral ursino sob cujas ordens foram construídos.

Nosso bairro se chamava Tyopli Stan, que significa "região quente", um apelido esquisito para um alto de morro onde na maior parte do ano um vento gelado soprava tão forte que arrancava os chapéus da cabeça dos pedestres. Nos verões, meus pais me mandavam para a dacha de Tamara ou para ficar com Semyon e Raisa em Vilnius, e eu me lembro do nosso bairro em Moscou como sempre muito frio e coberto de neve. Na primavera, as ruas ficavam cobertas por uma camada de lama que chegava à altura do tornozelo. As primeiras lojas só seriam abertas dali a dois anos; previsivelmente, uma delas vendia bebidas alcoólicas. Nesse meio-tempo, dentro de um trailer encalhado em nossa calçada, uma mulher com rede no cabelo vendia cevada, batatas, leite e discos de carne semicozida conhecidos como "tortinhas de seis copeques".

A fiação para telefones privados demorou mais ainda a chegar, e ocupantes do nosso edifício e do prédio ao lado se enfileiravam na frente de um par de cabines telefônicas na calçada. Longas filas para usá-las se formavam mesmo em temperaturas congelantes. Em nosso apartamento, o aquecimento ligava e desligava de forma intermitente. Minha mãe lavava na mão minhas fraldas de pano, pendurava-as acima do fogão e acendia todos os quatro queimadores para secá-las. Numa manhã, enquanto jogava xadrez com Semyon, meu pai começou a vomitar, e ficou gemendo no chão ladrilhado do banheiro até que paramédicos o levaram numa maca. No hospital, ele foi informado de que ficara enjoado por causa de um vazamento de gás.

O vizinho de quem me lembro melhor ficava esticado numa cadeira dobrável na plataforma do andar de cima. Tinha um torso convexo e um rosto que parecia um repolho rosado. Usava calça de moletom e uma regata que continha os tufos de pelos escuros do seu peito. Todos no edifício o chamavam *Puzir*, Bolha. Desde a primeira infância, eu sabia que o Bolha era nosso funcionário residente dos *órgãos*, o termo usado para se referir aos variados tentáculos da KGB. Portanto, fazia sentido que o Bolha passasse seus dias e noites observando as idas e vindas de todos no edifício. O elevador vivia invariavelmente quebrado, e não tínhamos escolha senão subir penosamente as escadas, passando pela plataforma do Bolha. No 7 de novembro, Dia da Revolução, quando todos se reuniam na frente da televisão para assistir ao show de variedades do feriado no canal 1, o Bolha gostava de nos lembrar de sua presença usando uma chave de acesso para entrar no porão e cortar a eletricidade do prédio inteiro.

Numa manhã, depois de ver meu pai carregar escada acima alguns móveis para crianças, Bolha telefonou para seus superiores. Devia ter presumido que onde havia mobília para crianças pequenas devia haver também uma pilha de poesia *samizdat* ou revistas pornográficas, ou talvez até um rádio de ondas curtas alemão usado para sintonizar a propaganda burguesa da *Voice of America*. Meu pai foi chamado à Lubianka e questionado por um investigador de aspecto entediado. Depois da denúncia, meu pai guardou ressentimento contra o Bolha, suspeitando dele sempre que a água quente parava de correr ou o gás era interrompido.

Na verdade, o Bolha tinha um bom motivo para suspeitar do meu pai. Como milhares de moscovitas, meu pai era um *fartsovshchik* — um comerciante do mercado negro que fazia escambo e vendia mercadorias difíceis de encontrar ou proibidas —, alguém que contribuía para a insidiosa infestação individualista que apodrecia a sociedade de dentro, como insistiam em dizer os jornais da tarde. O escambo, assim como a compra e venda sem licença, era uma obsessão em um país onde encontrar um tubo de gel anticoncepcional ou uma camisa de náilon do tamanho certo muitas vezes virava uma provação de meses. O valor de um item era medido por sua escassez e pela criatividade necessária para obtê--lo. Numa tarde, quando eu tinha seis anos, minha mãe deparou com um antigo colega de classe que gerenciava uma loja chamada Presentes do Mar, perto do Parque da Cultura. Ali mesmo, na calçada, ela pegou um saco de plástico de patas de caranguejo do Alasca congeladas, que ele estava levando para casa, e lhe deu um broche de âmbar, como presente para sua esposa. Eu nunca tinha visto a pata ou qualquer outra parte de um caranguejo, e não dava muito valor a joias de mulher, então, quando ela abriu o saco para me mostrar os apêndices espinhentos do crustáceo, eu disse a minha mãe que ela tinha feito um negócio sagaz e muito original.

A vida de meu pai decolou de fato depois que ele encontrou seu primeiro emprego, no Instituto de História e Teoria do Cinema, perto da rua Górki. Era o tipo de sinecura normalmente concedido aos filhos de artistas e diretores de cinema oficialmente sancionados. Meu pai tinha ficado obcecado por filmes desde que assistira a *Quero casar-me contigo* quando menino em Vinnitsa; o emprego lhe permitia vasculhar os arquivos do instituto em busca de cópias de filmes de Ford e Bresson que não existiam em nenhum outro lugar no país.

No instituto, meu pai finalmente teve uma chance de escrever para ser publicado, algo que ele sempre quisera fazer. Era um leitor ávido e entusiasmado e contava histórias com cor e ritmo excepcionais. Mas, depois de trabalhar em alguns artigos, ele descobriu que não tinha estômago para a espécie de crítica publicada em periódicos oficiais, artigos que analisavam minuciosamente filmes em busca de temas marxistas e imagens de uma classe operária enobrecida. Essa, de qualquer forma, é a razão que ele me deu para desistir de escrever. Mas meu pai disse a minha mãe que achava que não era tão bom quanto os autores que admirava e que não podia suportar a ideia de ser medíocre.

Ele preferiu se oferecer para trabalhar na modesta biblioteca de uma sala do instituto (essa, de novo, era a versão dele dos acontecimentos; anos depois, em Nova York, um ex-colega de trabalho dele contou a minha mãe que ele havia sido rebaixado para a biblioteca por não publicar). Era um emprego inferior, mas que o punha em contato com livros raros e, mais importante, com visitantes estrangeiros e diplomatas que tinham a invejável capacidade de viajar ao exterior e passar pela alfândega sendo pouco examinados por inspetores. Por um preço, alguns estavam dispostos a trazer discos de rock e jazz de viagens para assumir postos na Alemanha, na França e nos Estados Unidos. Em menos de um ano, meu pai passou de um *fartsovshchik* de bairro a um renomado negociante de contrabando musical; discos rendiam mais dinheiro que livros, e logo se tornaram sua principal mercadoria. Ele dizia a si mesmo que fazia aquilo por causa de seu amor pelo rock e pelo jazz, mas no trajeto descobriu um talento para ganhar dinheiro.

Os negócios se davam em nosso apartamento. A campainha tocava, e do outro lado estava um homem — era sempre um homem — com uma bolsa pendurada no ombro e um olhar nervoso, em expectativa. A parte favorita do meu pai era embrulhar o disco que um cliente queria com dois outros que ele não queria. Geralmente, havia um telefonema de algum barbudo fanático por jazz interessado em, digamos, uma cópia nova de *John Coltrane Live at the Village Vanguard*, que ele ouvira dizer que meu pai tinha para vender. Quando o homem pasmado chegava ao nosso apartamento, meu pai o informava que o disco de Coltrane só estava disponível como parte de um conjunto — junto com *Greatest Hits* do Bread e uma compilação de compactos de Anne Murray, todos com preço estratosférico.

Seu cliente mais constante era um colega *fartsovshchik* chamado Gosha, um homem com nariz pontudo e aspecto de carriça, que usava um casaco sujo. Ele tinha uma fraqueza infantil por qualquer coisa americana e exibia um vocabulário de hipster moscovita: falava *shoozi* para *sapatos*, *Frenk* para Sinatra. Para Gosha, negligenciar um molar com abcesso ou perder uma namorada de sete meses era um preço justo a pagar por uma cópia levemente arranhada de *They Only Come Out at Night*, de Edgar Winter, ou por uma válvula eletrônica para um antigo receiver McIntosh que ele conseguira comprar na lábia por uma soma enorme do genro de um adido cultural na Dinamarca. Uma vez, tarde da noite, Gosha chegou sem se anunciar à nossa porta, com os olhos brilhando, vitoriosos, segurando com todo o cuidado um par de mocassins de couro de cabra não exatamente novos. Tinha pagado por eles uma soma equivalente ao salário mensal de um cirurgião, embora os *shoozi* fossem três números maiores que o que usava. Antes que um espasmo de risada fizesse meu pai cair no chão, Gosha, soando arrogante e magoado, gritou: "Você não consegue ver que são da Brooks Brothers?".

Enquanto isso, mais de um ano depois de concluir uma tese sobre os efeitos do estresse emocional em equipes de cosmonautas, minha mãe ainda não tinha encontrado um emprego, embora a lei determinasse que ela fosse empregada. Stálin havia declarado a psicologia uma pseudociência; a Universidade Estatal de Moscou abrira seu Departamento de Psicologia apenas alguns anos antes de minha mãe se matricular lá, e o punhado de empregos nesse novo campo existia principalmente em órgãos clandestinos do governo. Na universidade, um homem de terno cinza tinha abordado minha mãe com a oferta de um emprego de psicóloga que pagava o astronômico salário mensal de trezentos rublos. "A única exigência", ele disse a ela de forma seca, "é que você não tenha sangue francês até a quinta geração de antepassados." Ele estava falando com a pessoa errada, respondeu minha mãe:

"francês" era um conhecido eufemismo para judeu. Meu pai se perguntava em voz alta por que ela simplesmente não pegava um emprego de balconista.

Ela ficou tão desencorajada em uma entrevista de emprego que começou a soluçar. "Meu filho está em casa com infecção alimentar e você não vai me contratar, então não vamos desperdiçar nosso tempo", minha mãe disse ao homem do outro lado da mesa, e começou a vestir o casaco. Ou ele ficou com pena dela ou sua franqueza o impressionou, porque na semana seguinte minha mãe se apresentou para trabalhar no Instituto de Psicologia na rua Mokhovaya, no departamento de saúde mental de adolescentes. Seu supervisor era um psicólogo do Tajiquistão que se casara com a filha de um membro do Comitê Central; ele fazia suas rondas com um cigarro aceso e um cálice de brandy. Em Dushanbe, havia dirigido uma escola para adolescentes com problemas disciplinares, e fora transferido para Moscou depois que um subordinado se queixara de que ele pressionava várias de suas alunas menores de idade a lhe prestar favores sexuais. No primeiro dia de trabalho da minha mãe, ele a instruiu a redigir uma cola para o exame de ingresso na universidade que sua filha faria.

Ainda com apenas 23 anos, a antiga beldade do Departamento de Psicologia raramente via os amigos ou deixava o apartamento nos fins de semana. Morávamos o mais longe possível do centro de Moscou ainda dentro dos limites da cidade, o metrô Kaluzhsko-Rizhskaya ainda não chegara a nosso bairro e os amigos não ligavam porque não tínhamos telefone. Quando minha mãe voltava do trabalho, muitas vezes me levava para fazer compras. Ela me carregava nos braços a princípio, depois passou a me puxar em um trenó; eu pulava na neve compactada, sentado nas ripas de madeira verdes e amarelas do trenó enquanto um saco de batatas, uma garrafa de água mineral sulfurosa e alguns cortes de vitela congelados eram jogados de um lado para o outro entre meus joelhos.

No mais das vezes, comprar significava localizar uma fila intrigantemente comprida e pegar um lugar no fim dela. Sabíamos para que era a fila algum tempo depois. A pergunta ouvida com mais frequência no fim da fila era: "O que eles estão entregando?". Precisávamos do que quer que fosse: banquinhos de cozinha com tampo de mármore falso, chapéus romenos femininos, uvas de Bacu, chaveiros, escovas de cabelo, chocolates da fábrica de confeitos Outubro Vermelho, estojos de pó compacto que as mulheres chamavam jocosamente de "Cinzas de Lênin", malas de tecido imitando couro, sutiãs. A maioria das pessoas comprava várias peças para dar ou revender a familiares e vizinhos.

Meu pai anunciava sua volta do trabalho empurrando a porta com estardalhaço e gritando: "Onde está a comida? Estou morrendo de fome!". Em algumas noites, fazia isso de modo sedutor, sorrindo; na maioria das vezes, estava simplesmente cansado e irritadiço depois de uma hora no metrô lotado e no ônibus. Minha mãe não gostava muito de cozinhar, mas, como a maioria das esposas soviéticas, cozinhava todas as noites, lavando a louça depois, enquanto meu pai discutia discos e livros com clientes ou colegas negociantes no estúdio. Às vezes, eu espiava pela fresta da porta e vislumbrava itens despejados de malas e sacolas de plástico, ouvindo palavras estrangeiras que entendia serem ilícitas e, portanto, desejáveis: Sansui, Rossellini, Wrangler.

Meu pai transformou nosso apartamento em um santuário ao Ocidente, enchendo-o de pilhas de poesia *samizdat*, gavetas de jeans dobrados habilmente e cartazes de Louis Armstrong e Ella Fitzgerald. Fazia muito tempo que minha mãe entendera o motivo do amor dele por tudo que fosse estrangeiro e sua aversão à cultura soviética oficial. Ele dissera a ela que tinha vergonha de Vassíli, vergonha de carregar os genes de um oficial da KGB e assassino legalmente sancionado, e às vezes parecia querer desaparecer corporalmente em seus Estados Unidos de faz de conta, um reino imaginário feito de discos, livros, filmes e um oceano jeans.

Ele raramente fazia confidências a minha mãe sobre sua infância, e não acreditava que houvesse muito a ganhar se externasse seus medos e dúvidas, que o visitavam em pesadelos frequentes. Naquelas noites, meu pai murmurava no sono e acordava ao lado da minha mãe, gritando. Era sempre o mesmo sonho: ele ouvia o clangor de grandes máquinas, que soavam como prensas antigas. No sonho, era criança e tinha medo, mas ele nunca contava a minha mãe exatamente de quê. Depois de algum tempo, ela não conseguia afastar a convicção de que havia alguma coisa tão retorcida dentro dele que acabou quebrando.

Em outras noites, meu pai não voltava para casa. Quando eu tinha três anos, ele desapareceu por quase quatro dias. Na primeira noite, depois que minha mãe chegou do trabalho, despejou um punhado de moedas no telefone público da calçada e ligou para cada um dos amigos dele e para Tamara; finalmente marchou comigo para a delegacia de polícia para registrar o desaparecimento. Meu pai sorria timidamente quando finalmente chegou; disse a minha mãe que havia encontrado um amigo e eles tinham ido de carro à casa dele no lago, para pescar. Como ele podia telefonar, se não havia telefone no apartamento? Minha mãe pareceu cheia de alegria de vê-lo e ignorou sua suspeita de que ele estava mentindo.

Ele começou a desaparecer com maior frequência. Suas explicações costumeiras envolviam encontrar por acaso amigos que tinham voltado do exterior com discos raros e ouvir os *diski* na maior parte da noite, então ter de dormir na casa do amigo porque o metrô havia parado de circular à meia-noite. Minha mãe raramente o pressionava. Depois do trabalho, ela preparava o jantar, lavava a louça, limpava o chão e ficava em filas, mas também lia para mim, estancava minhas hemorragias nasais e cuidava de meus resfriados constantes. Eu tinha me afeiçoado a um macacão volumoso com isolamento de algodão, e, quando tropeçava e caía em uma poça ou em um buraco cheio de lama das calçadas de nosso bairro, a caminhada até em casa usando a roupa encharcada normalmente terminava em febre ou resfriado. Minha mãe levava quase três dias para secar o macacão sobre o fogão.

Eu não escondia o prazer que tinha em estar doente. Era uma oportunidade de não ir à escola e ficar em casa, desfrutando as atenções da minha mãe. Nessas manhãs, eu subia na cama e minha mãe passava álcool nas minhas costas. Ela acendia um chumaço de algodão amarrado a um lápis, segurava a chama dentro de um copinho de vidro e apertava o copo em minhas costas. Repetia isso doze vezes. Então puxava o lençol para me cobrir enquanto eu ficava deitado com os copos presos nas costas, parecendo um lagarto tranquilizado. Eu gostava do misticismo bobo da rotina, e mais que tudo gostava de ser tocado. Minha recompensa por aguentar a proximidade da chama na pele eram dois ovos crus que minha mãe quebrava em uma tigela, misturava com cacau em pó e açúcar, e batia com uma colher — uma guloseima chamada *gogol-mogol*. Ficar doente me tornava por pouco tempo o centro das atenções em nosso apartamento — às vezes até compelia meu pai a sentar na beira de minha cama e ler para mim —, e eu registrava um chiado em meu peito ou amídalas inchadas com uma pontada de prazer ansioso.

Herdei a propensão a adoecer com frequência da minha mãe. Ela não era dada a pesadelos, mas reagia a adversidade e estresse — e especialmente aos desaparecimentos do meu pai — com gastrite, pancreatite, bronquite, bursite, mastite, abcessos na pele, dor nas costas e enxaquecas. Quando eu tinha quatro anos, ela pegou pneumonia. Meu pai estava no trabalho, e Tânia, uma amiga que morava na nossa rua, veio dar uma olhada nela. Depois de pôr uma chaleira no fogão, ela disse a minha mãe que na noite anterior meu pai tinha estado no apartamento que ela dividia com o namorado e levado consigo uma morena magra chamada Svetlana. Depois de algumas doses de vodca, meu pai anunciou que ia se casar com Svetlana. Tânia disse a meu pai que ele estava se comportando vergonhosamente — por que não ficava em casa com a mulher doente e o filho? A história de Tânia confirmou o que minha mãe tinha começado a suspeitar.

Eu me lembro das discussões dos meus pais com uma clareza inquietante. O que eu achava peculiar, mesmo quando criança, era a indisposição da minha mãe a se zangar com as infidelidades do meu pai. Quando novas infidelidades surgiam, ela ficava cada vez mais introspectiva e distante, como se acreditasse ser a culpada pelos desaparecimentos dele. Depois de algum tempo, minha mãe passou a vestir sua depressão como um sobretudo.

Não faz muito tempo, ela me contou uma história que eu não conhecia, sobre seu trabalho de parto difícil. Quando me deu à luz, ela teve laceração e sangrou muito; um jovem obstetra a costurou na sala de parto. A rasgadura demorou meses para sarar, e mesmo depois disso o sexo permaneceu doloroso. Depois que eu nasci, havia noites em que meu pai se comportava como se tivesse sido rejeitado, saindo furioso do apartamento e batendo a porta com tanta força que ela sacudia nas dobradiças. Minha mãe, que perdeu a virgindade dois meses antes de engravidar de mim, se culpava.

Eu me perguntei muitas vezes o que fazia meu pai sumir com as Irinas e Svetlanas que ele conhecia em estações de trem e em refeitórios de resorts de esqui. Eu supunha que aquilo lhe permitia esquecer, por várias horas ou dias, o homem de quem ele descendia e o país onde vivia – e esquecer também a infelicidade que o esperava em casa. "Nunca mais foi o mesmo depois que você nasceu", ele me disse uma vez, sobre o casamento com minha mãe. Durante o primeiro ano deles juntos, ele pensou que tinha encontrado em minha mãe uma companheira de viagem – alguém com quem podia ficar acordado ouvindo discos de Otis Redding e discutindo sobre *Um homem e uma mulher*, alguém que traduziria passagens de revistas americanas e notas explicativas do verso de capas de LP, alguém como ele. Mas, depois que nasci, ao cair da noite, minha mãe estava sempre excessivamente debilitada pelo trabalho e pelas horas de metrô, assim como pelas tarefas de casa e pelas funções que meu pai não assumia – cozinhar, limpar, ler para mim e tentar me convencer a ir para a cama. Além disso, ser pai se mostrou menos estimulante do que ele esperava. "Você se tornou interessante", meu pai me contou uma noite, quando eu tinha dezoito anos e o visitei em Moscou. "Agora podemos falar sobre poesia e jazz. Você não era muito divertido quando tinha cinco anos."

Quando eu tinha cinco anos, pensava em meu pai como um antagonista de um romance que aparecia poucas vezes, mas tinha um papel dramático fundamental. Quando ele estava ausente, eu pressionava o rosto na manga de um blazer dele de que eu gostava, com padrão em zigue-zague, e inalava o aroma de seus cigarros turcos sem filtro. Às vezes eu entrava com cuidado em seu estúdio e passava os dedos no mata-borrão e no cinzeiro, ou me deitava no cobertor xadrez vermelho de sua cama e enterrava o rosto em seu travesseiro.

Eu já estava no jardim de infância havia quase dois anos quando meu pai foi me buscar pela primeira vez. Como a maioria das crianças, eu não gostava da escola, com suas fileiras de minúsculas camas de madeira e um porquinho-da-índia engaiolado que vivia debaixo de um retrato de Lênin do tamanho de um cartaz, o qual nós éramos instruídos a nunca desenhar, para que nossa técnica infantil não distorcesse seus traços imortais. O prédio com cara de bunker do jardim de infância ficava em uma depressão do terreno – a fundação tinha sido cavada muito fundo –, e, quando éramos liberados para brincar do lado de fora, ficávamos imundos de lama. Quando meu pai me pegou pela mão e seguiu para a porta, nossa *vospitatelnitsa* – nossa educadora – agarrou minha outra mão e me soltou dele. Ela não ia permitir que um estranho saísse comigo, e minha mãe teve de ir atestar a identidade de meu pai.

Tenho uma lembrança mais viva de meu pai afundado no sofá – até nosso sofá era jeans – ouvindo em fones de ouvido que pareciam metades de toranjas apertadas em suas orelhas. O fio encaracolado serpenteava pelo chão até o orgulho dele, um receiver Telefunken, com dúzias de botões e chaves, a tampa do mostrador cintilando em sua promessa estrangeira. Um abajur de pé banhava o rosto dele de luz avermelhada. Se eu entrasse na sala enquanto ele estava ali ouvindo, andava com todo o cuidado, tentando pisar silenciosamente no linóleo e me certificar de que minhas sandálias plásticas não rangessem, porque meu pai ouvia com os olhos fechados e, quando sentia minha presença na sala, seus olhos se abriam de repente e se voltavam para mim, turvados pela música, com uma expressão de leve simpatia e leve decepção. Eu congelava, constrangido de tê-lo perturbado, de ser alguém que ele considerava infantil e desinteressante, conhecendo como eu conhecia a aparência de animação e prazer furtivo que lhe iluminava o rosto sempre que meu pai estava em seu estúdio com amigos, colegas que conheciam a fundo a Paul Butterfield Blues Band, Wranglers e Antonioni.

E assim eu tentava mergulhar nas coisas do meu pai, especialmente aquela da qual ele mais se orgulhava, o sistema de som. Um dia, quando eu tinha cinco anos e ele não estava em casa, levantei a tampa de acrílico do toca-discos e, imitando meu pai, abaixei o braço da vitrola até a base plástica giratória. Minha tia Lyusia, meia-irmã de Tamara, veio até mim. Garanti que sabia como o prato funcionava, mas ela me observava ansiosa, sem se convencer, dizendo o tempo todo que eu tomasse cuidado. Lyusia tinha sido viciada em metanfetamina e passara cinco anos numa prisão em algum lugar nos trechos setentrionais do Volga (tinha até uma tatuagem de alfinete de segurança no ombro para provar), mas os atos de uma criança de cinco anos a deixavam petrificada. Na verdade, eu tinha me esquecido de pôr um disco no prato. Quando corri para uma das caixas acústicas letãs do meu pai, cada uma do tamanho de um porta-pão com um veleiro de plástico prateado na tela, só ouvi um estouro alto. A base tinha quebrado a agulha; meu pai ficou inconsolável. Durante semanas, ligou para conhecidos *fartsovshchik* em nosso novo telefone preto brilhante, procurando uma reposição e dizendo a eles em uma voz resignada, mas calorosamente alta, que seu filho de cinco anos tinha "ferrado com o som".

Senti a perda da aprovação do meu pai e tentei me reabilitar a seus olhos. Decidi que, como ele, me tornaria atlético, e um dia meu pai me puxou em um par de esquis de criança até uma ravina que dividia o trecho sem árvores na frente do nosso prédio. Era uma manhã de domingo muito fria e luminosa. Vizinhos e seus filhos desciam inclinados em trenós e esquis. Todo inverno, meu pai pegava um voo para o Cáucaso, para esquiar em declives íngremes e perigosos (e, percebi depois, para encontrar mulheres), e mantinha um par de belos esquis finlandeses atrás do mancebo no corredor. Com as mãos na cintura, ele me observou descer minha primeira colina. Apontei os esquis um para o outro por medo de acelerar rápido demais e deslizei até a base hesitante, como se em câmera lenta. Meu pai desceu atrás de mim. Depois de mais uma escorregada medrosa, ele veio e me disse que tinha de encontrar um amigo e voltaria em quinze minutos, vinte no máximo. "Divirta-se", gritou, se afastando, "você está fantástico."

Tentei subir a colina do jeito que ele tinha me mostrado, pondo os esquis perpendiculares ao declive enquanto empurrava os bastões, mas era íngreme demais, e depois de vinte minutos de recaídas desisti. Da base da ravina, vi o sol se pôr, tingindo o céu de um vermelho dramático, castanho, violeta. Então escureceu. As outras crianças tinham entrado. Pais e mães perguntavam onde estavam os meus, e eu respondia que meu pai tinha ido encontrar um amigo e voltaria logo. No fim fiquei sozinho. Preso em esquis sobrepostos, com os braços saindo diagonalmente do volumoso macacão de algodão e um gorro de lã na cabeça, eu agarrava firmemente os bastões dos dois lados. Não tinha certeza de quantas horas haviam se passado quando minha mãe apareceu no alto da elevação e me rebocou morro acima, lívida e com raiva. Ela entrou em casa xingando meu pai; eles discutiram até depois da meia-noite. Eu fiquei no escritório, ouvindo os sons que vinham de trás da porta fechada: gritos, o tinido de uma panela ocasionalmente virada e, uma ou duas vezes, um ofego – parecia uma inspiração abrupta –, que significava que ele a empurrara.

Depois disso, comecei a pensar em meu pai com um ódio ardente, irremediável. Dentro de mim, esse ódio vivia em uma disputa contínua com um desejo de proximidade física, de qualquer pretexto para estar perto dele. O tempo todo, eu percebia que estava arruinando aquilo, que o projeto não podia dar certo. Meu pai nunca bateu em mim; em sua cabeça, isso o tornaria excessivamente parecido com o próprio pai. Ao contrário: ele raramente me tocava. O que mais lembro é seu aborrecimento brando mas persistente: porque eu passava muita manteiga no pão, porque não conseguia cabecear uma bola de futebol, porque só tinha aprendido a ler aos cinco anos (ele o fizera aos quatro), porque meu amor por seu disco do Creedence Clearwater Revival não se baseava nos méritos técnicos da música.

Eu tinha a sensação de estar vadeando a água na periferia da consciência dele, incapaz de nadar mais próximo. Acho que teria preferido que ele gritasse. Que meus pais fossem muito jovens, que o casamento e a experiência de adultos lhes parecessem estranhos e quase inadministráveis eram coisas que eu ainda não entendia. Para mim, eles pareciam os deuses menores do livro ilustrado e altamente expurgado dos mitos gregos e romanos que meu pai me dera, chocando-se acima de mim por caprichos incognoscíveis. Aos três ou talvez quatro anos, infligi a eles minha vingança enfiando o indicador no vaso sanitário e espalhando cocô no papel de parede amarelo-canário do banheiro. Variei a direção e a espessura das pinceladas, como um Kandinsky coprofílico. Uma noite minha mãe me descobriu na cozinha, brincando no escuro. Quando acendeu a luz, me viu serrando a cabeça de um boneco com uma faca de pão.

A trégua na infelicidade dos meus pais era o apartamento cooperativo de dois quartos da minha avó, uma vitrine da hegemonia sempre maior de Tamara na Casa da Moda. Eu adorava tudo nele. O par de candelabros de cristal acesos na sala de estar; o assento do vaso sanitário, feito de plástico vinho muito confortável, que chiava quando eu me sentava nele, esvaziando. Tamara tinha gosto para o esplendor do barroco tardio: uma mesa de jantar com pernas em forma de patas de animais, papel de parede e cortinas de tecido florido, paisagens a óleo em elaboradas molduras douradas e meu favorito: um conjunto de xícaras e pires de porcelana impossivelmente finos que uma âncora de TV dera a ela. Quando se segurava uma xícara contra a luz, seu fundo brilhava com a imagem da rainha Elizabeth II.

O marido de Tamara, Mikhail Mikhailovich, gerenciava um hortifrúti perto dos limites da cidade. Como um administrador soviético típico, ele raramente saía do trabalho sem encher o porta-malas de seu clone de Fiat com artigos frescos que tinha rejeitado como estragados. Na geladeira, sua pilhagem se misturava com presentes de clientes de Tamara. Eu gostava de ficar olhando para latas de carne de caranguejo com caracteres em vietnamita, linguiça curada húngara, peixe branco defumado, cachos de uvas. Tamara convivia com um círculo de mulheres de meia-idade imponentes com olhos impecavelmente maquiados, e as recebia aos sábados. Antes que elas chegassem, Tamara me levava para a cozinha e me punha num banquinho em frente a um copo de papel cheio até a borda de caviar beluga. Ela me dava uma colher de sopa. "Não quero ver você até que termine isso", dizia, e me deixava na cozinha, atarefado.

Uma noite na casa de Tamara girava em torno de sua televisão em cores, a única que eu tinha visto. Ela se acomodava no sofá em um robe de crepe da china e folheava uma *Vogue* italiana enquanto Mikhail Mikhailovich bebia uma garrafa atrás da outra de cerveja e mordiscava fatias de *vobla*, um peixe seco salgado. Quando Tamara não estava olhando, ele me passava pedacinhos de peixe e um golinho de cerveja. Eu dava pulos no sofá sempre que meu filme favorito, *Tratoristas*, passava no canal 4. Um musical da época de Stálin ambientado em uma fazenda coletiva, retrata um casal alegre que denuncia um preguiçoso no alojamento deles enquanto celebra numa canção o equipamento de fazenda que dá origem ao título do filme. Nas manhãs de domingo, eu acordava cedo para assistir a *Despertador*, um programa infantil de variedades, seguido por duas horas ininterruptas de filmagens das Forças Armadas num programa chamado *Eu sirvo a União Soviética*. Além de me arrebatar com cenas de homens musculosos de cabeça raspada atravessando pistas de obstáculos e abastecendo veículos blindados, o programa alimentava minha fascinação febril com trivialidades militares em segmentos que expunham diagramas de hierarquias de insígnias de ombro e medalhas, ou contavam a história da família de fuzis de assalto Kalashnikov.

Minha companhia durante episódios de *Eu sirvo a União Soviética* era uma massa folhada recheada de creme inglês do tamanho de uma bola de tênis coberta com calda de manteiga e açúcar mascavo e nozes trituradas chamada Pequena Noz; Tamara comprava uma caixa em um quiosque perto da estação de metrô Belyaevo. A Pequena Noz precipitava uma guerra de gritos entre meu pai e Tamara. Ele insistia que doces me transformariam em um "pensionista gordo". Tamara respondia que, como ele e minha mãe não conseguiam tempo para me alimentar direito, ela tinha de fazê-lo. Ouvindo a discussão do banco da cozinha, minha bisavó Maria Nikolaevna piscava para mim, rindo por cima da chaleira e do açucareiro.

Voltar da casa de Tamara significava tomar o metrô até um ônibus, depois andar cerca de um quilômetro até em casa. No ônibus, senhoras idosas me elogiavam e às vezes beliscavam minhas bochechas. Quando eu era bem pequeno, algumas delas tinham dito a minha mãe com aprovação que eu parecia Lênin bebê, provavelmente devido à minha expressão severa e à grande cabeça com cabelo loiro ondulado. Aos cinco anos, eu tinha uma juba que chegava aos ombros e uma variedade de cardigãs brancos da Finlândia, que Semyon e Raisa haviam mandado pelo correio, e certa vez uma mulher em um parque comentou com minha mãe que eu parecia uma criança que devia estar montada em um pônei. Em uma noite de inverno no ônibus, uma passageira de aparência fatigada ficou tão encantada comigo que enfiou a mão no casaco e me deu uma pera madura. Houve um ofegar audível. Nunca havia frutas frescas no inverno. Embora saiba que minhas recordações devem ser falhas, eu me lembro desse acontecimento como uma espécie de Natal secular. No ônibus escuro, cercado por passageiros em suas botas de feltro e parcas úmidas, a fruta amarela acendeu um círculo de rostos surpresos, emitindo raios de luz dourada como um halo em uma tela de Botticelli.

Uma das primeiras lojas a aparecer em Tyopli Stan foi um bunker de concreto que vendia vodca e vinho tinto argelino. O vinho deixava uma película preta no copo; uma lenda urbana afirmava que era transportado da África no compartimento de carga de um petroleiro. Em seguida, chegou um supermercado. Dia e noite, no trecho de concreto já rachado na frente dele, era possível ver homens em grupos de três apertados em volta de uma lata de lixo na qual haviam acendido um fogo, compartilhando meio litro de vodca. Dentro do supermercado, os corredores estavam quase vazios. Para aliviar a desolação, um único produto enlatado — digamos, peixe em molho de tomate — vinha com um rótulo em várias cores brilhantes, e nos corredores as estoquistas construíam pirâmides rosa, azuis e turquesa de peixe enlatado, conspirando para criar uma ilusão de escolha.

Meu amigo Vova, filho de um tenente do Exército que morava no sexto andar, era um garoto esquelético e gago, com cabelo cor de enxofre. Nos invernos, eu o puxava pela ravina em um trenó, depois cavávamos túneis na neve. Quando as frentes árticas recuavam, construíamos fogueiras e jogávamos nelas vidros de perfume para fazer a chama tremular verde. Uma vez, quando encontramos um punhado de cartuchos de pistola não detonados, também os jogamos no fogo, depois nos escondemos por horas em uma baixada, esperando deitados de bruços que as balas viessem assobiando sobre nossas cabeças.

A maioria dos nossos vizinhos eram recém-casados ou pais jovens, e ninguém tinha muitos brinquedos, então aos domingos Vova e eu escalávamos o galpão de teto plano que abrigava os fusíveis da grade de força e pulávamos sobre uma fileira de lixeiras. O lixo era nossa portinhola para a vida adulta, um depósito de informações que não podiam ser obtidas de outra maneira. Havia garrafas de detergente que transformávamos em pistolas de água, rolamentos, livros ilustrados com imagens de vagões de trem e pássaros subtropicais, meias-calças emaranhadas, camisinhas usadas enfiadas em sacos de papel dobrados, bolsas e carteiras esfarrapadas, botas em estilo de cavalaria grandes demais, que calçávamos e com as quais marchávamos, fingindo estar num episódio de *Eu sirvo a União Soviética*.

Quando as lixeiras não regurgitavam algo útil, ateávamos fogo em pilhas de grama seca, esfregando um pedaço de pederneira na borda de uma placa de carro para produzir fagulhas, ou então rasgávamos um pedaço da casca do abeto solitário atrás da loja de bebidas e, com uma lâmina de barbear do meu pai, o esculpíamos como uma vela de barco. Moldávamos uma quilha com um tubo de pasta de dente, fazíamos velas com páginas do jornal *Izvestia* e púnhamos o barco para flutuar na vala de drenagem ou em uma das poças colossais que cercavam nosso prédio. Quando o barco se afastava em uma corrente ligeira de gelo derretido que corria ao longo do meio-fio, endireitávamos as costas e prestávamos continência.

Cresci como filho único em um país de filhos únicos. Entre meus pais e avós, só Raisa podia declarar um irmão de mãe e pai. Um levantamento publicado quando completei três anos descobriu que 64% das mulheres soviéticas em idade reprodutiva tinham um filho, enquanto outras 17% não tinham nenhum. Quase todas as mulheres pesquisadas diziam que teriam preferido dois ou três filhos, mas que as demandas de um emprego em tempo integral, as tarefas de casa, maridos que não ajudavam e a escassez constante tornavam aquilo insustentável. Como a maioria das crianças em Moscou, eu queria um irmão — alguém para aliviar as horas passadas brincando sozinho, mas também outro corpo para desviar a raiva do meu pai e a infelicidade da minha mãe. Eu me lembro de implorar a meus pais para "fazerem um irmão ou uma irmã para mim", e da risada deles.

Eu tinha quase seis anos quando minha mãe, recuperando-se de uma gripe, não menstruou. O primeiro teste de gravidez deu negativo, o segundo foi inconclusivo. O médico que finalmente a examinou disse que ela estava grávida de mais de três meses — duas semanas além do limite legal para aborto. Ela lutava para sair da cama antes de trabalhar, combatendo a desesperança, os pensamentos culpados e a perspectiva de mais um filho, que a aterrorizava. Minha mãe acordava várias vezes por noite, perguntando-se o que fazer. Por fim, levou seu dilema a Tamara, a pessoa mais apta a resolver problemas insolúveis que ela conhecia, especialmente quando exigiam contornar a lei. Por acaso, a obstetra-chefe de uma clínica para empregados da KGB era cliente dela. Em troca de dinheiro e um favor, ela dispensaria a papelada e a internação no hospital e faria o aborto em casa. Nem minha mãe nem Tamara contaram a meu pai.

O aborto aconteceu no apartamento de Lyuba, uma loura engraçada e impetuosa de quem minha mãe era amiga desde o primeiro ano na universidade. A obstetra era uma mulher de seus cinquenta anos que parecia muito capacitada e usava o cabelo grisalho preso em um coque apertado; ela se apresentou e vestiu um jaleco branco rapidamente. Minha mãe se deitou de costas em um lençol que Lyuba jogou sobre uma mesa de centro. O procedimento devia ser rotineiro, mas, por causa da laceração mal costurada da primeira gravidez, a médica teve alguma dificuldade. Minha mãe só começou a se preocupar quando viu a cor desaparecer do rosto de Lyuba. Ela parecia alarmada. Sangue encharcara o lençol e corria pelas pernas da mesa até o chão. Era sangue demais. A médica trabalhava em silêncio, com a respiração acelerada. Duas horas e meia depois, com a paciente sedada e adormecida, a mulher acendeu um cigarro e confidenciou a Lyuba que minha mãe quase morrera de hemorragia.

Minha mãe me contou isso muitos anos depois de virmos para Nova York. Eu já sabia que na União Soviética os abortos eram muito mais comuns do que no Ocidente; minha mãe conhecia mulheres de 25 anos que já tinham feito seis ou sete. Diafragmas eram difíceis de encontrar e não eram confiáveis, e as camisinhas eram tão grossas que os homens se recusavam a usá-las. Para muitas mulheres, o aborto se tornou uma forma de controle de natalidade. Mesmo depois de ser informado desses fatos, e sabendo da dor e do medo da minha mãe, eu ainda me pego especulando, e por algum motivo me sentindo culpado, por que eu nasci e minha irmã ou meu irmão, não.

Depois de dois anos no Instituto de Psicologia, minha mãe juntou coragem para apresentar uma queixa oficial contra seu supervisor, que prontamente a demitiu. Ela conseguiu um novo emprego quase de imediato, para aplicar testes psicológicos no Kashchenko, um estabelecimento psiquiátrico com 3 mil leitos conhecido antes da revolução como Hospital Alexeevski e antes disso como Dacha de Kanatchikov, o nome de um comerciante de Moscou que o construiu como sanatório para sua filha perturbada. O hospital era um purgatório para os rebeldes, os indiscretos, os esquisitos e os simplesmente azarados. O acadêmico soviético Andrei Snezhnevsky escreveu que a esquizofrenia causava a maioria das formas de dissidência política e social, e os não conformistas eram apenas os mais notórios em uma população de pacientes que incluía nacionalistas bálticos, cristãos, drag queens, veganos e uma quantidade módica de pessoas de fato doentes. Entre os pacientes que chegaram à mesa da minha mãe, havia um açougueiro que intencionalmente trocava os rótulos de cortes de carne, um estudante de ensino médio que se deitou no chão da sala de aula e se recusou a se levantar, um estagiário da polícia que vagou pela floresta durante dias e um prisioneiro que, numa tentativa de ser transferido para uma ala para doentes mentais criminosos, pregou o escroto no chão.

Uma ala adjacente do hospital, decididamente luxuosa, abrigava membros da elite do partido perturbados psicologicamente. Nos intervalos para fumar, minha mãe via suas amantes e esposas subirem a escada verde para visitas íntimas, arrastando o casaco de pele nos degraus de cimento. O paciente favorito dela era um criminoso sexual estranhamente agradável chamado Antosha. Ela o medicou por causa de seu hábito de agarrar seios de mulheres em praias públicas, e às vezes, depois que guardava o mata-borrão e os questionários, eles conversavam um pouco sobre suas vidas. "Eu tenho 34 anos", Antosha lhe confidenciou certa vez, "e ninguém jamais retribuiu meu amor."

Minha mãe disse que naqueles anos desenvolveu o que manuais soviéticos de diagnóstico denominavam "anestesia dolorosa" — uma sensação de olhar para o mundo através de uma vidraça suja. Com o tempo, ela parou de perguntar a meu pai sobre seus desaparecimentos, e ele deixou de dar explicações. Às vezes, em tom de arrependimento, ele dizia a ela: "Essas mulheres não valem seu dedo mindinho". Contudo, depois de ter comprado um casaco de inverno para uma namorada, uma modelo de catálogo de roupas de Kiev, ele perguntou a minha mãe o que ela achava do casaco. "Você tem um gosto excelente", ele acrescentou. Minha mãe e eu passamos a véspera do Ano-Novo de 1976 em frente à nossa TV em preto e branco, ouvindo o anúncio e as badaladas dos sinos da meia-noite sobre uma transmissão de vídeo estática do Kremlin, enquanto meu pai levava sua namorada a uma casa de kebab chamada Bacu. Quando ele voltava para casa agora havia menos gritos, mas os silêncios tensos — carregados de recriminações não ditas — acabaram saturando cada centímetro cúbico do apartamento.

Enquanto antes eu desejava o desaparecimento do meu pai, agora o evitava, porque me dava conta de que o problema entre nós era eu. Afinal, *ele* tinha talento para aparentemente tudo: chegara perto de jogar futebol profissional, esquiava nas encostas mais perigosas do Cáucaso, pescava magistralmente, parecia deslumbrante nos blazers e casacos de suede feitos sob medida por Tamara, lia livros longos e difíceis em tradução e conseguia abrir uma garrafa de cerveja só com as mãos. Em um verão, quando trabalhou derrubando árvores perto do Círculo Ártico, ele atingiu com o machado um ninho de vespas e sobreviveu a sessenta ou setenta picadas. No jardim de infância, eu encontrava outros pais, visivelmente inferiores – homens com cabelo repuxado para esconder a calvície, com barriga de cerveja, usando ternos quadrados e camisas de poliéster op-art –, e sabia que qualquer garoto seria sortudo de ter meu pai. Era igualmente óbvio para mim que ele merecia um filho mais inteligente, mais limpo, com melhor aparência, mais atlético, masculino e confiante, e que, por mais que eu tentasse, não me transformaria nesse menino, de modo que nosso impasse persistia.

Quando eu tinha sete anos, minha mãe e eu havíamos nos tornado inseparáveis. À noite, cozinhávamos juntos ou valsávamos desajeitados no tapete da sala de estar, ao som de um disco riscado de *Die Fledermaus*. Depois do jantar, caminhávamos até o mercado de pulgas ao ar livre, onde vizinhos vendiam e trocavam seus pertences, depois subíamos o morro até a nova estação de reciclagem de vidro. Passávamos por uma loja chamada Jadran, com vitrines decoradas com jogos de jantar iugoslavos cintilantes e echarpes de mohair com preço muito além do alcance da maioria dos moscovitas. Nosso destino era o saguão do cinema local, que abrigava a máquina com garra, a qual eu atacava toda vez com um punhado de moedas. Nunca consegui ganhar o coelho de pelúcia, muito menos a miniatura de garrafa de brandy armênio que homens que saíam das sessões de cinema tentavam libertar de sua prisão de vidro. Na volta para casa, eu assediava minha mãe com promessas de devoção, como os juramentos a Lênin e ao partido que eu logo recitaria na escola. "Nós vamos nos casar", eu prometia. "Eu vou usar uma gravata e meu pai vai nos visitar, mas não muito." Eu estava seguro do nosso vínculo e nunca me perguntava se minha mãe queria um garoto de seis anos como confidente, embora às vezes, quando estava em seus humores mais sombrios, ela perguntasse qual dos meus pais eu amava mais.

A incapacidade, ou indisposição, dela de contar aos pais que seu casamento estava se desfazendo aprofundava sua infelicidade. Semyon e Raisa a haviam tido incomumente tarde, quando os dois estavam na casa dos trinta anos, e mesmo quando criança ela os via como de meia-idade e frágeis – órfãos esgotados pela guerra que não podiam suportar mais choques e decepções. Ela também tinha consciência de que as irmãs e primas da mãe e os amigos judeus delas raramente se divorciavam, e considerava o divórcio vergonhoso e um fracasso moral. Como outros filhos de sobreviventes do Holocausto, minha mãe se via como uma encarnação das aspirações dos pais. As tragédias que os dois aguentaram antes do nascimento dela a vinculavam a eles. Muitas vezes, minha mãe pensava na família que cada um deles perdera na guerra. Como poderia dizer a Semyon e Raisa – que brigaram e sofreram pela sobrevivência de sua família, que fizeram da própria sobrevivência um fetiche – que queria separar a família *dela*, e que tinha escolhido pôr fim à vida de seu filho não nascido?

Ironicamente, a única pessoa a quem ela confidenciava seu sofrimento e sua solidão era a sogra. Tamara tornou-se a amiga mais íntima e a fada madrinha da minha mãe. Ela a animava com presentes, como roupa íntima com babados, frascos de vidro lapidado de água-de-colônia e lições de feminismo caseiro aprendidas a duras penas. Tamara via amantes e maridos – e homens em geral – dialeticamente, como uma conveniência ou uma chatice: eles deviam receber afeto judicioso ou até amor, mas não estavam autorizados a ditar o comportamento dela ou se tornar proprietários de seu bem-estar. A baixa conta em que ela tinha os homens não poupava o filho, que Tamara repreendia regularmente por suas infidelidades. Assim, embora simpatizasse com o sofrimento da minha mãe, ela não conseguia levar muito a sério o comportamento de nenhum homem. Acreditava firmemente que era mais importante ter boa aparência do que se sentir bem e que o último decorria do primeiro. "Quando me sinto abatida", ela costumava dizer a minha mãe, "aplico uma camada de base e visto algo *deslumbrante*."

Tamara, que engordou em seus cinquenta anos, considerava a figura esguia e as maçãs do rosto pronunciadas da minha mãe a tela ideal. Desenhou o vestido de casamento dela – longo, de cetim opaco, com luvas brancas e compridas – e depois fez para ela um monte de minissaias para ter certeza de que sua nora se destacaria das colegas, com suas cópias baratas prêt-à-porter Pucci do Pacto de Varsóvia. Quando minha mãe estava se sentindo mais deprimida, Tamara sentava ao seu lado no sofá, pedia a ela que escolhesse uma blusa da última edição da *Cosmopolitan* e prometia lhe fazer uma cópia. Quando até isso falhava, Tamara a arrastava para as férias que tirava com Mikhail Mikhailovich, os três dividindo um quarto em um resort em Sóchi ou Ialta. Eu esperava pela volta deles com Maria Nikolaevna, que às vezes dizia que eu não podia ficar em casa com meu pai porque ele também estava viajando. Eu nunca perguntava para onde ele tinha ido.

Durante uma dessas férias familiares excêntricas, em um resort no mar Negro, um homem iniciou uma conversa com minha mãe em um café à beira-mar. Um arquiteto de olhos escuros que falava com leve sotaque georgiano, ele se sentou perto dela e a olhou descaradamente nos olhos, sem tentar ocultar seu interesse. No meio da conversa, minha mãe viu Tamara e Mikhail Mikhailovich caminhando pela calçada de tábuas na direção deles. Quando Tamara ergueu a vista e viu minha mãe e seu pretendente, agarrou Mikhail Mikhailovich pelo cotovelo, girou-o e começou a andar na direção oposta. Mais tarde, Tamara pôs um braço ao redor dos ombros da minha mãe e lhe lançou um olhar elogioso. "Querida", disse ela, "por que você não arranja um amante? Ninguém vai saber."

Quando eu tinha quatro anos, um jato Boeing com uma bela faixa azul esverdeada levou Gerald Ford à cidade portuária de Vladivostok, no extremo leste da Rússia. Ele foi até lá para encontrar o premiê soviético Leonid Brejnev e discutir os aspectos mais sensíveis de um tratado de controle de armas chamado SALT II. Antes da chegada de Ford, o chefe do partido na cidade transformou o centro de Vladivostok em um imaculado cenário de filme recém-pintado. Apparatchiks estocaram restaurantes locais com chefs e garçons levados de Moscou de avião. Homens em ônibus recolheram bêbados e sem-teto e os levaram para fora dos limites da cidade para "tratamento".

As conversas se deram em um sanatório em uma aldeia vizinha, Okeanskaya. O chefe do partido decidiu que a estrada do sanatório a Vladivostok – a rota pela qual passaria a carreata de Brejnev e Ford, num passeio turístico – refletiria o renascimento da cidade. Em questão de dias, a polícia desalojou famílias que viviam em cabanas e abrigos ao longo da estrada e queimou suas casas. Equipes de trabalhadores derrubaram várias centenas dos abetos mais retos e mais altos da região de Primorsky, levaram-nos de caminhão das florestas circundantes e os fixaram eretos ao longo da estrada em montes de neve recém-terraplanados. Era uma variação de uma tradição consagrada pelo tempo. Alguns historiadores afirmam que, quando o marechal de campo Potemkin guarneceu as desoladas margens do rio Dniepre com fachadas côncavas pintadas de forma elaborada durante a visita da imperatriz Catarina à Crimeia, em 1787, ele não o fez em benefício de Catarina, mas para impressionar os emissários estrangeiros que faziam parte de sua comitiva.

Na Rússia, as aparências sempre importaram mais que a realidade, e, a julgar pelas aparências, nós vivíamos em uma Arcádia Socialista que nossos avós se sacrificaram para construir. Era assim que eu via nosso país mesmo depois que o deixamos. Era uma convicção instilada quase desde o nascimento, por quadrinhos e livros para colorir, por cuidadores que nos ensinavam que "o secretário-geral é o melhor amigo das crianças", e, mais explicitamente, por nossos professores. Minha mãe e meu pai encaravam com ironia meu patriotismo, mas sabiam que não deviam contradizê-lo, para que eu não repetisse nas aulas seus comentários privados e piadas.

Até onde eu podia ver, a Grande Revolução de Outubro suprimira séculos de guerra e desigualdade entre as classes, a Grande Guerra Patriótica fora vencida e o Grande Terror fora repudiado por Khruschev e desativado por Brejnev. Restava algo Grande a ser feito? A economia soviética era a segunda maior do mundo, só atrás dos Estados Unidos. Em 1974, um trabalhador soviético médio ganhava tanto quanto um americano no início da década de 1920 e vivia em um espaço per capita de 25 metros quadrados, um terço do de seu correspondente americano. Mas nossos cuidadores e professores nos lembravam semanalmente de que nosso país ostentava avanços que os Estados Unidos não podiam exibir: assistência médica e educação gratuitas, igualdade de gênero, alfabetização quase total e máquinas de venda automática em todas as regiões do país que dispensavam uma mistura de água com gás e xarope de fruta a ser compartilhada. Os preços da carne eram estáveis, o consumo de álcool tinha quadruplicado desde a guerra e metade dos domicílios da nação tinha geladeira.

Em nenhum lugar essa opulência era mais evidente que na TV. A monótona programação de documentários sobre planejamento urbano na Bulgária, musicais da época de Stálin e dramas da Segunda Guerra Mundial se acumulava na transmissão da véspera do Ano-Novo, um ritual pós-prandial em quase todos os lares soviéticos, as luzes tingidas e os ouropéis nas árvores de Ano-Novo abrilhantando os notáveis na tela. Para os mais velhos, esses programas lembravam shows de prêmios. Os membros do partido, de terno e gravata pretos — décadas antes, gravatas-borboleta haviam sido rejeitadas por serem burguesas —, e suas esposas (algumas usando vestidos de Tamara!) ficavam sentados a mesas redondas, aplaudindo obedientemente estrelas nacionais da música e da atuação. Normalmente isso significava um filme sobre o cumprimento em toda a nação do Plano Quinquenal seguido de um baixo-barítono entoando com entusiasmo uma ária de Glinka e finalmente um pot-pourri na voz de Alla Pugacheva, a cantora de soft rock sancionada pelo Estado. Seus olhos com rímel em estilo tropical e suas imitações do Abba carregadas de sintetizador — sobre manhãs de primavera salpicadas de sol e amor jovem sincero — berravam de milhões de telas de televisão através de doze fusos horários.

Muitos moscovitas não gostavam sequer de falar em voz alta o nome de Brejnev, preferindo bater um dedo acima do olho, uma referência às grossas sobrancelhas do líder. As transmissões de feriados ofereciam uma chance de ver nosso chefe de Estado com uma aparência decididamente mais cordial do que sua apresentação usual sobre o mausoléu de Lênin, de onde, em feriados importantes, ele ficava acenando para uma procissão de mísseis balísticos intercontinentais puxados por tratores em marcha lenta. A cabeça de Leonid Brejnev parecia ter sido esculpida de uma tora de pinho nodoso. Ele era totalmente retangular de qualquer ângulo — sua mulher, Viktoria, era igualmente substanciosa — e se movia com o langor de um paquiderme momentos depois de ter sido atingido por um dardo tranquilizante. Foi o primeiro chefe de Estado a dispensar a austeridade bolchevique e adotar o esplendor de seus correspondentes nas Filipinas e em Uganda. Longe do Kremlin, ele viajava em um Maserati, um Lincoln vintage e um Rolls-Royce Silver Cloud. Em uma foto oficial da TASS, aparecia perto de uma de suas cinco dachas, comendo ao ar livre com um grupo de caça ao urso, ornado com o casaco de lã grossa e o chapéu com pena de um homem alpino que vive ao ar livre, com um par de revólveres pendendo dos quadris. Em congressos do partido e reuniões do Comitê Central televisionados, lia discursos com a animação de um boneco de ventríloquo, daí a conhecida piada sobre Brejnev:

> Batem na porta de Brejnev.
>
> Ele se ergue do sofá, caminha a passos lentos para o vestíbulo, põe os óculos, tira um cartão do bolso da camisa e lê de forma hesitante: "Quem... está... aí?"

A beleza florescia em toda a nossa volta em Moscou. Muito abaixo das ruas, paredes e colunatas das estações de metrô me encantavam com figuras de relevo em bronze de criadores de novilhos e soldadores. Eu pedi a Mikhail Mikhailovich que me levasse à Exposição das Realizações do Parque da Economia Nacional, para ver a escultura monumental *Operário e mulher kolkosiana*, de Vera Mukhina. Eu a conhecia como o centro rotativo do logotipo da Mosfilm que antecedia *Tratoristas* e outros filmes favoritos; achava que detectava algo inegavelmente erótico no modo como o operário fortíssimo e a robusta agricultora seguravam seu martelo e sua foice tão próximos. Em casa, eu folheava livros ilustrados de monumentos. Para mim, nenhum

se comparava a *A pátria chama*, em Volgogrado, antes conhecida como Stalingrado, o lugar de alguns dos combates mais mortais da Grande Guerra Patriótica. Com 85 metros, era uma das estátuas mais altas do mundo, a figura de uma mulher brandindo uma espada no ar e caminhando por um trecho de grama aparada com uma expressão de êxtase marcial.

Eu também fitava vidrado os interiores de padarias e lojas de móveis, salões simples decorados com retratos de grupo idênticos do Politburo — todos reconfortantemente homens, velhos e brancos —, como se estivéssemos em uma nação-ilha que houvesse lançado um único grupo de música pop na consciência do mundo. O Politburo era nosso Menudo. O único lugar nas paredes das lojas que não era coberto com material impresso era o poleiro de um volumoso tomo encadernado em plástico chamado "O livro de queixas e sugestões". Um toco de lápis preso a um cordão pendia abaixo dele. Se a intenção era atrair clientes a reclamar das filas intermináveis, ou sugerir que a loja estocasse mais de uma variedade de queijo processado, ninguém mordia a isca. Esses livros, com suas tranquilizadoras páginas em branco, tornavam-se assunto de centenas de piadas particulares.

Antes dos feriados nacionais, eu via Mikhail Mikhailovich enfiar tristemente uma garrafa de conhaque e alguns pacotes em uma maleta para presentear seu chefe, um diretor regional cujo nome nunca era dito em voz alta no apartamento. Mikhail Mikhailovich preferia comunicá-lo com um movimento sutil das sobrancelhas. Eu entendia que sem aquele homem não haveria nenhuma carga diária de produtos nem sequer um carro no qual transportá-la, que em nosso país os contornos da maioria das vidas eram determinados por um superior imediato.

Senti isso na pele depois de me matricular no primeiro ano. Tamara se certificou de que eu fosse não para qualquer escola, mas para uma academia para os filhos e filhas de *apparatchiks*, diplomatas e oficiais de alto escalão nos *órgãos*, onde a instrução em inglês era obrigatória. Seis manhãs por semana, Mikhail Mikhailovich me deixava na frente da fachada dórica da escola. Meu uniforme – blazer e calça de poliéster azul-marinho, com uma aplicação mostrando um sol nascente sobre as páginas de um livro aberto na metade da altura da manga direita – estava sempre bem passado. Presa por alfinete a minha lapela, havia uma estrela vermelha com o rosto de Lênin criança, em relevo dourado, olhando serenamente de seu centro. A estrela significava que eu era membro da divisão da irmandade comunista conhecida como Filhos de Outubro – *oktyabryata* –, o dever e o privilégio de todo menino e menina de sete a nove anos.

Como os shriners, os soviéticos eram um povo louco por insígnias com gosto por broches comemorativos, *znachki*, uma mania que chegou ao auge durante os Jogos Olímpicos de Moscou, em 1980. Logo cedo na manhã de 8 de março – Dia Internacional da Mulher –, acordei minha mãe para surpreendê-la com um presente caseiro. Eu tinha prendido um pequeno retrato retangular de um Lênin adolescente em um recibo de lavagem a seco e colado um ramo de mosquitinho de cada lado com durex. Ela conseguiu me agradecer antes que as lágrimas lhe enchessem os olhos e virar o rosto para que eu não a visse ofegando de tanto rir.

Nos sábados, eu levava mimosas cortadas para nossa professora do primeiro ano; uma maçã parecia a Tamara algo inferior. O nome da professora era Nina Petrovna, e ela dividia nossos dias em caligrafia, memorização e a rotineira cópia de textos do quadro-negro. Às vezes passávamos horas escrevendo em silêncio em nossos cadernos de papel milimetrado, algo que a agradava como um exemplo de comportamento apropriado à idade. Ela nos alertava diariamente sobre os perigos de borrar de tinta as margens e caminhava para cima e para baixo entre as fileiras para ter certeza de que nossas mãos estavam imaculadas. "*Povtorenye mat uchenya*", a professora gostava de dizer: a repetição é a mãe do aprendizado. Ela compunha o rosto em uma expressão de dedicação pesarosa – ainda não tínhamos aprendido a diferenciar seriedade de infelicidade – esperada de uma educadora socialista.

"Crianças, qual é o país mais agressivo do mundo?", entoava Nina Petrovna em cadências monótonas no início da parte de história de nossa aula.

"Israel!", gritávamos em uníssono.

O primeiro livro de que me lembro na escola – sobre crianças que tinham praticado atos de coragem extraordinários – era intitulado *Jovens heróis da União Soviética*. O capítulo 1 era a história apócrifa de Pavlik Morozov. Durante a coletivização, ele entregou o pai aos Vermelhos por esconder vários sacos de grãos, um crime pelo qual o homem foi fuzilado. Mais tarde, a própria família de Pavlik o assassinou. Para um livro escrito para crianças de seis e sete anos, esse era notável por sua abundância de tortura, vingança e morte, ilustrado nas cores saturadas de um pesadelo.

A imagem de que me lembro melhor mostrava um oficial da Gestapo interrogando uma adolescente de cabelo cor de palha com marias-chiquinhas. Seu nome era Zina Portnova. Na ilustração, o oficial está momentaneamente distraído e Zina pega a pistola dele da mesa. Há uma corda em volta do pescoço dela – possivelmente porque tentou matar os alemães envenenando sua panela de sopa, que ela mesma foi obrigada a comer. Embora nas fotografias Zina parecesse uma adolescente bonita e muito comum, no desenho ela tem olhos salientes com cílios pesados e uma expressão feroz, quase demoníaca. O texto ao lado da imagem informava a milhões de crianças soviéticas que, nos momentos imediatamente seguintes à cena retratada na ilustração, Zina

“matou com um tiro o homem da Gestapo” e foi depois torturada até a morte “de forma animalesca”. A maioria das crianças em *Jovens heróis da União Soviética* era punida por seus atos patrióticos: enforcada, morta a tiro, imolada, envenenada, deixada para congelar na neve. Sua coragem em si não era notável — só morrendo elas se tornavam heroicas. A morte as tornava belas.

Foi ao olhar um desenho de um jovem herói revolucionário que senti os primeiros solavancos de atração e repulsa do desejo sexual. Eles foram seguidos rapidamente por pânico. Eu me dizia que era a bravura do garoto que me dava calor no rosto. Mas aconteceu de novo semanas depois, no Museu Púchkin, onde vi um pequeno bronze de um Prometeu nu acorrentado a uma rocha, com uma ave de rapina banqueteando-se com seu fígado. Dessa vez não tive tanta certeza. Algo nos corpos e na morte de homens estava coalescendo em meu cérebro e disparando choques elétricos em meu plexo solar. Entendi, de modo incipiente, que a atração me fazia diferente do meu pai, e possivelmente censurável, e a única coisa em que consegui pensar foi tirar os olhos do bronze antes que minha mãe pudesse me pegar vidrado e não dizer nada.

Enquanto isso, nosso livro escolar lembrava uma classe de garotos de sete anos temerosos como atear fogo a um estábulo, para que os cavalos não caíssem nas mãos dos Brancos, e como parar um trem carregado de munições nazistas jogando-se sob suas rodas. Era difícil não captar o significado dessas histórias: a vontade do coletivo importava mais que o bem-estar do indivíduo, e nosso melhor destino era morrer por esse coletivo. "Um indivíduo, quem precisa dele?", escreveu Vladimir Maiakóvski, cujos poemas recitávamos, de pé e bem aprumados ao lado de nossas carteiras. "Uma voz isolada é menor que um guincho." Havia um monumento a Pavlik Morozov em praticamente todas as cidades soviéticas, grandes ou pequenas.

Também éramos ensinados que o tempo em que vivíamos importava menos que o passado. A idade de ouro que éramos jovens demais para ter experimentado tinha sido um período não de paz, mas de guerra. Aprendíamos que o conflito dava significado a nossa vida. Esse significado decorria de suportar intenso sofrimento e luta — e de preferência morrer disso. Injustamente, nosso tempo — o período de paz relativa dos anos 1970 — não nos oferecia oportunidades de morrer aos milhões por nosso país, mas continuava a ser nosso dever nos comportarmos tão altruisticamente quanto os mártires infantis em nosso livro didático. Portanto, nosso senso de orgulho viria não da abundância material, mas de uma série de abstrações — o arsenal nuclear, a exploração espacial, as fazendas coletivas, a construção de represas e monumentos severos — que não tinham nada a ver com a miserável realidade da vida cotidiana. A adoração dessas abstrações é o que na Rússia era chamado de espiritualidade.

Apesar de toda a doutrinação que encarávamos na escola, os limites do nosso comportamento ainda não estavam claramente demarcados. Numa manhã, enquanto caminhava para a aula, sussurrei a palavra *khui* (pau) no ouvido de outro menino. Eu tinha ouvido meu pai dizê-la quando ele estava com raiva ou brincando com amigos, e decidi experimentá-la. Uma professora que andava à nossa frente se virou e exigiu que eu a repetisse. Não me lembro do que murmurei em resposta, mas minutos depois eu estava sentado na sala da diretora esperando que meus pais chegassem; ligaram para eles no trabalho e os convocaram para uma reunião de emergência. Depois, naquela tarde, eles se sentaram ao meu lado e ouviram contritos enquanto a diretora fazia uma preleção sobre uma política de tolerância zero com linguagem obscena, sobre delinquência adolescente e a ameaça dos narcóticos, sobre "parasitismo", sobre escolas brutas nos arredores da cidade para crianças que tinham sido arruinadas com disciplina frouxa.

O dia mais temido no calendário escolar era a visita trimestral da dentista. Uma enfermeira nos chamava um a um e nos levava para uma sala de exame no porão. Lá dentro, uma mulher de meia-idade muito falante usando jaleco perfurava e arrancava o que restava de nossos dentes de leite sem nem pensar em anestesia; a Novocaína aparentemente era considerada tão burguesa quanto a gravata-borboleta. Até meu pai temia o consultório dentário. As brocas eram lentas e fumacentas, a anestesia era reservada para tratamento de canal, e ele tinha o hábito de desmaiar na cadeira enquanto seus molares eram obturados. Falei dos terrores do consultório dentário a meu melhor amigo, Kyrill, tentando impressioná-lo com meu estoicismo. Ele era pequeno para sua idade, usava aparelho nos dentes e uma ponta de cabelo louro lhe caía sobre o olho esquerdo, mas era popular devido a sua capacidade de desenhar um retrato lúgubre de um caminhão basculante, especialmente depois que a professora pendurou seu desenho no quadro de boletins, ao lado de um retrato do ministro das Relações Exteriores, Gromiko.

A mãe de Kyrill morrera no parto dele e o pai trabalhava no consulado soviético em Nova York, de modo que ele passava a maior parte do tempo com os avós. Quando o pai dele voltava nos feriados, nós três passávamos as tardes no imenso apartamento deles no centro da cidade, brincando com os caubóis e índios de plástico trazidos do exterior. Não havia nada parecido entre os brinquedos russos, e minha admiração devia ser evidente. Alguns dias antes do Ano-Novo, antes de ser levado para casa no Volga do pai de Kyrill, eu encontrei um caubói enfiado em minha bota de borracha amarela. O caubói tinha uma camisa lavanda e um laço preto acima do chapéu. A percepção de que eu podia ficar com ele me fez quase soluçar de alegria. Eu dormia com o caubói me encarando da mesa de cabeceira e fantasiava sobre enormes cactos, apaches brandindo machadinhas e artesãos habilidosos que faziam estatuetas fenomenais. Quando falava sobre meu amor pelos Estados Unidos nas refeições no apartamento de Tamara, Mikhail Mikhailovich gargalhava. Dizia que os Estados Unidos existiam para acabar com a União Soviética e oprimir trabalhadores, e que não deviam ser admirados, apesar do que alguns judeus nos faziam acreditar. Tamara o cutucava com o cotovelo e Mikhail Mikhailovich parava de falar. Maria Nikolaevna ria à socapa e voltava a seu aspic de porco frio.

Quando Semyon e Raisa vieram nos visitar em Moscou, nos últimos dias de 1976, souberam da infelicidade da filha. Minha mãe não ousava contar a eles, é claro, mas uma vizinha do andar de baixo apareceu enquanto ela estava no trabalho e os informou dos dramas familiares. Mais tarde naquele dia, Semyon disse a meu pai de forma rude que não ia mais falar com um mulherengo, e, fiel a sua palavra, não lhe dirigiu mais a palavra durante a estada deles. Contudo, não conseguiu desistir dos jogos de xadrez noturnos, e eles passavam as primeiras horas da manhã no escritório do meu pai, fumando um cigarro atrás do outro, o silêncio interrompido apenas pela batida metódica do relógio.

Na véspera do Ano-Novo, pegamos um táxi para a casa de Tamara. Mikhail Mikhailovich tinha arrastado um enorme pinheiro pelos cinco lances de escada até o apartamento, Tamara e eu o havíamos decorado com sinos, ouropel e estrelas de porcelana, e finalmente todos se reuniram em torno dela, brindando com espumante soviético e, no meu caso, suco de tomate em uma xícara de chá. Depois, Tamara trouxe um livro em miniatura de música, encadernado em plástico vermelho, e eu e ela cantamos várias sobre a Grande Guerra Patriótica e recebemos aplausos dispersos. Minha preferida era "Os sinos de Buchenwald". Fiquei olhando a noite inteira para os presentes embaixo da árvore.

No começo daquela semana, Tamara me levou à mais esplêndida loja de brinquedos da cidade, Mundo das Crianças, para escolher um conjunto de construção e um microscópio de criança que aplacasse meu interesse nascente por ciência. Esperando por ela do lado de fora da loja, reconheci a figura de Feliks Dzerzhinsky – o primeiro chefe da polícia secreta nacional – coberto de neve em um pedestal no meio da praça, e tive um primeiro vislumbre da sólida fachada da Lubianka espreitando atrás dele. Eu ainda não sabia que "Mundo das Crianças" havia se tornado um eufemismo em Moscou para a sede e prisão da KGB, de modo que um moscovita podia dizer "Dois agentes detiveram Olga por vender certificados de moeda, e ela passou três dias no Mundo das Crianças".

No caminho da casa de Tamara para a nossa, passamos por um Avô Gelo, com a barba falsa caindo, o saco jogado sobre o ombro, entrando em um sedã escuro. Ele parecia cansado e com frio. Dentro do carro, tomou um gole de uma garrafa de vodca. Mesmo assim, continuei acreditando no Papai Noel soviético até alguns meses depois, quando estava sentado ao lado de Tamara no banco de trás do sedã Zhiguli de Mikhail Mikhailovich e mencionei o Avô Gelo pela última vez. "Você está velho demais para acreditar nessa bobagem!", ela disse com rispidez. "*Eu* compro seus presentes. O homem que você viu era um alcoólatra de chapéu vermelho."

Minha mãe deixou meu pai em fevereiro. Eu não sabia que no setembro anterior eles tinham se encontrado em um tribunal perto da estação de metrô Novye Cheryomushki para assinar um decreto de divórcio – um juiz ordenou que a pensão para o filho fosse dividida igualmente – e depois ido a um restaurante chamado Minsk para almoçar. Nem sabia que fazia muito tempo que eles haviam planejado se separar, mas, por causa da escassez de moradias na cidade, a única opção disponível seria uma permuta de apartamento. Aquilo significava que minha mãe e eu teríamos de nos mudar para um apartamento de um quarto, enquanto meu pai teria de pegar um quarto em um apartamento comunitário, uma possibilidade que ele se recusava a considerar.

Não percebi a crescente presença em nossa casa do amigo e ex-colega de classe do meu pai na universidade Volodya, um *fartsovschik* de Ufa, uma cidade nos Urais do sul. Ele costumava aparecer quando meu pai não estava. Minha mãe o detestava, pelo menos de início – estava convencida de que ele mantinha meu pai envolvido com negócios ilegais –, e disse a meu pai que não o queria por perto. Mesmo assim, Volodya continuou aparecendo. Quando ela estava em casa sozinha, ele lhe falava em voz consoladora, deixando escapar detalhes sobre as namoradas do meu pai e o paradeiro delas, dizendo que minha mãe merecia mais em um tom que sugeria um ultraje quase perceptível. "Se ele não a ama", dizia a ela, "devia deixar você livre."

Volodya era mais simples e mais troncudo que meu pai, mas sabia ser paciente. No fim, ele confessou a minha mãe que a amava, que a tinha amado desde o momento em que haviam se conhecido, que ansiava por criar o filho dela, que estava disposto a alugar um apartamento e se mudar conosco se ela o aceitasse. Na noite em que minha mãe saiu de casa, outro amigo do meu pai esperou por ele na sala de estar, fumando um cigarro atrás do outro no sofá até bem depois da meia-noite. Ele a fez lembrar de sua festa de aniversário de 27 anos, em maio, quando meu pai passara a noite jogando xadrez na sacada com um vizinho do andar de baixo e a ignorara. Ela se lembrou também de que, semanas antes, quando passara no escritório do meu pai no instituto de cinema, tinha entrado no momento em que ele estava beijando uma colega de trabalho.

Enquanto o amigo do meu pai esperava na sala, fumando cigarros sem filtro e segurando uma sacola de discos de Elmore James, minha mãe jogou algumas de nossas roupas em uma mala, pegou o globo iluminado que Tamara me dera de presente em meu aniversário de sete anos e me puxou com minhas coisas em um trenó até o apartamento de uma amiga em nossa rua.

Três dias depois, minha mãe e eu estávamos em um quarto desconhecido e sombrio. Ela tentava convencer uma mulher de rosto encovado com oitenta e tantos anos a se mudar para lá com a filha e sublocar ilegalmente seu apartamento de um quarto para nós. O lugar parecia assombrado. No corredor, havia um espelho enevoado com a maior parte do fundo prateado lascada. A mulher usava uma boina grande demais e parecia frágil como uma samambaia não cuidada. Enquanto ela e minha mãe discutiam sobre dinheiro, eu me sentei na beirada de uma cadeira; ela se desintegrou sob mim como se fosse feita de serragem, e eu tombei no chão. A velha se desculpou e trouxe outra cadeira, que também se dobrou sob meu peso, suas pernas escorregando e se abrindo como as de um cervo. Nós nos mudamos na manhã seguinte; Volodya e minha mãe ficaram com a cama e eu dormi no sofá.

Sem sono e atordoado na sala, eu me perguntava se tinha finalmente vencido meu pai. Agora morávamos no quadrante noroeste de Moscou – na estação Voikovskaya da linha Zamoskvoretskaya do metrô –, a meia cidade de distância dele, e minha mãe tinha me escolhido em detrimento dele, exatamente como eu sabia que ela faria. Eu tinha feito o mesmo por ela. Toda noite, antes de eu dormir, Volodya lia para mim; nas refeições, ele me dizia que eu não precisava comer sopa de repolho quente, que eu detestava. Nunca me dera atenção, e eu sabia que só me mimava para conquistar minha mãe, mas eu gostava dele mesmo assim.

Nosso prédio da época de Stálin tinha teto alto de gesso e um pátio fechado sombreado por velhos carvalhos, e eu fiz um grupo de amigos. Dina, cujo braço direito era amputado no punho, nos comandava. A carne de seu toco se enrolava sobre si própria como um pãozinho, e ela o mantinha enrolado em um lenço verde sujo. Várias vezes por dia, Dina arrancava o lenço e brandia o toco como uma pistola, e nós ríamos e guinchávamos, nos espalhando em todas as direções, enquanto ela ria mais que todos.

Minha nova vida perfeita não durou. A jovem esposa de Volodya, Marina, apareceu no hospital psiquiátrico onde minha mãe trabalhava e ameaçou matá-la e se matar. Meu pai também apareceu. Ele perdoaria qualquer coisa, disse, "menos Volodya".

Minha mãe sabia que não amava Volodya. Quatro meses depois que partimos, ela encontrou meu pai em um café. Depois caminhou com ele até nosso antigo apartamento em Tyopli Stan e lá ficou, acabando por se mudar de volta. Eu me senti traído, mas Tamara ficou radiante. Ela queria dar a meus pais um tempo sozinhos, e me levou para passar um verão inteiro em sua dacha.

A faixa de asfalto impecável que levava à vila de Stepanovskoye era a mesma estrada que ministros e acadêmicos pegavam para ir a suas suntuosas dachas em Zhukova e Usovo, a mesma que levava a Kuntsevo, onde Vassíli passava noites patrulhando as veredas da dacha de Stálin. Stepanovskoye era menor e mais aconchegante: consistia em uma estrada de terra margeada por casas de madeira de antes da guerra, dois lagos rasos, alguns bosques, um abrigo de metal corrugado de uma loja que vendia leite condensado e cigarros, e em um morro uma igreja caiada despojada de seus domos e cruzes, onde, nas noites de sábado, toda a vila assistia a filmes em fileiras de cadeiras dobráveis. Nos verões, Stepanovskoye era habitada por outros filhos de moscovitas abastados: Mitya, cujos pais músicos excursionavam pela Europa com a Filarmônica de Moscou e tinham equipado seu banheiro com um bidê; e Lionya, um filho de diplomata que enfeitiçava as crianças mais novas quando dizia as palavras absurdas "limusine Chevrolet" como se fossem um encantamento das *Mil e uma noites*.

Maria Nikolaevna e eu ocupávamos a metade da frente de uma casa verde e baixa com venezianas azuis; Tamara e meus pais nos visitavam nos fins de semana. No verão em que fiz cinco anos, meu pai correu pela estrada principal, com a mão na traseira do selim da minha bicicleta nova, enquanto eu pedalava furiosamente. Ele havia tirado as rodinhas naquela manhã. Quando olhei sobre meu ombro e o vi parado seis casas atrás de mim, bati numa pilha de madeira e abri um talho na testa.

Nas manhãs, eu puxava água de um poço com manivela em um balde de plástico, e Maria Nikolaevna acendia o samovar. Bebíamos café instantâneo fraco com pão branco e manteiga e depois saíamos para o bosque. Maria Nikolaevna conhecia as árvores boas. Tufos de cogumelos brotavam entre o musgo e as folhas secas perto das raízes, e ela se abaixava para cortar os talos dos maiores com um canivete. Se deixássemos as raízes intactas, ela explicava, delas brotariam novos cogumelos na manhã seguinte.

Ela me ensinou a hierarquia da escassez e do sabor: *siroezhki* crocantes (gênero *Russula*), com seus píleos ruivos, verdes e amarelos, eram os mais comuns, *maslyata* viscosos (boletos-amarelos) eram melhores, depois os cantarelos, chamados *lisichki*, que significa "raposinhas", e finalmente os densos e bulbosos *boroviki* (porcini), os mais raros e mais deliciosos. Carregávamos para casa a coleta do dia em cestos de vime. Enquanto Maria Nikolaevna fritava batatas em uma caçarola de ferro, eu limpava os cogumelos, fatiava-os, punha os pedaços na água para soltar as larvas cor de osso, depois os secava antes que ela os jogasse, junto com meia cebola picada, na manteiga derretida chiando. Essa era nossa refeição sete noites por semana.

Depois do jantar, Maria Nikolaevna me mandava atravessar o jardim até a latrina. Lá dentro, havia assentos plásticos de privada pendurados nas paredes pertencentes à família e aos pensionistas da senhoria. O meu era o menor, cor de leite desnatado. Enquanto estava sentado em meu assento, "cuidando da minha vida", como meu avô insistia em chamar aquilo, eu ouvia o vento da noite gemendo através das tábuas de madeira toscas, o chiado da ceifadeira no campo de trigo atrás da cerca, o zumbido de centáureas-azuis no escuro pungente. Depois que Maria Nikolaevna abafava o fogo e subia para seu quarto acima do *pechka* (um forno a lenha construído em uma parede), eu deitava na cama e olhava para o canto vermelho da nossa senhoria: três ícones debaixo de um beiral, um par de santos em volta de uma Madona com meninos negros vestidos em dourado, um pedaço de pão adormecido enfiado em um canto da moldura. Eu passava horas olhando para as figuras misteriosas, imaginando quem eram elas.

Quando voltei para Moscou, alguma coisa em meu pai tinha mudado. Ele estava mais quieto, mais atencioso, menos propenso a sair sem dar uma explicação; às vezes eu notava que também estava mais triste. Embora eu não soubesse por quê, ele e minha mãe pareciam ter estabelecido uma trégua que às vezes dava lugar a uma ternura cautelosa. Mais tarde, ela me contou que durante aqueles meses os pesadelos dele o visitavam com maior frequência, por vezes várias noites seguidas.

Fiquei surpreso quando meu pai começou a passar tempo comigo. Ele me levou à Casa do Cinema, para assistir a uma exibição de *Os duros*, um thriller sangrento que me deixou ao mesmo tempo confuso e totalmente apavorado. Meu pai me chamava para caminhar com ele até o apartamento de um amigo ou o quiosque da esquina para comprar cigarro. Nós passamos uma tarde inteira na biblioteca abarrotada do instituto de cinema, onde ele me mostrou livros pré-revolucionários raros e latas de filmes estrangeiros, e me apresentou a colegas de trabalho na cafeteria. Em casa, ficávamos até tarde vendo filmes na TV em preto e branco, depois brincávamos de luta com sabres de brinquedo de plástico que ele comprara para nós, meu pai sempre me deixando derrotá-lo. Eu estava desconcertado com a mudança nele, mas gostava da atenção e a aceitava. Imaginava teorias sobre sua metamorfose. O que não sabia era que ele estava se despedindo de nós.

Minha mãe se decidiu naquele outono, quando a carne começou a desaparecer das lojas. Num domingo, ela saiu correndo para o supermercado pela segunda vez em duas horas, depois que Tamara ligou para dizer que estavam "doando" cortes de carne congelada. Voltou para casa com três sacolas de compras, o cabelo e o casaco cobertos da neve de novembro. Meu pai tinha saído. Raisa, que tinha vindo de Vilnius nos visitar, olhou para minha mãe. "Precisamos sair deste país", disse em voz baixa. Sua irmã Ida, a última da família a partir, estava morando em Haifa havia alguns anos. As outras irmãs e os sobrinhos agora viviam em Sydney e Tel Aviv.

Nas semanas seguintes, meus pais passaram noites trancados no estúdio, negociando fora do alcance dos meus ouvidos. Ele não conseguia decidir o que queria. Às vezes parecia estar desorientado. "Não quero que meu filho cresça neste país", falava. Dizia ter resolvido deixar o país conosco, depois percebia que não podia levar aquilo adiante. "Se eu for com vocês, vou acabar deitado no sofá em meu único jeans, ouvindo os mesmos discos velhos." E: "Se eu fosse judeu, partiria num minuto, mas sou russo, e sempre sentirei falta daqui". E uma vez: "Depois que vocês forem embora, vou me enforcar".

Tamara barganhava com minha mãe. Suplicava a ela que me deixasse em Moscou, prometendo sair do emprego e se dedicar a me criar. Uma vez, ofereceu-se para deixar o país conosco. Quando descobriu, Mikhail Mikhailovich explodiu, acusando minha mãe de me roubar deles. "Como vocês, judeus piolhentos, podem fazer isso conosco?", ele gritou antes de se trancar no banheiro.

Minha mãe solicitou um visto de saída para Israel — nossa única rota legal para sair da União Soviética — em novembro de 1978, uma semana depois de Semyon e Raisa apresentarem seus pedidos em Vilnius. Ida tinha mandado pelo correio os convites necessários e a confirmação de aceitação de Haifa. Minha mãe sabia um pouco sobre a vida em Israel e estava preocupada com o recrutamento militar compulsório, com seu filho não exatamente judeu se tornar um cidadão de segunda classe, com ser julgada uma judia expirada. Imaginava Israel como uma versão maior da comunidade judaica de Vilnius, com seu provincianismo e suas fofocas, seus ressentimentos e temores tacanhos. Então ela decidiu que iríamos para Nova York.

Quando ela preencheu a solicitação na agência de vistos, meu pai assinou um formulário a autorizando a me levar permanentemente do país, sem nenhuma possibilidade de retorno. Nenhum deles pensou que me contar a respeito era uma boa ideia. Mikhail Mikhailovich continuou a me levar para a escola de segunda a sábado; no segundo ano, comecei a estudar inglês. Nos domingos, ainda acordava de madrugada para tomar café com Tamara e Maria Nikolaevna, e assistia a *Eu sirvo a União Soviética* na TV em cores delas.

Um dia depois de minha mãe preencher sua solicitação de visto de saída, o diretor do hospital a demitiu. Não haveria renda enquanto ela esperava para descobrir se sua petição seria concedida, um processo que podia levar anos, e pouco a pouco ela vendeu seu casaco de pele de ovelha finlandês, a maior parte das blusas e saias de crepe de seda que Tamara tinha feito para ela, suas duas calças jeans Levi's e quase todos os livros e joias. Nas manhãs, um sedã Volga preto ficava parado à porta do nosso prédio, e mais tarde reaparecia do outro lado da rua, em frente ao instituto de cinema. Os *órgãos* agora tinham um interesse específico no negócio privado do meu pai; ele ainda não suspeitava de quão intrusivo o escrutínio se tornaria.

Minhas lembranças do verão em que fiz seis anos, meu último na União Soviética, são tão desordenadas quanto uma caixa de sapatos cheia de cartões-postais. Tamara e Mikhail Mikhailovich me levaram em uma viagem de carro a Ialta, no mar Negro; por alguma razão o momento que vejo mais claramente é meu acesso de choro em algum lugar perto de Kiev, depois que Mikhail Mikhailovich atropelou um pato. Ialta era o primeiro lugar onde eu veria uma palmeira ou água do mar azul. Para mim, Tamara estava sempre animada, mas nas praias de areia branca de Ialta percebi que ela olhava atentamente para mim, com uma expressão perplexa e perdida, como se estivesse tentando resolver uma equação. Foi a primeira vez que me pareceu vulnerável. Quando perguntei se havia algo errado, ela descartou a pergunta com um aceno e sorriu. No trajeto de volta a Moscou, mal falou com Mikhail Mikhailovich.

A carta da agência de vistos chegou em julho. Meu pai a trouxe da caixa de correio com lágrimas nos olhos, segundo minha mãe. Não me lembro de me pedirem que escolhesse, nem mesmo de questionar se ia para "o Ocidente" com minha mãe. Ela me contou que iríamos só por um tempo, que logo voltaríamos e eu veria meu pai e meus amigos. Não me lembro de sentir muita coisa além de uma excitação entorpecida. Tínhamos três meses para sair do país.

Contei a novidade a Vova, meu amigo do andar de cima. Ele piscou para mim, confuso, enquanto eu pressionava alguns soldados de plástico verde e um rolamento na palma da mão dele. Na escola, Nina Petrovna nos dissera que emigrantes eram traidores da pátria, mas quando eu deixei escapar que minha mãe e eu íamos para os Estados Unidos, a superpotência capitalista, ela apenas suspirou e desarrumou meu cabelo. Embora agora eu fosse um traidor, ela permitiu que eu continuasse a ser um Filho de Outubro e usasse a estrela na lapela até minha última aula. Kyrill e eu nos despedimos na cafeteria da escola. Nunca vamos ser pioneiros juntos, ele disse, enxugando as lágrimas. Eu nunca usaria o lenço vermelho no pescoço nem faria a saudação pomposa, com a mão acima da cabeça, simbolizando a vontade dos muitos sobre a individual. A mão de Kyrill estava sobre meu ombro e ele chorava. "Agora você nunca vai conseguir morrer por seu país", ele disse.

Os vistos de Semyon e Raisa chegaram uma semana antes do visto da minha mãe. Semyon decidiu levar até o último objeto que eles tinham: um conjunto de móveis de quarto de compensado de bordo, espátulas e colheres, o moedor de carne de manivela, um console de rádio Grundig da década de 1960 e 450 quilos de livros em mais de cem caixas. Ele levou todas essas coisas até um posto de controle da alfândega em Brest, de onde seriam embarcadas para Viena e finalmente para Nova York. Minha mãe e meu pai o encontraram lá. Eles esperaram várias semanas em um hotel precário enquanto agentes alfandegários vasculhavam as caixas de Semyon, rasgando-as e jogando seu conteúdo no chão, os três tendo que embalar tudo de novo depois. Os vistos de saída estavam prestes a expirar, e minha mãe pegou o trem para Moscou para solicitar à agência de vistos uma prorrogação de duas semanas. Em Brest, a espera continuou. Tamara sugeriu que minha mãe pedisse mais uma extensão do prazo, mas ela estava com medo. Minha mãe teve um sonho em que estava esperando na fila na agência de vistos e uma das mulheres que trabalhavam lá rasgava seus documentos e lhe dizia que seu visto de saída tinha sido revogado.

No dia em que minha mãe e eu chegamos ao aeroporto Sheremetievo com nossas malas, tínhamos apenas 24 horas para deixar o país. Nossas passagens de avião para Viena tinham custado duzentos rublos, aproximadamente quinze vezes o salário mensal da minha mãe. Meu pai dera a ela a maior parte do dinheiro em troca de sua parte no apartamento. Ela pagou outra soma, menor, para renunciar a nossa cidadania soviética e a passaportes internos. Depois de ter vendido quase tudo, só lhe haviam sobrado dois suéteres, algumas blusas e saias, roupas de baixo, um casaco de inverno, dois pares de sapatos, uma câmera portátil, três potes de caviar ossetra que alguém disse que ela poderia vender no exterior e um livro de capa dura de poemas de Anna Akhmátova.

A lembrança da última manhã em Moscou tem a vividez nauseante de instantes depois que se é atingido por um carro. Mikhail Mikhailovich dirigiu quase em silêncio. Às vezes acredito que poderia retraçar aquele trajeto para o aeroporto, passo a passo, ainda hoje. Meu pai estava sentado, rígido, no banco do passageiro. Eu estava no banco de trás, ensanduichado entre minha mãe e Tamara, que não soltou minha mão até que começamos a avistar as torres de controle de tráfego do aeroporto. Naquela manhã, Maria Nikolaevna se recusou a se despedir de nós e se trancou em seu quarto.

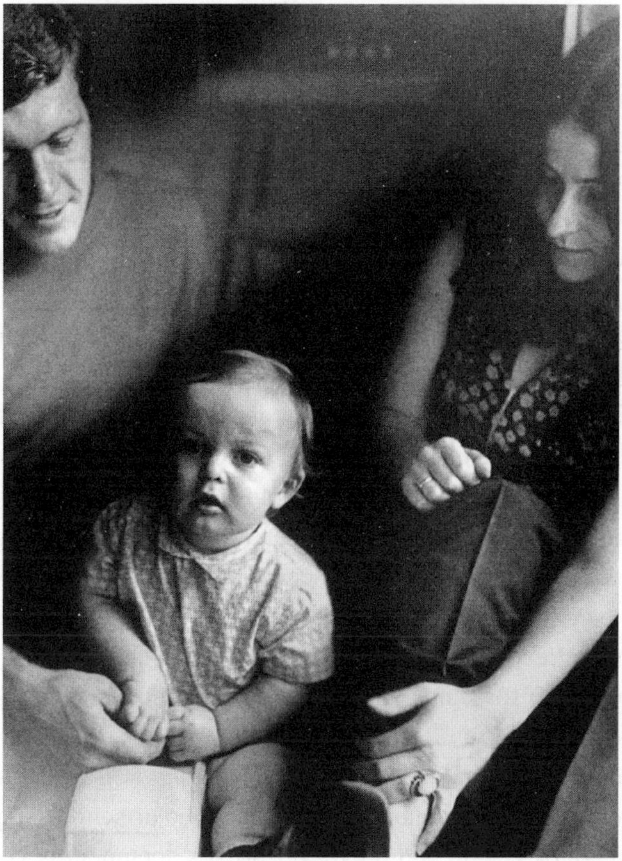

No aeroporto, uma mulher de uniforme levou minha mãe e depois eu para cubículos separados, para uma última inspeção alfandegária. Deixei algumas moedas em uma bandeja. Minha mãe recordou que fomos autorizados a levar um álbum de fotos, nada de arte ou antiguidades, não mais que cinco gramas de ouro e exatamente 137 dólares americanos. Antes de as duas se despedirem e se abraçarem, minha mãe entregou a Tamara o relógio de ouro que ela lhe dera como presente de casamento.

Outro oficial da alfândega, um homem, ordenou que minha mãe se despisse enquanto outro ainda batia os saltos das botas dela para verificar se levava pedras preciosas. Ela estava tremendo porque tinha ouvido dizer que algumas mulheres eram sujeitadas a exames ginecológicos no aeroporto. Uma semana depois, Semyon e Raisa estariam em uma sala similar em outro aeroporto, enquanto um agente da alfândega abria as solas de seus sapatos com uma navalha e depois, sem cerimônia, jogava o conteúdo de suas malas no chão. "Diga ao professor judeu para permanecer calmo", gritava o agente para o soldado na porta.

Por alguns minutos depois que nossa bagagem nos foi devolvida, minha mãe e eu ficamos em um corredor comum fora da área da alfândega, olhando através do vidro para o avião que nos levaria a Viena. A fuselagem era marcada com a foice e o martelo alados da Aeroflot. A manhã estava clara e sem nuvens, e minha mãe e eu permanecemos ao lado de uma janela no aeroporto de Sheremetievo, na União das Repúblicas Socialistas Soviéticas, embora não fôssemos mais considerados seus cidadãos ou de qualquer outro país. A caminho do portão de embarque, entramos por engano em um lounge diplomático com móveis escandinavos de couro e cromo. O momento teve um traço de sonho. Ninguém falou conosco nem pediu para ver nossos documentos. Saímos para uma sacada de vidro que dava para a área de espera. Meu pai e Tamara estavam lá embaixo. Olharam para cima e nos viram, então acenaram. Meu pai chorava. Estavam lá havia mais de duas horas, incapazes de ir para casa. Acenei de volta pelo que pareceu um longo tempo, parado lá em meu casaco de náilon estofado e meu chapéu de lã. Minha mãe segurava minha mão. "Dê uma boa olhada em seu pai", ela me disse, "porque você nunca mais vai vê-lo."

O voo foi tranquilo. No Tupolev Tu-154, serviram uma refeição inesperadamente exuberante de frango assado e purê de batata, com um triângulo de queijo processado em uma embalagem de papel-alumínio com a inscrição "Progresso!". Eu me lembro de minha mãe enfiar os garfos e facas de metal nos bolsos do casaco. Com uma hora de voo, o piloto anunciou, em alemão e depois em russo, que o avião tinha deixado o espaço aéreo soviético. "*Meine Damen und Heren*", começou o anúncio, e, quando acabou, um ou dois passageiros, os mais ousados, bateram palmas. Olhei pela janela, mas o céu e os retângulos de terra lá embaixo pareciam exatamente iguais a um momento antes. Depois de aterrissarmos, sentei em minha mala e vi o piloto sair pelo portão, seu chapéu bordado com a estrela de seis pontas da força aérea israelense. "A Áustria é um país capitalista?", perguntei a minha mãe, de repente assustado. Anos depois, ela me contou que eu parecia "totalmente apavorado".

Durante uma semana, vivemos em uma hospedaria decadente nos arredores de Viena – só me lembro de que tinha *Grüner* em seu nome bucólico –, contígua a um pequeno parque urbano murado. O proprietário era um homem gorducho de cabelo ruivo com um casaco de couro preto brilhante e um Porsche preto estacionado no pátio. Ele tinha o hábito de revirar os olhos, cuspir no chão e às vezes gritar com os refugiados soviéticos. Deixava claro que não gostava de nos ter em seu estabelecimento e só fazia aquilo por dinheiro. Suponho que sua atitude era compreensível; éramos um bando de aspecto selvagem, sobressaltado, famílias de três ou quatro pessoas de calças de náilon e sobretudo estofado com algodão. Não importava aonde fôssemos, insistíamos em levar nossas malas, algumas fechadas com fita adesiva, com medo de deixá-las mesmo que por alguns minutos. Nos quartos, tentávamos cozinhar com chapas elétricas com voltagem errada e explodíamos os fusíveis.

De um telefone pago no saguão, minha mãe fazia chamadas para Moscou em horários combinados, quando todos se reuniam no apartamento de Tamara. Da primeira vez, ela digitou uma série de códigos de uma folha de papel mimeografada, falou algumas palavras no receptor e o passou para mim. Disse que eu tinha um minuto. Eu disse alô para meu pai e pedi para falar com Mikhail Mikhailovich. "Viemos de Mercedes-Benz do aeroporto!", gritei no receptor quando ouvi a voz dele. "Era muito mais legal que sua lata velha soviética!"

O momento do qual a maioria de nós falou durante anos seguintes foi nossa visita a um supermercado austríaco. O primeiro vislumbre de embalagens belamente desenhadas, de cores brilhantes, a ausência de prateleiras vazias e, acima de tudo, a coexistência de múltiplas marcas dos mesmos gêneros alimentícios foi uma revelação de intensidade quase desagradável. Todos nos lembrávamos dele. Caminhadas pelo centro de Viena, com seus palácios e jardins com topiaria, traziam outros choques, mais brandos. Vi um menino jornaleiro deixar um chapéu cheio de dinheiro e uma pilha de jornais na calçada e ir embora, enquanto pedestres, a caminho do trabalho, pegavam os jornais e deixavam o valor exato em moedas no chapéu. Também vi retângulos imaculados de doces com cobertura de gelatina em vitrines cintilantes, em lojas bem iluminadas que estavam perversamente vazias de clientes. E, em um ônibus urbano, falei com minha mãe em um volume de conversa e depois de alguns minutos percebi que quase todas as cabeças tinham se virado para nós com expressões germânicas de reprovação.

Nossa estada em Viena durou dez dias inteiros; a parada seguinte na caravana de refugiados foi a Itália. Atravessamos a fronteira dormindo a bordo de um ônibus sem nenhuma sinalização e com janelas tão escuras que mal podíamos ver lá fora. Ele partira de Viena às 4h: uma precaução, nos disse o motorista, contra um potencial ataque terrorista, como a tomada de reféns refugiados soviéticos executada seis anos antes na Áustria por um grupo autodenominado Águias da Revolução Palestina. Aquilo também explicava os soldados portando submetralhadoras com coletes à prova de bala que passavam como sonâmbulos por nosso portão no lúgubre terminal de ônibus de concreto.

A primeira caminhada que minha mãe e eu fizemos depois de chegarmos à Itália foi por um caminho de cascalho margeado por ciprestes. Entre os troncos espaçados regularmente, podíamos ver bosques de oliveiras verdejantes. Estávamos hospedados no hotel Flamingo, na Via Flaminia, perto de Roma. Um gato persa passeava ao nosso lado e esfregava os flancos na madeira poeirenta dos ciprestes. Era meio de novembro, talvez uma hora antes do anoitecer. A paisagem parecia saída de um folheto de turismo, e, se eu tivesse visto um, teria reconhecido sua ostentação estudada. Mas eu tinha nove anos e disse para minha mãe que aquilo era como o paraíso devia ser.

Depois de 48 horas na Itália, pensávamos em Viena como um tanto mal-humorada e sombria, tal qual um quarteto tardio de Shostakovich. Estava quente no Lazio; a paleta de cores era luminosa. O caminho de cascalho levava a uma construção que de longe parecia um castelo, mas se revelou um convento do século XV. Em volta dele cresciam roseiras, pés de caqui e grupos de oleandros. Passeávamos em um silêncio agradável quando a porta de uma cabana de madeira na propriedade se abriu e um homem com cabelo preto emaranhado usando avental surgiu e saiu correndo em nossa direção. Minha mãe me agarrou pelos ombros e me puxou para si de forma protetora. Ela imaginou que o homem era um zelador que viera nos dizer que estávamos invadindo, mas, em vez de nos mandar embora, ele fez sinal para que entrássemos na cabana. Lá dentro havia uma mulher e um casal; eles disseram algumas frases em italiano melodioso incompreensível, nos convidaram para sentar a uma mesa de madeira comprida e puseram diante de nós um prato de pão e queijo e uma garrafa de vinho tinto. Eu me sentei à mesa e mordi um pedaço de queijo duro enquanto minha mãe conversava com os casais. Eles não falavam nada de russo, francês ou inglês, e nós não falávamos italiano, mas todos se viravam com gestos e um punhado de termos geopolíticos comuns. Que estrangeiros desconhecidos nos levassem a sua casa e nos dessem comida e vinho deixou minha mãe e eu deslumbrados; a paisagem do *quattrocento* aumentava a sensação. Antes de nos mandar de volta para a escuridão com aroma de oleandro, a mulher deu a minha mãe uma braçada de tangerinas ainda envoltas em suas folhas brilhantes.

O Flamingo era uma caixa descascada de estuque rosa construída em algum momento na década de 1950. Não era particularmente popular entre turistas, motivo pelo qual estava sendo alugado como alojamento temporário para refugiados. Na manhã seguinte a nossa caminhada até o convento, descemos para tomar café, acompanhado de manteiga e presunto em embalagens plásticas e uma cesta de pães que se revelaram ocos. A nossa mesa, um homem de Odessa usando um suéter que lhe apertava a barriga hemisférica tirou um salame de uma maleta, pôs em seu prato e começou a fatiá-lo com uma faca de manteiga.

Os eventos mais comunitários no Flamingo eram os bazares que os judeus soviéticos organizavam no estacionamento. Sobre mesas de jogo cobertas com tecido, nossos companheiros refugiados dispunham graciosos binóculos de teatro, colares de âmbar e cidades inteiras de xícaras de chá pintadas com prímulas. Minha mãe vendeu sua câmera e, a despeito do meu ataque de berros e choro, duas colheres de chá de prata esmaltadas — com os cabos moldados como uma cacatua e um urso — que Tamara tinha enfiado em uma galocha de borracha quando arrumamos minha mala em Moscou. Os italianos depreciavam as mercadorias, pechinchavam e desenrolavam maços de liras coloridas. Virei uma das notas e fiquei surpreso ao descobrir um retrato de Leonardo da Vinci; era o primeiro dinheiro que via sem o perfil de Lênin.

O hotel parecia um acampamento de verão, mesmo no fim do outono. Todos deixavam as portas abertas. A pessoas se visitavam, maravilhadas com as frutas perfeitas como uma natureza-morta vendidas em bancas em acostamentos, queixavam-se dos dentes, debatiam Boston versus Sydney versus Tel Aviv. Minha mãe flertava com um homem de aparência confiante com cabelo preto encaracolado que vestia um casaco de couro e de cujo rosto e nome não me lembro mais, provavelmente porque no Flamingo não havia escassez de homens com cabelo preto encaracolado e casaco de couro. Nossa estada no campo idílico durou menos de duas semanas. Um funcionário da Hebrew Immigrant Aid Society (HIAS) anunciou que, enquanto alguns de nosso grupo seriam instalados em uma cidade chamada Ladispoli, nossa família ia ser transferida para Lido di Ostia, um resort praiano a cerca de trinta minutos de Roma. Ele entregou a Raisa um envelope cheio de liras — nosso auxílio para os dois meses seguintes, na maior parte destinado a aluguel. Lá, à beira do mar Tirreno, esperaríamos nossos vistos dos Estados Unidos.

Ostia não se parecia em nada com um folheto de viagem. Suas trattorias à beira-mar serviam operários romanos, diaristas, soldados e imigrantes como nós, que chegavam a bordo do trem de Piramide carregando espreguiçadeiras, transístores, bolsas de plástico com sementes de girassol e loção bronzeadora, mesmo em dezembro. A cidade foi construída sobre um pântano infectado de malária. Quatro anos antes da nossa chegada, um dos heróis do meu pai, o diretor de cinema Pier Paolo Pasolini, foi morto em uma praia de Ostia quando um garoto de programa de dezessete anos passou com o Alfa Romeo do próprio Pasolini por cima dele várias vezes. Anos depois, as Brigadas Vermelhas sequestraram e assassinaram o ex-primeiro-ministro Aldo Moro. Um dos esconderijos da facção marxista-leninista estava aninhado entre os prédios residenciais que se espalhavam a partir das praias de Ostia, e um pouquinho antes de nossa chegada *carabinieri* fizeram uma batida e confiscaram uma carga de armas e trinta quilos de explosivos.

Nosso apartamento de um quarto, mobiliado com cadeiras bambas e o piso revestido incongruentemente de mármore verdadeiro, estava situado no terceiro andar de um prédio residencial no bairro comunista. Os vizinhos chamavam o outro lado da cidade, mais grã-fino, de distrito fascista. Em nosso primeiro dia em Ostia, minha mãe assistiu a uma procissão de homens idosos de camisa de mangas curtas portando bandeiras vermelhas pela rua e cantando "Bandiera rossa", um hino comunista que ela aprendera num acampamento de pioneiros lituano em uma ostentação de solidariedade internacional. Atrás do nosso prédio havia um caminho de concreto margeado com palmeiras em vasos e um molhe coberto de grafites. Alguém havia escrito nele "Viva Stálin, Viva Brejnev!" com tinta spray vermelha.

Em Viena, muitos em nosso grupo comparavam o punhado de países que estavam aceitando refugiados soviéticos – nossos futuros lares. O que me lembro dessas discussões em quartos de hotel de outras pessoas são os silêncios prolongados, suspiros e trocas de informações errôneas ou incompletas; muitos russos concordavam que Canadá e Austrália eram mais desejáveis em virtude de aceitarem o menor número de imigrantes, terem os níveis mais baixos de poluição do ar e possuírem as menores populações de negros. Mas Canadá e Austrália não admitiam refugiados com doenças crônicas como o Parkinson de Raisa, e a maioria das cidades americanas exigia um convite por escrito de um membro da família que residisse lá. Felizmente, no destino que escolhemos – Nova York – uma grande comunidade judaica estava disposta a receber os doentes e os solteiros. Passamos várias semanas em Roma esperando exames médicos, entrevistas na embaixada dos Estados Unidos e a perpétua assinatura e contra-assinatura de documentos. Em 1979, mais de 50 mil judeus deixaram a União Soviética; havia tantas famílias de Sóchi e Ufa lotando a sala de espera da agência de reassentamento em Roma que, quando alguém abria a porta, meia dúzia de pessoas precisava mudar de posição. Às vezes, depois de esperarmos das oito da manhã às seis da tarde e não conseguirmos ver ninguém, nos diziam para voltarmos na manhã seguinte.

Durante uma tarde interminável na sala de espera do HIAS, um homem barbudo enfiou a mão em uma caixa de papelão e sub-repticiamente me entregou um livro com uma capa vermelha sem texto. "É de graça", ele sussurrou em russo. O livro narrava a vida de Jesus em desenhos simples, com diálogos em balões. Eu nunca tinha visto uma história em quadrinhos, e o reli até as páginas ficarem com as pontas dobradas e manchadas de comida. Depois, com um conjunto de marcadores coloridos do Mundo das Crianças, fiz um desenho atrás do outro da Crucificação. Dediquei mais atenção aos músculos peitorais e dorsais de Jesus e aos detalhes do halo, que colori de laranja.

Minha mãe e eu morávamos em Ostia havia várias semanas quando Semyon e Raisa chegaram de Viena e se mudaram para nosso apartamento com piso de mármore; alguns dias depois, eu os surpreendi com dezenas de desenhos de Jesus na cruz. Eu nunca tinha visto meu avô empalidecer tão rápido. Ele começou a gritar. Eu tinha noção de que nossa comida e nosso aluguel eram pagos com dinheiro doado pela comunidade judaica mundial? Isso nos será tomado imediatamente, berrou ele, se a assistente social descobrisse meus desenhos blasfemos e ingratos. Ele arrancou o maço de desenhos de minhas mãos e tentou jogá-lo fora, mas eu o bloqueei; andamos cambaleando pela sala, puxando-os um do outro, até que Raisa os tomou de nós e os escondeu no fundo de uma mala.

Nossa assistente social em Roma nos alertou sobre crimes de rua e aconselhou minha mãe a carregar joias e dinheiro nas botas ou no sutiã. Raisa tinha pavor de ladrões e insistia em manter quase todos os nossos objetos de valor em uma bolsa de couro azul-celeste com fecho folheado a ouro que ela segurava sob os seios com as duas mãos. Em uma manhã ensolarada de fevereiro, minha mãe e eu estávamos à janela da cozinha e observamos Raisa dar um passeio desacompanhada pela calçada. Sair sozinha a deixava ansiosa, mas minha mãe e eu a encorajávamos, instando-a a ser mais independente. Da calçada, Raisa olhou para nós e sorriu, dando alguns passos trêmulos. De repente, uma motoneta com dois adolescentes dobrou a esquina e disparou pela rua na direção dela. Com um único movimento gracioso, o menino na garupa da motoneta inclinou-se, prendeu um gancho de metal nas alças da bolsa de Raisa e a arrancou dela. Raisa soltou um grito terrível. Ela foi atrás da motoneta, mas depois de alguns passos cambaleantes caiu de joelhos. Minha mãe e eu corremos escada abaixo, mas os *ragazzi* na motoneta haviam sumido.

Na bolsa, Raisa guardava sua aliança de noivado, de ouro, comprimidos para Parkinson e a maior parte de nossos documentos e dinheiro. Minha avó não era dada à autocomiseração — eu nunca a tinha visto chorar e nunca mais veria —, mas ali, em uma calçada em Ostia, ela chorou inconsolavelmente, sujando as bochechas de batom ao passar o lenço xadrez de Semyon no rosto. "Por que a vida é tão cruel?", disse ela para ninguém em particular. Raisa ficou desconsolada até que uma assistente social nos ajudou a registrar um boletim de ocorrência e nos devolveu parte do nosso auxílio roubado.

Quando era estudante universitária em Moscou, minha mãe tivera uma colega de classe cujos pais eram altos funcionários do partido; durante uma visita ao apartamento deles, ela deparou com uma pilha de catálogos da American Spiegel. Ela me disse que, ao olhar para as modelos em suas páginas, teve a impressão de que, enquanto a vida na União Soviética transcorria em preto e branco, as pessoas no Ocidente viviam em cores. Nossas viagens semanais a Roma confirmaram suas suspeitas. Embora aquele novembro estivesse ameno, as mulheres passeavam em casacos de pele compridos e os homens usavam sobretudos de cashmere. Minha mãe e eu parávamos para comer *tramezzini* perto da Fontana di Trevi e para tomar sorvete na Piazza Navona, depois continuávamos em nossas excursões de dia inteiro: para a Galeria de Mapas do Vaticano, para a igreja de São Pedro Acorrentado, para o monte Esquilino, onde ficamos bestificados diante do Moisés chifrudo de Michelangelo, e para a Villa Borghese, onde ficamos sentados em silêncio por uma hora em uma sala cheia de Caravaggios na maior parte pretos. Minha mãe estava saindo com um homem de São Petersburgo, e nós três passamos uma tarde nublada alimentando os gatos sem dono no meio das ruínas do Coliseu, onde um transeunte tirou uma foto nossa semicerrando os olhos ao sol poente.

Minha mãe parecia exultante em Roma. Ela adorava as palmeiras e as antiguidades esquálidas da cidade. Entre homens que lhe faziam propostas em ônibus urbanos e mulheres elegantes que posavam de salto alto para fotos em praças barrocas, ela

teve os primeiros vislumbres do que lhe parecia uma liberdade autêntica. Em um café perto do Panteão, ela encontrou seu ex--colega de classe Izya, aquele que fazia o dever de casa dela na Universidade Estatal de Moscou e planejava se tornar professor de marxismo e leninismo. Ele estava saindo de um ônibus com a esposa grávida. Izya e minha mãe se abraçaram. "Estamos indo para Nova York!", ele disse a ela.

Duas semanas depois, com os vistos em mãos, embarcamos em uma aeronave da Alitalia com destino ao Aeroporto Internacional John F. Kennedy. Famílias de Tula e Bucara, algumas das quais nunca tinham estado a bordo de um avião, perambulavam pelos corredores. Em meia hora, os banheiros do 747 estavam entupidos com embalagens de comida e fraldas. Os compartimentos de bagagens no teto se abriram quando o avião passou por uma turbulência sobre o Atlântico e quase todos ofegaram. Nove horas depois, meus avós, minha mãe e eu entramos em uma sala onde funcionários da imigração, da alfândega e da polícia de Nova York esperavam por nós, impassíveis. Alguém tinha pendurado uma faixa de papel em uma fileira de detectores de metal que dizia: "Bem-vindo aos Estados Unidos da América!".

Minha mãe viu Lyuba, sua melhor amiga da universidade, acenando para nós do lado de fora da esteira de bagagens. Ela morava no Queens havia pouco mais de um ano. Já estava escuro quando um ônibus sem identificação nos levou pelos desertos do Queens em direção a Manhattan, deixando-nos na rua 91 com a Broadway, em frente a um hotel residencial chamado Greystone. Com seu chuveiro de água quente e lençóis limpos, nosso pequeno quarto parecia desnecessariamente luxuoso. Mais tarde, quando minha mãe e eu caminhávamos pelo corredor, velhos parados em vãos de portas abertas olharam para nós com um misto de curiosidade e apreensão.

Na manhã seguinte, minha mãe me enrolou num cachecol e me levou para um passeio em nossa nova cidade. O Upper West Side de Manhattan não tinha palmeiras nem fontes barrocas. Era março, e a Upper Broadway estava atolada em neve derretida. O tempo estava igual, observou minha mãe, ao da manhã de novembro em que deixamos Moscou. Retângulos de céu nublado eram visíveis entre prédios de apartamentos sem graça; pedestres caminhavam com dificuldade em botas de borracha, jaquetas de náilon e parcas. Olhei para a cidade timidamente por cima do cachecol. Minha mãe pousou as mãos em meus ombros. "Está vendo?", disse de forma tranquilizadora. "A América não é tão diferente assim."

Nosso assistente social na Associação para Novos Americanos de Nova York insistiu que alugássemos um apartamento em

Brighton Beach, o bairro à beira-mar onde vivia cerca de um terço da população de língua russa de Nova York, na maioria judeus soviéticos. E assim, em uma tarde ensolarada, minha mãe e eu pegamos o metrô até o fim da linha, atravessando toda a extensão do Brooklyn. Caminhamos sob os trilhos elevados do trem em estado de espanto. Muitas das placas das lojas na avenida Brighton Beach estavam em russo; uma particularmente estranha dizia: "Livros/Limpeza a seco". Em quase todos os cantos havia barracas de produtos agrícolas rodeadas por caixas abertas de frutas maduras em cores saturadas. Havia lojas de especialidades com *pelmeni* na vitrine, esturjão defumado com pele, manteiga da Suécia e da Polônia, guirlandas de salsichas. Havia lojas que vendiam livros, discos e fitas cassete em russo, além de matrioscas e chapéus militares soviéticos. Havia restaurantes onde dançarinos em collants de lantejoulas chutavam alto, entre mesas repletas de coroas de cordeiro assado e garrafas de Smirnoff, ao som ao vivo de bandas pop que cantavam em russo, inglês, iídiche e francês. Brighton Beach não era o Ocidente, não exatamente. Era uma fantasia do Ocidente, um corretivo para cada grande escassez soviética ao oferecer um suprimento praticamente ilimitado de música pop, carne, frutas tropicais, álcool e nudez não muito explícita.

Quase todos na avenida Brighton Beach falavam russo. As mulheres usavam chapéus de mohair e os homens usavam gorros de feltro com aba curta, como faziam em Minsk e Odessa, mas misturados com itens que simbolizavam o Ocidente, ainda que principalmente para nós: jaquetas de couro, jeans, relógios de pulso digitais, óculos de aviador. Minha mãe e eu nos sentamos em um banco no calçadão e olhamos boquiabertos para os casais que passeavam. Ainda estava frio demais para termos uma ideia do estilo que se tornaria sinônimo de Brighton Beach; nos meses mais quentes, mulheres de meia-idade desfilavam em blusinhas decotadas e justas com estampas de gatos selvagens, óculos estilo Gucci com detalhes dourados, sapatos envernizados com salto agulha e cabelo com permanente tingido de um perturbador tom de laranja.

Mas tínhamos chegado a Nova York apenas algumas semanas antes — o que sabíamos sobre o Brooklyn? Outros refugiados soviéticos que conhecemos nas salas de espera da agência de reassentamento descreveram o bairro como um país das maravilhas de oportunidades econômicas e cultura judaica, ou um paraíso para homens incultos das províncias soviéticas que acabavam dirigindo limusines de aluguel e fraudando o Medicaid. Depois, todos falaram sobre os lendários gângsteres russos de Brighton, esforçando-se para deixar claro que eles não eram judeus. No fim, nada daquilo importava — minha mãe havia se decidido. Enquanto estávamos sentados no banco olhando para o oceano Atlântico, perguntei a minha mãe se íamos nos mudar para Brighton Beach. Ela olhou para mim e respondeu: "Não viemos para os Estados Unidos para falar russo".

Ela queria morar mais perto de Manhattan. Uma semana depois, fez um depósito para um apartamento de três quartos em Long Island City, Queens, a um quarteirão e meio do apartamento de Lyuba. Como a maior parte do Queens, Long Island City era um bairro de classe média baixa lotado de pessoas de outros países, nenhuma das quais parecia muito animada de morar lá. Os três cômodos da nossa nova casa se ligavam uns aos outros por meio de uma série de vãos sem porta; mesmo em dias ensolarados, o interior do apartamento parecia crepuscular.

Lyuba trouxe algumas panelas e nos contou sobre o Dia do Lixo. Uma noite por semana, ela, minha mãe, Semyon e eu saíamos para vasculhar o lixo dos vizinhos. Em poucas semanas, havíamos mobiliado nossos aposentos com um sofá, uma mesa de cozinha, um conjunto de estrado de molas e colchão e uma televisão preto e branco. Os móveis eram bambos, não tinham maçanetas e exalavam odores de comida e mofo, mas eram funcionais e gratuitos. Alguém havia arrancado a antena da TV e, quando liguei o aparelho, ele rugiu com estática raivosa. Em nome da ciência, torci um cabide de arame e o estiquei entre o toco da antena e um carrinho de compras enferrujado, mais um achado do Dia do Lixo; quando rolei o carrinho ao redor da TV, o padrão na tela mudou e dançou, até que finalmente surgiu uma imagem no canal 2.

Algumas noites depois de eu ter feito a gambiarra no aparelho de TV, nos sentamos em volta dele segurando no colo pratos com sanduíches de mortadela e montes de molho de maçã, sentindo-nos verdadeiros nova-iorquinos. O canal 2 estava exibindo *Amor à primeira mordida*, um filme sobre outro imigrante da Europa Oriental: George Hamilton interpreta um vampiro que vem da Transilvânia para Manhattan. Em uma cena, ele se transforma em um morcego e voa para um apartamento barato muito parecido com o nosso, onde uma família porto-riquenha o persegue, brandindo uma frigideira e uma vassoura e gritando: "Galinha voadora". Nenhum de nós entendeu a piada, mas quase morremos de rir.

Na PS 166, a escola primária na avenida 35 onde fui matriculado uma semana depois, a maioria dos outros alunos tinha sobrenome grego. Meu inglês era muito ruim e exigia atenção constante. Eu tentava o tempo todo manter mentalmente disponíveis termos importantes como "almoço", "auditório" e "banheiro", e os balbuciava várias vezes antes de pronunciá-los. Por um tempo, não tive certeza se pegaria o jeito do idioma, e em alguns dias me perguntava se queria aquilo, devaneando sobre Brighton Beach, com suas bancas de kvass e suas placas em russo. Eu estava feliz em devanear em russo, até que um dia vi a capa azul e vermelha da versão em livro de *O império contra-ataca* – o primeiro filme a que eu assistira em um cinema americano – em uma estante giratória na biblioteca da escola. O livro de bolso com páginas amassadas me encheu de vontade de ler em inglês, e eu o mantive ao lado da cama durante toda a primavera.

Os novos idioma, moeda e sistema de transporte deixavam Semyon e Raisa alternadamente perplexos e consternados. Eles também tiveram de se esforçar para lidar com os feriados nacionais. O Dia da Independência os incomodou mais – Semyon passou a chamá-lo de "Dia Dentro de Casa". Meus avós comemoraram o Quatro de Julho fechando as cortinas. Depois de escurecer, nossos vizinhos afluíram para o retângulo de grama sob nossas janelas, para soltar fogos de artifício. Fogos de artifício eram ilegais em Nova York, mas todos pareciam ter muitos. Famílias inteiras saíram, os adultos bebericando de latas de cerveja em sacos de papel marrom e acendendo estrelinhas e velas romanas que subiam com um sibilo suave. Depois que os adultos e as crianças pequenas foram embora, os adolescentes acenderam suas munições até de manhã. Suas bombinhas e M-80 explodiam tão alto que eu sentia os estouros em meu plexo solar. Semyon e Raisa se apertavam no sofá, nossa TV-carrinho de compras com o som no máximo. Raisa disse que as explosões a lembravam do bombardeio alemão.

Depois de menos de um ano, minha mãe percebeu que o aluguel do nosso apartamento era muito alto, então nós quatro nos mudamos para alguns quarteirões adiante, em um apartamento de um quarto no andar térreo no Ravenswood – conjunto habitacional que oferecia aluguel fortemente subsidiado para a classe média baixa baixa e os pobres. Semyon e Raisa dormiam em um sofá-cama na sala, enquanto minha mãe e eu dividíamos o quarto. O linóleo era um tom mais escuro do que o de nosso apartamento em Moscou.

Havia apenas uma outra família que falava russo no prédio, e eu tinha vergonha do meu inglês, mas minha mãe insistiu que eu tentasse fazer amizade com os vizinhos. No parquinho, fiquei amigo de Jason e Junior, irmãos que moravam no sexto andar e gostavam de se referir a si mesmos como J&J; eles tinham mais ou menos a minha idade, possuíam vários tacos e luvas de beisebol e começaram a me ensinar as extensas e complicadas regras do esporte. Arremessávamos e rebatíamos no concreto do parquinho, e uma vez, depois que Jason acertou uma janela do segundo andar, corremos para dentro e nos escondemos no vão da escada, rindo até a barriga doer.

Algumas semanas depois, no parquinho, eu estava pilotando uma Ross amarela e roxa de três marchas com selim banana e guidão alto que resgatara do Departamento de Saneamento no Dia do Lixo quando Jason e Junior vieram até mim em suas Schwinns. Estavam com um grupo de meninos mais velhos que eu nunca tinha visto. Assim como J&J, eles eram magros, negros e usavam camiseta. Eles andaram atrás de mim por um tempo, até que eu parei, pus os pés no chão e acenei. "E aí?", gritei, orgulhoso da expressão recém-aprendida, e abri um sorriso que pretendia transmitir proximidade. Um dos meninos mais velhos fez um círculo em volta de mim e então investiu com sua bicicleta, com força, contra a lateral da minha. Eu caí e arranhei o cotovelo. Os meninos riram e ficaram dando voltas em mim. Antes de irem embora, um deles gritou: "Comunista!".

Era um nome pelo qual eu já tinha sido chamado na escola. A economia social do ensino fundamental não deixava nenhuma desvantagem pessoal sem responsabilização: quem tinha excesso de peso, muita acne, era órfão, estrangeiro ou visivelmente pobre não podia esquecer isso. O veredicto era geralmente pronunciado através de aparelhos dentários e acompanhado de vaias e risadas. No meu caso, "comunista" às vezes era seguido pelo estranhamente antiquado "Melhor morto do que vermelho" ou, mais frequentemente, "Volta pro seu país!".

Eu sabia que ser comunista era ruim. Isso me seguia como um cheiro constrangedor. Minha antiga terra natal escurecia a cultura com sua sombra em forma de cogumelo. Em um discurso que fez antes de uma convenção de evangélicos em Orlando, Ronald Reagan a chamou de "império do mal"; de acordo com programas de notícias a que eu assistia na TV, a União Soviética tinha mísseis balísticos intercontinentais suficientes para destruir os Estados Unidos onze, quinze ou 22 vezes. Pior ainda, num filme atrás do outro, os americanos tinham prazer em derrotar vilões soviéticos grandalhões, desajeitados e destituídos de emoção. Depois que paraquedistas soviéticos invadiram o Colorado e assassinaram o pai de Patrick Swayze em *Amanhecer violento*, alguém atrás de mim gritou "Vai para casa, seu comunista de merda!" alto o suficiente para que todos no refeitório da escola ouvissem, fazendo minha nuca comichar de pavor.

A vermelhidão e o sotaque estrangeiro não eram meus únicos obstáculos ao aculturamento. Na escola, eu passava a maior parte do tempo com os meninos, e certa vez, ao me despedir de um particularmente bonito chamado George Kaklamanis, devo tê-lo abraçado por um tempo um pouco demasiado. Porque depois, Denise DiNunzio – de rabo de cavalo, bonita, dada a pontilhar todos os três is em seu nome com corações roxos cheios de laços – se aproximou de mim e disse, num tom nada baixo: "Você é gay?". "Não, claro que não!", eu gritei, assustado com a pergunta. "Como você sabe?", ela gritou de volta, zombeteira. "Você já foi ao médico?" Eu estava tremendo de surpresa e da consciência oculta de que Denise estava certa. Não tinha total certeza do que ser gay envolvia, apenas de que era socialmente indesejável e possivelmente catastrófico. Eu soube então que meu nome e meu passado — e as coisas que a franja emplumada e os olhos azuis da cor do limpa-vidros Windex de George me faziam sentir — eram problemas que exigiam uma solução vigorosa.

Assumi, então, a missão de me tornar permanentemente, irrefutavelmente americano — ou seja, normal. Consegui me livrar do meu nome logo, assim como outros meninos que conhecia e que vinham das Repúblicas Socialistas Soviéticas: muitos Vladimir, Ilya e, a pior opção, Vadik (um nome que as crianças americanas pronunciavam, com crueldade perfeita, *va-DICK*)* tornaram-se Steve, Jason ou Bruce. Fazíamos uma careta para nossos pais por falarem russo conosco na frente dos colegas, em supermercados e em lavanderias. Entre nós, conversávamos em um inglês com sotaque, mas alto, como se para garantir aos espectadores nativos nosso amor pelos Estados Unidos. Não queríamos nada com o russo, com o passado, com as queixas de nossos avós em seus cardigãs, boinas de mohair e botas de astronauta impermeáveis, que ficavam o dia todo sentados em bancos da Housing Authority e reclamavam que os morangos baratos e abundantes no Rego Park A&P não eram tão doces quanto os que compravam nos mercados ao ar livre em Górki.

Como os novos Jasons e Steves, eu praticava falar inglês na frente de um espelho, moldando os lábios e a língua na forma e na embocadura prescritas, baixando o tom da minha voz para torná-la mais masculina. Alguém me disse que, para falar um idioma perfeitamente, era preciso pensar e sonhar nele, e quase todas as noites na cama, antes que minha consciência se turvasse no sono, eu ensaiava monólogos mentais em inglês, esperando que eles impregnassem meus sonhos. Quando isso não funcionou,

* *Dick*, em inglês, é o termo popular para pênis. (N. T.)

recorri ao mimetismo mecânico. Passei três anos dizendo "*dist a minute*" em uma voz animada antes de me perguntar o que "*dist*" realmente significava.*

Depois de ler *O império contra-ataca* com a ajuda de um dicionário, passei horas imóvel no chão em frente à televisão estudando programas de beisebol, com seus estranhos períodos de imobilidade e suas regras pouco compreensíveis; fiquei maravilhado com o gênio improvisado dos anões e gigantes lutando no canal 9, seus rostos cobertos de sangue de verdade; fiquei emocionado com Alexis lançando taças Baccarat em Krystle em *Dinastia*. Eu bebia a americanidade como água de uma torneira, minha sede nunca diminuindo.

Uma noite, quando eu tinha doze anos, um judeu grisalho de cinquenta e poucos anos de jaqueta de couro veio ao nosso apartamento; Gordon conhecera minha mãe por meio de um anúncio na contracapa da revista *New York* e vinha buscá-la para um encontro. Ele disse que era dono de um depósito de discos e fitas e, antes de saírem, me entregou um punhado de cassetes de Waylon Jennings, George Jones e Johnny Paycheck; era a música mais americana que eu já tinha ouvido, cantada por homens de verdade, e durante meses escutei pouca coisa além de honky-tonk e outlaw country.

Longe de casa, eu repudiava tudo e todos que eram russos. Quando Semyon trovejou sobre meus hábitos de consumo no supermercado local — "Ponha de volta esses rolinhos de pizza", ele declamou no corredor de congelados, "não somos milionários!" —, eu fingi não ouvir e me afastei sutilmente, me distanciando do

* Aqui, na expressão *just a minute* (só um minuto), a palavra *just* é trocada por uma de pronúncia semelhante, *dist*, que significa "alguém que não merece nem ser chamado de algo que existe". (N. T.)

seu carrinho de compras o suficiente para sugerir a todos na Met Food que não éramos parentes. A parte do meu passado que eu mais odiava era meu pai. Acabei dizendo a todos na escola que ele estava morto, na esperança de que matá-lo simbolicamente eliminaria minha necessidade dele e minha vergonha por sua ausência voluntária de nossas vidas. Em minhas histórias, fiz do meu pai uma vítima de câncer e, por fim, um oficial de alta patente do Exército que morrera heroicamente na Guerra Soviético--Afegã. Matá-lo me ajudou a me importar menos com o fato de que, durante nosso segundo ano em Nova York, meu pai parou de escrever e depois de nos telefonar; me ajudou a esquecer que, sempre que eu conferia o horário, tinha o hábito de acrescentar sete horas, para compensar a diferença de fuso entre Nova York e Moscou, e que ainda tinha um sobressalto quando o telefone tocava de manhã.

Eu ainda não sabia que o trauma é perpetuado pela repressão. Não entendia que os pesadelos que me visitavam várias vezes por semana podiam ter algo a ver com minha transformação radical em alguém perfeitamente, ainda que brandamente, americano. E tentava ignorar os sonhos mais felizes, nos quais meu pai me observava tentando nadar na água escura do lago em Stepanovskoye, gritando para que eu batesse as pernas com mais força.

Depois que me formei na PS 166, minha mãe decidiu me tirar do sistema de ensino público de Nova York — ela tinha ouvido histórias sobre gangues, gravidez na adolescência e maconha —, mas mal podia pagar as mensalidades de uma escola particular. Como assistente social em uma clínica de saúde mental para refugiados soviéticos em Coney Island, ela ganhava 12 400 dólares por ano, e despesas além de mantimentos, aluguel, serviços públicos, passagens de metrô e compras furtivas ocasionais de roupas femininas com grandes descontos estavam fora de questão. Então, uma amiga contou a ela sobre uma pequena yeshivá que atendia aos filhos de pessoas ricas moderadamente religiosas, ligada a uma imponente sinagoga estilo neomourisco na parte rica da cidade; os refugiados soviéticos eram uma causa popular na comunidade judaica, e a escola queria matricular um de nós, presumivelmente com bolsa integral. Nem minha mãe nem eu estávamos entusiasmados com a parte religiosa da barganha, mas eu sabia que ir para a escola em Manhattan era uma chance de melhorar minha americanização e de me distinguir dos filhos de outros imigrantes que nos cercavam em Long Island City – havia uma razão, afinal, pela qual os falantes de russo se referiam ao Queens como *Svinsk*, Cidade dos Porcos.

Com o custo da minha educação reduzido a meros cem dólares por semestre, eu me tornei um aluno do sétimo ano e um refugiado soviético simbólico na Park East Day School. Assistia às aulas do Talmude ministradas em aramaico ao lado de adolescentes com cabelo bem cortado, aparelhos dentários caros e camisas polo Lacoste em todos os tons imagináveis, que iam embora em sedãs de luxo com chofer e vidro elétrico. Minha retribuição pela generosidade da escola era exigida em assembleias semanais, quando o diretor, o dr. Smilowitz, me pedia que dissesse "algumas palavras" sobre minhas experiências como judeu oprimido vivendo atrás da Cortina de Ferro. Eu ficava atrás de um púlpito, encarava meus colegas de classe e dizia em meu inglês ainda com sotaque que todos em Moscou nos odiavam, que tínhamos que declarar nossa nacionalidade judaica em nossos passaportes e que minha mãe era a melhor aluna da escola, mas não podia ser admitida no instituto de belas-artes porque era o que minha mãe tinha me mandado dizer, mas o que estava pensando era que em

Moscou minha avó tinha uma TV em cores, um sedã e xícaras com a rainha da Inglaterra no fundo, que eu nunca conhecera ninguém que odiasse judeus e, de qualquer modo, aquilo era muitíssimo melhor do que viver em conjuntos habitacionais e ser espancado por ser estrangeiro. Pelo menos em Moscou todos sabiam que não éramos comunistas.

Nas sextas-feiras, todos se arrumavam para o sabá — as meninas com vestido de manga comprida e os meninos com terno e gravata elegantes, principalmente da Brooks Brothers. Depois que me matriculei na Park East Day School, minha mãe me levou para fazer compras em uma das lojas com descontos na Steinway Street, onde comprou meu macacão sub-Wrangler. Como de costume, ela se aproximou da adolescente atraente atrás do balcão e pediu para ser direcionada para a seção de tamanhos maiores para meninos. A garota olhou para mim e riu. Minha mãe me comprou uma camisa social branca esvoaçante e uma calça de poliéster azul-marinho que fazia um som ciciante quando eu caminhava. Na sexta-feira seguinte, o dr. Smilowitz se aproximou de mim no refeitório, que ficou em silêncio. Olhando rapidamente para minha roupa, ele disse que, se eu não pudesse usar algo apropriado no sabá, não deveria ir à escola. Ele me mandou para casa. Peguei o metrô de volta para Long Island City, feliz por sair cedo e ansioso para o jogo da tarde do Mets, no canal 9.

Por um breve período, meu professor favorito, o rabino Steinig, também se tornou meu melhor amigo. Ele me deu aulas de hebraico depois da aula e me fez uma fita do The Mamas & The Papas. Costumava me dizer que, se eu quisesse uma vida significativa, tinha de aprender a viver como judeu. De início resisti à ideia, tendo sido criado em um país orgulhosamente ateu, mas a maneira paciente e afetuosa com que ele me falava enfraqueceu minha determinação. Aos poucos, me convenci de que ele estava certo — a comunidade judaica ajudara a nos trazer para os Estados Unidos, e quem era eu para dizer que não havia um livro de registros de *mitzvot* e pecados que era apresentado à pessoa depois que ela morria, como uma conta em um restaurante? Em casa, durante o café da manhã num fim de semana alguns dias antes da Páscoa, eu disse a minha mãe que íamos ser justos: de acordo com a lei judaica, durante sete dias não comeríamos pão fermentado nem teríamos nenhum no apartamento. Para enfatizar a ideia, abri uma caixa de matzá que ganhara na escola e comecei a espalhar manteiga em um grande quadrado daquilo. Minha mãe acenou com a cabeça distraidamente, folheando uma *Cosmopolitan*.

Na noite anterior à Páscoa, coloquei um quipá e joguei as franjas do tzitzit sobre minha camiseta do Waylon Jennings; juntei o pão de fôrma, o cereal de milho da minha mãe e o meu Franken Berry e joguei tudo no lixo. Recitei a oração hebraica. Caminhei pela cozinha com uma vela acesa, abri as portas do armário e, com uma longa pena de ganso que o rabino Steinig me dera, espanei as migalhas de pão fermentado. Minha mãe voltou do trabalho e me surpreendeu limpando ritualmente nossa cozinha. "Vamos ser bons judeus", eu disse, como saudação. A luz da vela tremulou em seu rosto. Ela parecia mortificada. "Não, não vamos", respondeu minha mãe por fim, pondo no chão suas sacolas de supermercado. "Apague essa vela antes que você incendeie o prédio, e chega de jogar fora nossa comida."

Do outro lado da rua 67 leste, em frente à escola, ficava a caixa de tijolos cinza da missão soviética. Eu olhava para ela com frequência durante as aulas. Era banal, exceto por um homem com binóculos e um walkie-talkie que caminhava lentamente pelo telhado. Parecia solitário e entediado, e eu sentia pena dele. Uma vez por semana, os professores nos entregavam um papel cartonado no qual escrevíamos mensagens para o governo soviético. Alguns de nós desenhávamos a bandeira azul e branca de Israel, alguns escreviam "Deixem nosso povo sair", e então os professores colavam as mensagens nas janelas, de frente para o homem solitário no telhado.

Se precisava de mais motivação para meu projeto de desrussificação, eu a consegui quando um dos antigos amigos soviéticos da minha mãe veio nos visitar. Esses adultos pareciam ocupar um posto avançado peculiar entre uma cultura que estavam começando a esquecer e outra com a qual eram incapazes de, e às vezes nem queriam, conviver. Eu tinha pena deles, e acho que um pouco de medo também, porque me olhavam com igual reprovação, especialmente quando eu arriscava uma opinião ou uma lembrança sobre meu antigo país. "O que você pode saber sobre isso? Era apenas uma criança", diziam, demonstrando, do jeito quintessencialmente russo, sua expertise em todos os campos e um talento especial para fazer pronunciamentos que encerravam conversas.

Esses adultos apenas me convenceram ainda mais de que meu passado não tinha utilidade aqui; nos Estados Unidos, eles não ligavam muito para morrer pelo país. A ideia parecia mórbida. Pelo que eu podia perceber nos textos culturais da minha pré-adolescência, o que importava era a superação criativa das limitações pessoais. Como Luke Skywalker e Waylon Jennings, minhas perspectivas só eram limitadas pela minha imaginação. E eu sabia que me tornar mais americano era também me tornar menos o que eu era tão obviamente: suspeitosamente estrangeiro, nada atlético, pobre e malvestido, com sotaque, covarde, manchado pelo comunismo e desinteressado por garotas. Eu mal podia esperar que o maremoto da minha transformação lavasse os destroços da história.

* * *

Numa tarde de novembro, eu estava voltando para casa depois da escola quando um de três meninos amontoados na esquina da Crescent Street me perguntou as horas. Olhei distraidamente para o Swatch que minha mãe comprara para mim na Gimbels. "Três e trinta e cinco", eu disse. Só então percebi que estávamos sob o relógio da Long Island City Savings and Loan e que os meninos só queriam ver se eu tinha um relógio. Isso não era incomum no Ravenswood, e eu sabia que a reação apropriada era dar de ombros ou cuspir na calçada e continuar andando, tomando cuidado para não olhar para trás.

Eles me seguiram. Eu reconheci um deles do prédio ao lado. Meu coração batia forte em meus ouvidos, mas eu estava quase em frente à porta do meu prédio, do outro lado da rua, que só abria com chave. Sabia que poderia vencê-los. Tirei a chave do bolso, desci da calçada para a rua 24 e comecei a correr. Eu os ouvi vindo atrás de mim. Quando cheguei mais perto da porta, vi um pedaço de fita adesiva cobrindo a fechadura e uma placa de "quebrado", escrita com marcador, colada acima dela. Corri para o saguão e me encostei na parede, ofegante; estava à mercê deles.

Os meninos tinham mais ou menos a minha idade. Eles me cercaram segurando bisturis — lâminas enferrujadas com cabos de plástico azul — que deviam ter encontrado nas latas de lixo na avenida 34. Um ficou de vigia no saguão enquanto os outros dois me empurraram para o corredor, fora de vista, e contra a porta do apartamento 1D. "Esvazie os bolsos", instruiu o mais alto, com profissionalismo surpreendente. Eu me lembrava de que seu nome era Wayne.

Virei os bolsos e abri as mãos; em uma palma havia dois centavos, todo o dinheiro que eu tinha. Wayne, cujas lentes de grau grossas reduziam seus olhos a passas furiosas, me deu um tapa com força na cabeça. "O relógio", disse ele. Arqueei as costas, tentando não apertar a campainha com a mochila, porque estava encostado na porta do apartamento dos meus avós. Ouvia o som fraco da televisão e sabia que Semyon e Raisa a estavam assistindo no sofá-cama. Se um deles abrisse a porta, eu temia que Wayne tivesse coragem de roubá-los também. Com uma pontada, pensei no bico-de-lacre empalhado na cômoda – um presente dos alunos de zoologia de Semyon – e ao lado dele a caixa de charutos com as medalhas do meu avô, remédios para o coração, comprimidos para Parkinson de Raisa e a caderneta bancária deles, dentro da qual havia vinte ou 25 dólares.

Em um bolso interno da jaqueta, eu carregava um canivete dobrável com cabo de madrepérola falsa que comprara em uma loja de artigos para fumo na rua 14. Eu me dei conta de que tentar puxá-lo e abri-lo demoraria muito e provavelmente eu acabaria ferido. Desejei que minha mãe tivesse me deixado comprar o canivete que vira em uma feira de rua no México no verão anterior, durante nossa primeira e única saída de Nova York, quando passamos meio dia em Tijuana com uma amiga dela da universidade que morava em Los Angeles. Também desejei, pela primeira vez, ter uma arma de fogo. Wayne tirou o Swatch do meu pulso e me deu outro tapa na cabeça. Soou como se ela fosse feita de latão. "Até mais, sua bicha", disse ele, depois correu para o saguão e saiu pela porta com os outros.

Depois de dar uma olhada no saguão para me certificar de que eles tinham ido embora, toquei a campainha dos meus avós e contei a Semyon e Raisa o que acontecera. Esperava que eles parecessem alarmados ou pelo menos preocupados, mas, em vez disso, eles ficaram perto de mim e sorriram. "Você não está ferido", disse Raisa, despenteando meu cabelo. "Está tudo bem." Fiquei grato pela tranquilidade deles, mas me sentia mal. Quando me sentei no sofá, um gemido baixo e gutural saiu de mim. Semyon sentou-se ao meu lado, me deu um tapinha nas costas e disse: "Você está seguro agora, pare de chorar".

Subi e chamei a polícia. Minha mãe estava no trabalho, e esperei na cozinha de jaqueta. Vinte minutos depois, um oficial da Housing Authority tocou a campainha, sentou-se no sofá e fez anotações em um bloco preto retangular. Às vezes ele olhava para mim enquanto eu falava. Tinha cabelos ruivos rareando e uma pança; o crachá prateado no uniforme dizia: "O'Malley". "Podemos entrar na viatura e dar uma volta, e você pode apontá-los para mim", disse o policial depois que terminei. "Mas os crioulinhos vão passar algumas horas com uma assistente social, sair impunes e vir atrás de você."

Desviei o olhar. Aquela palavra — "crioulos" — me fez entender que o policial era impotente e corrupto, e me senti sozinho e com medo. Ele me lançou um olhar astuto e disse: "Aconselho você a não prestar queixa".

Alguns dias depois, vi da janela Wayne e seus dois amigos andando de bicicleta na calçada. Era sábado e eu também queria sair, mas estava com medo, e a vergonha que se apoderou de mim era ainda pior. Naquele momento, eu queria mais que tudo ouvir a voz do meu pai; estava convencido de que ele saberia o que fazer, mas não nos falávamos havia quase um ano. Quando minha mãe voltou para casa, contei a ela o que acontecera e pedi que me deixasse comprar uma arma de fogo.

Depois disso, desenvolvi uma rotina: na escola, esperava até escurecer para voltar para casa, então vasculhava meu quarteirão sob a cobertura da escuridão de trás dos arbustos aparados ao redor das cooperativas de Queensview, o conjunto habitacional mais requintado do outro lado da rua, onde seguranças passeavam pelos caminhos em carrinhos de três rodas. Depois de me certificar de que Wayne e seus amigos não estavam à vista, atravessava depressa a rua e cobria os cinquenta metros até a porta.

Nessa época, minha mãe estava saindo com um químico israelense gentil chamado Tzvi, que a levou de férias para a Bélgica. Eles voltaram da Europa com presentes: uma gravura emoldurada de um canal e, surpreendentemente, uma pistola de cano duplo do século XIX. "Você fica pedindo uma arma à sua mãe", disse Tzvi, com uma piscadela zombeteira, "então comprei uma para você." Por um momento, olhei para ela, sentindo arrepios, mas então vi que os canos da arma estavam tapados com chumbo. Era uma antiguidade que não disparava – dois gatilhos com vestígios de verdete, dois martelos, dois reservatórios de pólvora, um cabo de nogueira serrilhado. No banheiro, apontei-a para mim mesmo no espelho, cobrindo os cães com a mão esquerda em um floreio de Clint Eastwood. De frente, parecia uma espingarda com o cano serrado.

Eu a levava para a escola todos os dias. Sabia que, se uma professora visse a arma, teria que chamar a polícia, então a deixava na mochila o dia todo. Quando descia do metrô em Long Island City, esperava que a plataforma esvaziasse, transferia a arma para o bolso do casaco de inverno folgado e caminhava para casa segurando o cabo. Nunca pensei com clareza sobre o que aconteceria se a puxasse e a apontasse para alguém, mas fantasiava a respeito constantemente, praticando no espelho do banheiro a sacá-la como um xerife de uma cidade na fronteira. Eu a carregava comigo para quase todos os lugares, pois descobrira que aquilo diminuía meu medo. O metal e a madeira aqueciam minha mão.

Uma noite, depois da escola, eu estava parado na minha vigia de costume atrás dos arbustos das cooperativas Queensview, examinando as calçadas da rua 24. De repente, meu rosto gelou.

À luz da lâmpada acima do vão da porta do nosso prédio, vi Raisa sozinha, segurando a bolsa com as duas mãos. Ela tremia levemente, como sempre. Semyon, que a levava para caminhar várias vezes por dia, devia ter entrado. A alguns metros de distância, Wayne e outro garoto estavam agachados atrás de uma van estacionada e a observavam, aproximando-se. Ela não podia vê-los. Eu sabia que eles estavam prestes a agarrar a bolsa.

O que aconteceu a seguir foi instantâneo. Joguei a mochila no chão e saí correndo de trás dos arbustos. Disparei na direção deles, diminuindo a distância entre nós, minha mão segurando a arma no bolso do casaco. Devo ter gritado, porque Wayne se virou. Só posso imaginar qual deve ter sido a expressão em meu rosto, mas, para minha surpresa, ele cutucou o outro garoto e eles começaram a correr, desaparecendo atrás de uma fileira de carros estacionados. Nesse instante, Semyon saiu. Corri até ele e me dobrei, respirando com dificuldade, desapontado por ter perdido minha chance de sacar a arma. Semyon me olhou de cima a baixo com curiosidade. "O que deu em você?", ele disse.

Quando eu tinha quinze anos, minha mãe me levou a uma leitura no auditório de um colégio no centro de Manhattan para ouvir Joseph Brodsky, o grande poeta da sua juventude; como nós, ele agora morava em Nova York. A poesia dele, minha mãe me lembrou, foi o pretexto para ela conhecer meu pai. Um homem prematuramente grisalho cuja parte de baixo da camisa despontava sob o suéter disforme, ele ficou atrás de um púlpito e leu rascunhos apressados num russo ofegante, parando apenas para anunciar os títulos dos poemas. Depois, quando alguém na plateia perguntou sobre os poetas mais famosos da União Soviética — Ievtuchenko e Voznesensky —, Brodsky respondeu: "São poetas e pessoas de segunda classe". Minha mãe parecia encantada. Após a leitura, esperou na fila para falar com Brodsky, e os dois permaneceram perto do púlpito quando quase todos foram embora. Poucos dias depois, ele ligou e a convidou para jantar.

Eles se viram intermitentemente por vários anos. Quando minha mãe pegava o metrô para Manhattan para visitar Brodsky em seu apartamento com jardim na rua Morton, onde costumava passar a noite, ela usava roupas que comprara nas butiques do Upper East Side e costumava pagar em prestações – um vestido de crepe cor de papoula, um trench coat cinza-azulado com chapéu fedora de feltro. Em sua mesa, Brodsky mantinha uma foto emoldurada de Billie Holiday e outra de seu gato. Brodsky pediu a minha mãe que lesse uma peça dele e falou com ela sobre Anna Akhmátova, sua antiga professora. O melhor de tudo foi que ele a pôs em contato com seu amigo Tomas Venclova, o poeta dissidente lituano que visitou o clube de literatura do ensino médio dela em Vilnius e que agora morava no chalé de um professor em New Haven. Brodsky podia ser despótico e indiferente, e minha mãe sabia de sua reputação de mulherengo, mas não parecia preocupada. Quando voltava para casa depois de vê-lo, pendurava o casaco nas costas de uma cadeira, entrava no quarto, fechava a porta e anotava em um caderno as coisas que tinham dito um ao outro.

Uma noite, antes de voltar da casa de Brodsky, minha mãe ligou para pedir a Semyon e a mim que a encontrássemos na estação de metrô da Broadway, porque não queria voltar sozinha no escuro. Enquanto caminhávamos lado a lado, ela nos contou que tinha ido a um restaurante japonês com Brodsky, seu amigo Mikhail Baryshnikov e a namorada bailarina dele, e que a noite toda as pessoas abordavam Baryshnikov, pedindo autógrafos. Perguntei a minha mãe se era estranho comer em público ao lado de um poeta famoso e de um ator de Hollywood. "Não", ela respondeu sem pensar muito. "Não pareceu nada estranho."

Em casa, ela gostava de ouvir um LP empenado de Akhmátova lendo seus poemas: uma voz cansada e melancólica quase inaudível sob uma tempestade de estalos e arranhões. Ela guardava o disco em uma caixa de papelão ao lado de várias fitas cassete dos Beatles, dos *Greatest Hits* de Ray Charles e de um velho LP da Melodiya com canções tristes sobre bondes e a Grande Guerra Patriótica, de Bulat Okudzhava, que ela punha para tocar sempre que outros ex-soviéticos vinham nos visitar.

Uma noite, enquanto o disco de Akhmátova tocava, algo dentro de mim estalou, como uma correia de ventilador gasta. Eu não aguentava mais um segundo do disco arranhado, com sua nostalgia sufocante e sua tristeza colossal, que eu acreditava serem as emoções primárias da nossa antiga pátria. "Como você pode ouvir isso?", gritei para minha mãe. "É deprimente pra caralho!"

Ela estava fazendo o jantar, mas parou, ergueu a vista e disse: "Você é ignorante e lhe faria bem ler russo. Conhece o idioma, então por que não o usa?".

"Porque ele é inútil", retruquei, de repente gostando de deixá-la com raiva. "Você me trouxe para os Estados Unidos para ouvir discos russos antigos e me sentir um lixo o tempo todo?" Tentei tirar o disco, mas ela saiu da cozinha e me empurrou. Nosso gato malhado, que pegáramos em um abrigo, disparou para baixo do sofá.

Agora minha mãe também estava gritando. Eu nunca a tinha visto tão furiosa, e achei aquilo divertido. "Por que você odeia o que é?", ela falou. "Eu odeio *você*!", gritei de volta, e acreditei no que disse, pensando de repente nela me deixando sozinho no apartamento para passar as noites com Brodsky. Minha mãe pegou suas botas de couro preferidas — creme, de cano alto e salto médio – e veio para cima de mim. Tentou me acertar e errou, mas o segundo golpe me pegou nas costas. O salto da bota caiu no chão. Minha mãe olhou para ele, incrédula. "Você quebrou", ela choramingou. Caí no chão, rindo. "Eu queria que você não tivesse nascido", ela disse baixinho, então se sentou no sofá, cobrindo o rosto com as mãos. Na manhã seguinte, ela se desculpou e disse que não tinha falado a sério, mas eu fiquei no meu quarto e me aproveitei daquilo por mais um dia e meio.

No ano anterior, eu tinha começado a frequentar a Stuyvesant, uma escola de ensino médio especializada em matemática e ciências no East Village. A admissão era determinada por um exame municipal, e entrar era uma vitória: a Stuyvesant ficava a 45 minutos de metrô, mas era gratuita.

Mais de um terço dos alunos eram imigrantes que, como eu, provinham principalmente do Queens e de Staten Island. Os nativos tendiam a ser gênios do xadrez ou fãs de ficção científica e filhos de sociólogos acadêmicos, documentaristas, editores de jornais políticos de esquerda e outros membros da classe média média da cidade que viviam no Upper West Side. A Stuyvesant também abrigava uma população pequena, mas extremamente visível, de adolescentes brancos bem-vestidos e elegantes, muitos dos quais viviam no Upper East Side ou no centro de Manhattan e almoçavam no Stavy's, um restaurante na esquina da Primeira Avenida com a rua 15. Eles tinham sobrenomes como Tinsley, Blair, Preston e Cole, e os modos fáceis e divertidos dos endinheirados. Ostentavam skates e ray-bans verdadeiros, acompanhavam os pais em comícios em prol do Tibete livre no Battery Park e passavam os verões em Amagansett e Sag Harbor. Ficava claro para o resto de nós que eles faziam sexo. Pertenciam a uma casta inalcançável, e, para esconder nossa inferioridade e nossa inveja, meus amigos e eu os evitávamos a todo custo.

Se minha mãe tinha começado a se perguntar por que eu não passava muito tempo com garotas ou namorava alguma, só mencionou isso uma vez. Era um fim de semana, e ela ficou observando a bagunça do meu quarto. O linóleo estava escondido sob uma montanha de brochuras, cards de beisebol, *National Geographics* entreabertas e roupa suja. "Eu me perguntei algumas vezes se você prefere meninos", ela começou, emoldurada pela porta, e suas palavras me deixaram sem fôlego. "Mas percebi", continuou, "que você é muito bagunceiro para ser gay. Olhe este quarto!" Eu ri sem jeito – queria que soasse como uma risada, e talvez tenha conseguido – e respondi que ela estava certa. Minha mãe me disse para arrumar o quarto, algo que nós dois sabíamos que eu não faria, e fechou a porta.

Claro que eu não tinha contado a ela sobre Luka. Membro auxiliar do nosso grupo de nerds de bairros mais distantes da Stuyvesant, ele era um imigrante quieto e estudioso da Iugoslávia que vivia com os pais em Fort Greene. Gostei dele quase instantaneamente – Luka era esguio, com olhos de corça e estranhamente gracioso –, e, depois das aulas, passávamos horas sentados em parapeitos de janelas em salas vazias, discutindo Hermann Hesse e William Burroughs. Luka falava em frases lentas e pensativas, os joelhos dobrados sob o queixo, de vez em quando olhando para mim com uma expressão distante e gentil, que fazia minhas bochechas corarem. Por um tempo ficamos juntos quase todos os dias, e comecei a ansiar por vê-lo, depois a pensar nele com uma possessividade desconhecida. O fato de Luka gostar de uma garota da escola e falar cada vez mais sobre ela era algo que eu me recusava a considerar.

Foi enquanto debatíamos *O jogo das contas de vidro*, que eu achava interminável e chato, mas fingia curtir para agradar a Luka, que falamos sobre como Hesse escrevia sobre o amor – amor por Deus, amor universal, ou alguma outra variedade casta e melosa. Devo ter sentido uma abertura, porque eu disse a Luka que achava que o amava e estendi a mão para tocar seu rosto. Seus olhos se arregalaram aos poucos, e eu soube imediatamente que havia cometido um erro. Ele me agradeceu por ser honesto e disse que precisava ir. Poucos dias depois, Luka me pediu para encontrá-lo depois da escola na East Cafeteria, onde ele estava esperando com nosso grupo de amigos. Sombriamente, um dos outros meninos anunciou que eu não era mais bem-vindo para almoçar na mesa deles, por ser "homo".

Então veio Hector. Posso visualizá-lo agora, parado no corredor do segundo andar da escola, de jeans justo e camiseta do Run-D.M.C. Ele era esquelético e tinha uma voz comicamente grave; seu bem favorito – um par de óculos Cazals com moldura de plástico que eram grandes demais para seu rosto – o fazia parecer um inseto ameaçador. A arrogância de Hector era uma pantomima de um homem maior e mais velho. Ele tinha crescido no Haiti e vivia no Bronx com uma mãe católica rigorosa e uma série de padrastos brutais de quem ele ocasionalmente fugia.

Meus outros amigos, que aspiravam a uma admissão antecipada em Cornell e Dartmouth, consideravam Hector desmazelado, esquisito e possivelmente perigoso. Além de enumerar atos fictícios de justiça de rua em que se destacava, Hector adorava discutir as façanhas de Run-D.M.C., Kurtis Blow e outros rappers. Depois de assistir a *Cavaleiros da noite*, um drama sobre uma gangue de rap que tenta conseguir um contrato de gravação, ele voltou com um gravador portátil, que usou para fazer o filme inteiro. Sua fanfarronice podia ser enervante. Uma vez ele tirou dois frascos de crack de sua jaqueta jeans que disse que estava carregando para um amigo; ele os guardava no mesmo bolso de um canivete que gostava de tirar para dar golpes no ar. Se Hector tinha amigos além de mim, eu não os conhecia.

Por que me tornei amigo dele, não consigo lembrar. Talvez fosse sua aparência de infelicidade e culpa, ou sua virilidade cômica, ou o ódio que sentia dos padrastos, sentimento que eu compartilhava. Depois que ele fugiu de casa e dormiu uma noite em um banco na Union Square, eu lhe disse que ele poderia passar o fim de semana conosco no Ravenswood. Eu sabia que minha mãe provavelmente não aprovaria, mas ela e uma amiga iam passar o fim de semana em Montreal e o apartamento estaria vazio. Hector chegou muito cedo, quando minha mãe se preparava para levar suas coisas para o carro. Ela conversou um pouco com nós dois e fez algumas perguntas a ele. Percebi que as mãos de Hector tremiam enquanto ele dava respostas inarticuladas. Antes de ir embora, minha mãe disse: "Esse menino me dá um mau pressentimento".

Hector e eu assistimos a *Friday Night Videos* e dividimos uma lata de carne com batata que esquentei no fogão, depois sentamos no sofá e nos revezamos bebendo uísque de um cantil que ele disse ter furtado. "De quais garotas você gosta?", ele perguntou. Citei algumas que ele achou razoáveis. Ele disse que gostava de uma ruiva da escola chamada Megan, que tinha "peitos enormes". "Vou transar com ela", anunciou. A jactância soou tão sem sentido que nós dois rimos. Pode ter sido a hora avançada ou o uísque, mas eu deixei escapar que, quando me trocava na aula de educação física, às vezes olhava para os meninos. Hector disse que tudo bem. Ele também olhava para os meninos — às vezes. Mas principalmente para as meninas.

Nós nos despimos debaixo de um cobertor. As luzes estavam apagadas e senti sua respiração no meu pescoço. Juntamos as testas e nos esfregamos, totalmente sem jeito, no corpo um do outro, até acabarmos. Ficamos deitados em silêncio por um tempo até que Hector se enrolou em um lençol e foi ao banheiro. Eu ouvi o chuveiro ligado e acendi a luz. A cama de lona que tinha montado para ele estava ao lado da minha. Eram três ou quatro da manhã. Havia constrangimento, ou talvez algo pior, no ar.

Deitei na cama e esperei. Hector saiu do chuveiro enrolado em uma toalha. O triângulo do seu torso, acastanhado, parecia infantil e pequeno. Ele apagou a luz. Sem dizer uma palavra, passou pela cama, tirou a toalha e se deitou ao meu lado. Passou os braços em volta do meu peito e pressionou a bochecha contra meu pescoço. Sua pele cheirava agradavelmente a sabonete. Sua respiração ficou profunda e lenta, e ele adormeceu.

Fiquei deitado ao lado dele, estupefato de felicidade. De alguma forma, eu sabia, mesmo então, que sexo, não importa quão truncado ou temporário, é uma aposta para ser amado. E agora eu percebia que havia fontes de amor além daquelas para as quais eu nascera. Aquela não estava marcada pelo passado, pela distância e pela raiva, e pertencia inteiramente a mim. Pus a mão nas costas de Hector e o ouvi respirar, tentando ficar acordado o máximo que pude.

Por motivos que ainda não estão claros para mim, comecei a pôr para tocar o disco arranhado de Akhmátova da minha mãe, depois ler o pequeno volume de capa dura da poesia dela, trazido de Moscou. Acabei memorizando cerca de uma dúzia de seus poemas. Fiz isso furtivamente e nunca contei a minha mãe. Depois que ela adormecia, eu me sentava na sala de estar com a TV ligada sem som e começava a escrever meus próprios poemas rimados e metrificados em inglês — versões sentimentais e estranhamente vitorianas de Akhmátova e Brodsky — e me perguntava como seria ser escritor.

Suspeito que comecei a escrever como uma espécie de ritual mágico usado para afastar o mal. Na maioria das noites, eu deixava uma faca debaixo do travesseiro, para me proteger não apenas contra sonhos assustadores, mas também contra uma crença peculiar, quando estava desperto, de que a porta do apartamento poderia se abrir a qualquer momento, derrubada por uma força malévola que eu não conseguia nomear. Foi quando comecei a escrever — e a fazer, pela primeira vez, um inventário de quem eu era — que me ocorreu que a força malévola poderia ser o passado que eu tentava diligentemente rejeitar. Enquanto escrevia ao som do burburinho calmante da TV noturna, havia momentos em que parecia possível reconhecer o passado dentro de mim sem um sentimento concomitante de violência, sem a necessidade de apagá-lo de modo que em minha imaginação eu pudesse finalmente reivindicar a um só tempo vários momentos e lugares, ou seja, toda a extensão da minha memória.

Anos mais tarde, como estudante de pós-graduação em escrita em Manhattan, traduzi vários poemas de Akhmátova para o inglês, inclusive o favorito da minha mãe — a parte 5 de *Elegias do Norte*. Ela é narrada por uma mulher forçada a levar uma vida muito diferente da que pretendia. Akhmátova o escreveu durante a guerra, após ter sido evacuada para o Uzbequistão, onde teve tifo, enquanto seu filho estava preso e sua obra, proibida.

Esta época dura me desviou,
qual um rio.
Minha vida foi trocada por outra.
Seu curso desaguou num tributário
e não conheço minhas margens.
Tantos espetáculos me escaparam,
o pano subiu sem mim

e caiu sem mim.
Tantos amigos nunca encontrei.
Quantas paisagens urbanas nunca arrancaram
lágrimas destes olhos — só conheço uma cidade.
Nela, adormecida, tateando, eu sabia me deslocar.
Há tantos poemas que nunca escrevi.
Seus refrãos ocultos me perseguem, e talvez,
um dia, me estrangularão.
Conheço começos, fins também,
e a vida depois da morte, e algo que não deveria
lembrar agora. Outra mulher me tomou o lugar,
o nome, e me deixou um apelido
com o qual, talvez, fiz o que
podia fazer. Nem o túmulo em que jazerei
será meu...
Mas, se pudesse me ver de fora e enxergar a vida que tive,
eu conheceria, enfim, a inveja.

Eu gostaria de ser enterrado em Staten Island, no United Hebrew Cemetery, na esquina da avenida Clarke com a Arthur Kill Road. Raisa e Semyon estão enterrados lá em lotes adjacentes, mas esse não é o único motivo. Também é o lugar mais tranquilo em que já estive. Muitos cemitérios são calmos, mas esse parece um local remoto e arborizado, a quilômetros da cidade, e não há nada para ouvir além de pássaros e o vento sussurrando entre os olmos. Um ruído monótono distante mal é registrado como o som de carros.

Raisa foi enterrada ali em 1992, três anos depois de sofrer uma série de derrames que a deixaram incapaz de falar frases completas e, às vezes, de reconhecer qualquer um de nós. Esses anos seguiram um padrão: ela recebia alta do hospital, ia para uma casa de repouso e voltava ao hospital alguns dias ou semanas depois. Um médico mencionava ao telefone para minha mãe ou para mim febres e escaras, e o número do quarto do hospital para onde a ambulância a havia levado. Os derrames a deixavam quase imóvel, depois seus movimentos se assemelhavam a respostas paralisadas ao desconforto ou à dor.

Semyon a visitava todos os dias. Não faltava uma única tarde, fosse por doença, feriado ou mau tempo. Nessas saídas, ele usava um dos dois ternos que trouxera de Vilnius e o chapéu fedora com a pena escarlate na fita, e carregava uma sacola de plástico com o jornal em russo e o *Times* dobrados em oito. Depois de uma hora em dois trens, ele caminhava até o Beth Israel, na rua 16 com a Primeira Avenida. Passava as tardes sentado ao lado da cama de hospital que chiava e apitava; lia e falava com ela em voz baixa e solícita, negociando para que engolisse mais uma colher de purê de maçã, mesmo quando Raisa não respondia nem parecia conhecê-lo. Às vezes ela sorria, largamente e com todo o rosto, parecendo por alguns momentos a pessoa que conhecíamos. Dezenas de vezes, acompanhei meu avô ao Beth Israel, caminhando até a fileira de elevadores depois do pronto-socorro onde tinha sido voluntário quando estava no ensino médio. Acho que nunca admirei meu avô mais do que durante essas visitas.

Numa primavera, quando estava em casa de folga da faculdade, onde decidi me tornar fotojornalista, tirei uma foto de Semyon e Raisa em seu quarto de hospital. Na foto, ele está sentado ao lado da cama, vestindo o terno risca de giz, com a mão pousada na cabeça de Raisa em um gesto estranho, que acho que ele pretendia que fosse afetuoso e protetor. Um lado dele está distorcido pela lente grande-angular. Uma impressão grande em preto e branco da foto ganhou o segundo lugar em um concurso de arte local na cidade de Ohio, onde eu estudava, e alguns meses depois decidi emoldurá-la e dá-la de presente a minha mãe. Me arrependi assim que a entreguei. Ela olhou para a foto por um momento, impressionada, acho, pela aparência murcha da mãe, e então a guardou de volta na caixa e a enfiou no armário, onde permanece até hoje.

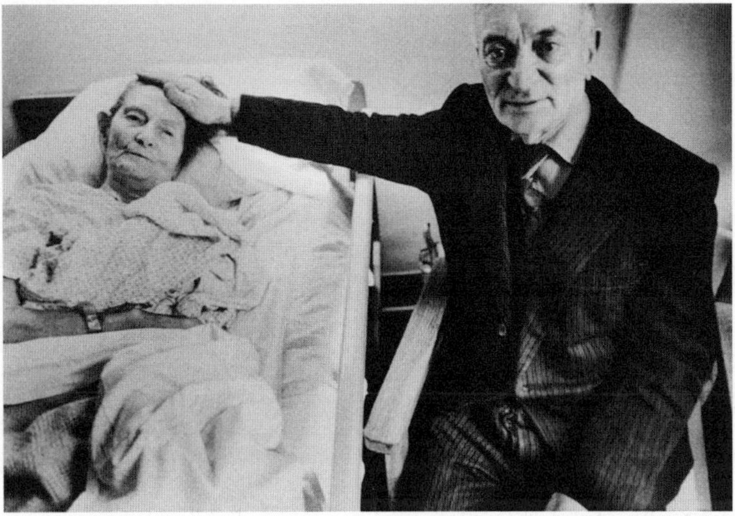

A última vez que ouvi a voz de Raisa foi em 24 de novembro de 1989. Sei a data porque foi o dia em que minha mãe se casou com seu segundo marido, um pintor nascido em Moscou chamado Vitaly. Um juiz de paz realizou a cerimônia no Staten Island Borough Hall; era menos lotado do que o de Manhattan, e Vitaly e minha mãe queriam fazer o passeio matinal de balsa pela baía. Depois, nós três visitamos Raisa em uma casa de repouso em Chinatown. O quarto era escassamente mobiliado e escuro; eu me lembro de ver pela janela a entrada para a ponte de Manhattan. Minha mãe se inclinou sobre a cama e disse a Raisa, em voz alta e devagar, que estava casada — algo que minha avó havia muito queria. Ela posicionou a mão, com a aliança de ouro no dedo, a alguns centímetros do rosto da mãe. Raisa fez algumas tentativas de levantar a cabeça do travesseiro e moveu os lábios silenciosamente, como se ensaiando sua fala. Então sussurrou, apenas alto o suficiente para ser ouvida: "Nunca se separe".

Três primaveras depois, pouco antes do fim do meu último ano, minha mãe telefonou cedo certa manhã para dizer que Raisa havia morrido. Peguei uma carona para Nova York com membros dos Socialistas Democratas da América que estavam a caminho de uma convenção no Harlem. A cerimônia foi realizada na esquina do Ravenswood, em uma sinagoga na rua Crescent chamada Filhos de Israel, onde aos sábados meu avô recitava o kadish por seus pais e seu meio-irmão, Roma.

Depois que Raisa se foi, Semyon muitas vezes parecia perdido. Antes ele se mantinha ocupado escrevendo e enviando pilhas de cartas sobre vários temas científicos para acadêmicos e congressistas, mas agora não parecia saber como preencher o tempo. Não havia mais visitas ao hospital para dar forma aos seus dias, e ele raramente saía do apartamento térreo de um quarto onde agora morava sozinho. Parecia passar dias inteiros lendo o *Times*, cada seção do começo ao fim, anotando comentários e definições nas margens com caneta esferográfica azul. Perdia constantemente chaves, sua caderneta bancária, os maços de bilhetes unitários amassados que mantinha em vários bolsos. Olhava para os visitantes com curiosidade, como se alguma pergunta que tivesse feito havia muito tempo permanecesse sem resposta. Sua pele pálida ficou mais acinzentada. Quando eu o visitava, ele me dava um beijo úmido no rosto, me botava sentado no sofá, trazia um prato com uma pequena maçã vermelha e uma fatia grossa de queijo laranja do Departamento de Agricultura e punha tudo sobre a mesa ao lado de um copo de suco de cranberry Ocean Spray. Depois que Raisa morreu, um resíduo amarelado cobriu os pratos, copos e talheres, que eu identificava como o resíduo da velhice.

Embora sempre tivesse se barbeado bem, Semyon deixou a barba e o bigode crescer. Antes ele usava uma lâmina descartável que ficava em uma saboneteira na pia, mas depois que ela ficou cega simplesmente parou de se barbear. Isso me incomodou e, quando o visitava, eu levava um saco de lâminas de barbear laranja e branco. Eu ficava ao lado do meu avô no banheiro, enquanto ele cobria o rosto de espuma no espelho embaçado e, distraidamente, passava a lâmina pelo rosto. Ele detestava particularmente os pelos pretos e grossos que cresciam em suas orelhas, e atribuía a culpa por eles a um barbeiro de Vilnius excessivamente zeloso de quarenta anos antes. Enquanto uma ópera de Verdi troava no meu velho toca-fitas, eu passava de leve a lâmina em suas orelhas grandes, e ele ficava ao meu lado em silêncio, satisfeito, indiferente aos cortes ocasionais.

Apesar da confusão que nunca mais o deixou, ele mantinha uma confiança inabalável na ciência. No inverno em que fiz dezenove anos, eu disse à minha mãe que era gay, precipitando cinco anos de discussões sobre sua aversão e reprovação, recriminações pela minha distância e calmarias de meses entre os telefonemas. Anos depois, decidi contar a Semyon também. Naquela manhã, peguei o metrô para Long Island City, observando os armazéns pelas janelas e me perguntando por que estava determinado a confundir e aborrecer um viúvo de setenta anos que proferia o kadish na sinagoga pelas almas de seus familiares havia muito idos.

Minha confissão foi despejada momentos depois que entrei em seu apartamento. Ainda estávamos parados perto da porta. Por trás de seus óculos bifocais, os olhos castanhos ampliados de meu avô me olhavam com curiosidade enquanto eu lhe dizia que tinha saído com um garoto de Joplin, Missouri. Ele coçou a cabeça por um momento. "É uma anormalidade perfeitamente normal", declarou finalmente. "Está bem documentada na literatura científica que 10% de todos os mamíferos e até pássaros se envolvem nesse tipo de comportamento." Então começou a falar sobre outra coisa. Nunca me senti mais grato a ele — e às ciências naturais — do que naquele momento.

Por isso eu soube que algo estava errado alguns anos depois, quando ele me alertou ao telefone sobre o apartamento de baixo custo infestado de baratas que eu dividia com meu namorado no Brooklyn. "As baratas maiores espalham HIV", ele sussurrou de maneira conspiratória. Liguei para minha mãe. Ela disse que ele andava esquecendo o dia da semana e do mês, confundindo-a comigo e falando como se Raisa ainda estivesse viva. Às vezes ficava agitado ou com raiva. Pior, ele tinha feito algumas sugestões "obscenas" a sua nova cuidadora, uma mulher rude e atarracada de Porto Príncipe, que o denunciou a seu supervisor.

Minha mãe pediu a um amigo, um psiquiatra do Beth Israel, para avaliá-lo. Semyon passou semanas na ala psiquiátrica do hospital, a um andar de distância de aonde ele tinha ido durante anos para ver Raisa. Um medicamento antipsicótico o fez pedir enfermeiras em casamento; outro o deixou letárgico demais para sair da cama.

Quando meu namorado e eu fomos visitar Semyon lá, nós o encontramos vestindo um pulôver esburacado e parecendo perdido. Ele abraçou cada um de nós com força demais. As quartas de final da Copa do Mundo estavam sendo disputadas naquela tarde, e assistimos em cadeiras dobráveis a Alemanha e Croácia, na TV da sala comum da ala. Meu avô ficava perguntando sobre o placar e os jogadores, principalmente o goleiro alemão, que ele pensava ser Sepp Maier, uma estrela dos anos 1970. A certa altura, ele beijou meu namorado na bochecha. Seu nome – Doug – lhe era muito desconhecido para que recordasse dele, por isso Semyon o chamava de Dagmar, nome que deve tê-lo seguido desde os anos em que ele falava alemão. "Meu Dagmar!", Semyon disse então, satisfeito consigo mesmo, e sorriu. Ele parecia mais feliz do que em qualquer momento desde a morte de Raisa, e, quando eu disse que tínhamos que ir, seus olhos se encheram de lágrimas e ele beijou cada um de nós no rosto demoradamente antes de nos soltar.

O diagnóstico era de demência de progressão rápida. O psiquiatra achava que Semyon não estava seguro morando sozinho e precisava de cuidados 24 horas por dia. Depois de uma série de ligações para especialistas e assistentes sociais, minha mãe encontrou um leito vago na Bialystoker Home for the Aged, na Broadway leste, no que antes havia sido uma seção judaica do Lower East Side e se tornara o limite externo de Chinatown. Quando Semyon se mudou para a casa de repouso, minha mãe e eu esvaziamos o antigo apartamento no Ravenswood. Depois de juntarmos álbuns de fotos, medalhas de guerra, uma caixa de cartas e documentos, algumas caixas de livros e um bom casaco de lã que me serviu perfeitamente, os vizinhos apareceram e eu disse a eles para pegarem o que quisessem. Raul, um homem gentil com óculos de armação de metal de Porto Rico que morava a várias portas de distância, pegou o bico-de-lacre empalhado, empoleirado em um galho em um pedestal de madeira com inscrições, presente dos alunos de zoologia de Semyon em Vilnius que estava cheio de poeira. Eu peguei o outro presente de seus alunos, uma taça de vidro azul com o nome do meu avô escrito em letras douradas e, em latim, "*lectio ultima*".

Em dias melhores, Semyon jogava xadrez com o residente mais jovem do andar, um ex-advogado de quase quarenta anos que usava ternos de três peças caros feitos sob medida e sofria de Alzheimer precoce. Uma vez por semana, um rabino o ajudava a recitar o kadish. Semyon reconhecia minha mãe e eu apenas intermitentemente, e eu não o visitava com a frequência devida. Quando o fazia, meu avô e eu nos sentávamos lado a lado em um banco em uma área cercada do lado de fora, e às vezes ele reclamava de qualquer enfermeira que lhe tivesse sido designada; ela estava roubando, dizia ele, embora nem minha mãe nem eu tivéssemos nenhuma evidência disso. Outras vezes falava da guerra, da mãe e de Roma, com uma urgência e uma vivacidade que sempre me surpreendiam. "Por que eles não vieram comigo?", Semyon me perguntava, quase implorando, como se eu pudesse responder.

Três anos depois de se mudar para a casa de repouso, ele sofreu uma hemorragia cerebral durante o sono; os médicos achavam que Semyon não recuperaria a capacidade de falar ou comer sozinho. Fiquei ao lado de sua cama de hospital, com ele deitado de costas, de olhos bem fechados; seu peito subia e descia pesadamente a cada respiração estertorosa. Quando abriu os olhos, eles pareciam nublados como gelo. Semyon me dissera, muito tempo antes, que não queria prolongar sua estada depois de perder a capacidade de raciocinar, e minha mãe assinou uma ordem de não ressuscitação quando ele foi levado de volta ao Beth Israel. Meses antes, ela e Vitaly haviam planejado uma viagem à Itália, as primeiras férias de minha mãe em vários anos, e ela não conseguia decidir se deveria ir. Eu disse que não se preocupasse: visitaria Semyon e ficaria em contato com os médicos; além disso, a condição dele não mudava havia meses.

Poucos dias depois que minha mãe partiu, Semyon sofreu outro derrame. O médico telefonou para dizer que ele não conseguia mais respirar sozinho e, sem respirador, morreria em alguns dias, possivelmente horas. Liguei para minha mãe em seu hotel em Roma. Talvez por medo ou culpa, ela mudou de ideia e quis autorizar o respirador. E os desejos de Semyon?, perguntei. O judaísmo prescreve fazer todo o possível para salvar uma vida, ela respondeu, e acrescentou que ele estava vivo porque Deus queria que vivesse.

"Você acredita em Deus?", perguntei.

"Sim", disse minha mãe. "E você?"

Era agosto de 2001. Uma semana mais tarde, um sábado depois da meia-noite, eu estava saindo de um bar do Brooklyn com amigos quando recebi uma ligação de um número de Manhattan. Uma enfermeira disse que meu avô havia morrido e estava no sétimo andar do Beth Israel, caso eu quisesse vê-lo.

Aquela enfermeira, em seu posto, foi a única pessoa que vi ao chegar no sétimo andar do hospital; estava tudo silencioso, exceto pelo bipe polirrítmico dos monitores. O quarto de Semyon estava iluminado pelas fortes lâmpadas fluorescentes. Deitado de costas, ele estava fechado até o esterno em um saco plástico branco, com um lençol puxado por cima em uma espécie de reflexão decorosa tardia. Sua pele parecia cerosa e opaca. Eu nunca vira uma pessoa morta. Tive a aguda compreensão de que, embora aquele fosse meu avô, também não era: seu corpo estava lá, mas ele não. Fiquei ao seu lado por algum tempo antes que minha mãe e Vitaly, que haviam voltado de Roma um dia antes, entrassem. Minha mãe segurou a mão de Semyon por um tempo e o beijou na testa, então a enfermeira entrou para perguntar se podia transferi-lo para o necrotério.

Lá fora, chamei um táxi. Quando cruzei a ponte do Brooklyn, olhei para as luzes do centro. Desde quando eu era um adolescente voltando do acampamento de verão, vê-las me deixava inexplicavelmente feliz, porque era o primeiro sinal de que eu estava em casa. A cidade fervilhava de vida e movimento: táxis corriam ao longo da FDR, aviões e helicópteros piscavam no alto, um rebocador iluminado navegava pelo East River. Sempre preferi a vista da ponte do Brooklyn a qualquer outra na cidade. Semyon uma vez me disse que Nova York era o final feliz do século XX, e a cidade nunca pareceu tanto isso quanto naquela noite, com a paisagem de megawatts de Manhattan contra o céu sem lua. Peguei meu telefone e liguei para meu namorado. "Estou indo para casa", eu disse.

Epílogo: Acampamento Sucesso

Escutei o ruído de rodas enquanto o trem 93 se movia sobre os trilhos curvos e senti meu estômago se acalmar. Meu pai estava sentado no beliche em frente ao meu e olhava pela janela, segurando a asa prateada de uma caneca de chá. Não nos víamos fazia três anos, desde que eu tinha ido encontrar o pai dele, Vassíli. Mas estávamos cara a cara novamente, viajando para o interior do país em um compartimento de luxo — classe SV —, o que significava dois beliches em vez de quatro e nenhum soldado roncando acima de nós. As têmporas do meu pai estavam mais grisalhas, e ele havia mudado a receita de seus óculos, de modo que as lentes aumentavam seus olhos, o que emprestava a seu rosto uma expressão levemente alarmada, mas de resto estava como eu me lembrava. Meu pai passara a tarde toda preparando iscas, um trabalho delicado que exigia a ajuda dos óculos bifocais na ponta do nariz; quando ele olhava para mim de vez em quando, seu rosto parecia comicamente abstraído.

O campo lá fora ficava marrom no crepúsculo, mas eu ainda podia distinguir bétulas brancas e lúgubres piscando sob o fio elétrico, o desenho em M de abetos no horizonte, cercas com ripas faltando que lembravam um código de barras sem fim, e aqui e ali grupos de cabanas cambadas que abraçavam o solo e acabavam gradualmente, sem nenhum motivo perceptível. A beleza do interior da Rússia é amena e com poucos recortes. Exceto por ser infinitamente vasta, a paisagem é composta de elementos modestos. Talvez seja por isso que na Rússia sempre houve uma tendência ao gigantismo feito pelo homem — a inventar algo para organizar toda a pequenez, um mastro plantado na estepe.

Estávamos indo para o Volga, ou mais precisamente para a confluência de dois rios — o Volga e o Akhtuba — para pescar. A ideia ainda me parecia estranha, porque não tenho nada de pescador; o passatempo sempre me pareceu cruel e tedioso. Mas meu pai fazia a viagem àquele trecho de água lamacenta cerca de cinquenta quilômetros ao norte do mar Cáspio a cada três ou quatro meses. O baixo Volga é um dos poucos lugares no mundo com bagres imensos — mais de cem quilos e mais de três metros de comprimento —, e meu pai certa vez ganhou um torneio nacional depois de fisgar um espécime de 81 quilos, embora "fisgou" não seja o termo exato. A foto que acompanhava o artigo da revista que recebi por e-mail de minha meia-irmã, Masha, mostrava meu pai e seu parceiro de pesca sorrindo em uma embarcação inflável. Aos pés deles estava enrolada uma criatura com uma cabeça ossuda enorme, um vestígio do Paleozoico. Meu pai disse que levou noventa minutos para cansar o peixe; perto do fim, ele enfiou um braço com luva de borracha dentro da boca da criatura e a içou pela mandíbula. Os olhos do peixe eram cinza-púrpura e opacos como grafite.

Eu não empunhava uma vara de pescar desde quando pegara alguns peixes medíocres com bolinhas de pão em um acampamento de verão da UJA-Federation em Catskills mais de vinte anos antes. Minha falta de experiência não me deteve. Eu estava pensando em me juntar a meu pai em uma de suas viagens ao Volga e mencionei isso a um editor de revista. Ele achou que daria um bom relato de viagem, sobre um lugar que "nenhum de nossos leitores realmente visitaria, mas sobre o qual gostaria de ler". Liguei para meu pai e esbocei meu plano: viajaríamos juntos, eu escreveria a respeito e a revista cobriria as despesas. Meio que esperava que ele risse da proposta. À medida que se aproximava a data do voo para Moscou, também esperava que ele mudasse de ideia, como fizera antes da viagem para Vinnytsia.

A viagem duraria quase duas semanas, e seria o período mais longo que passávamos juntos desde que eu tinha nove anos. Ficaríamos a maior parte do tempo em uma cabana ou em um barco, cercados por pouca coisa além de grama alta e água, e eu contava com aquilo. Queria um tempo com ele em contato próximo: queria saber por que não deixara o país conosco, por que não parecia querer ser pai ou filho, por que para ele o prazer parecia vir com mais segurança na solidão. Ele me disse uma vez que, quando visitava o Volga, em algumas manhãs, desligava o motor de popa e deixava o barco ser levado pela corrente durante horas.

"Eu entro na água às cinco, quando ainda está escuro", contou, "e não vejo outro ser humano até voltar ao acampamento à tarde. Só pássaros."

Eu sabia que obter respostas não seria fácil. Quando me encontrara no aeroporto de Moscou na manhã anterior, meu pai me dera um abraço brusco e imediatamente as coisas tinham entrado em um equilíbrio familiar: ele ficava feliz em falar sobre qualquer coisa desde que não fosse nós. Meu pai se comportava como se fôssemos velhos amigos retomando contato depois de anos separados, e no compartimento do trem conversamos sobre política, livros, jazz, sua esposa Irina, minha mãe e, claro, pesca. O que ele pedia, sem pedir, era que eu não revisitasse o passado nem turvasse nosso tempo juntos apontando quem tinha feito o que a quem, e quando. Talvez achasse que era tarde demais para explicar ou racionalizar seu lado. Talvez simplesmente achasse opressiva a ideia de falar do passado. "Não há mais a ganhar peneirando o passado do que cinzas de cigarro", ele me dissera uma vez, anos antes, em Moscou.

Eu também ia pescar porque queria ver as transformações do país além dos bulevares de Moscou e São Petersburgo, onde a fantasia de uma Rússia rica e ordeira era encenada em benefício de funcionários do governo e visitantes estrangeiros. Tal miragem desmorona minutos depois de nos afastarmos dos centros: quando cruzamos os limites da cidade, o campo parece pertencer a uma nação agrária e pobre de meio século antes. Acho que eu queria saber como a maioria dos russos via seu país e seus líderes, e por que a democracia, invocada com frequência durante a perestroika, não se enraizara ali. De acordo com muitas pessoas com quem conversei, aquilo nunca aconteceria.

Demorou 27 horas para chegarmos à vila de Kharabali, mas eu estava ansioso pelo tempo que passaríamos a bordo do trem 93, porque os trens talvez sejam a melhor coisa da Rússia. Como nada mais ali, são impecáveis e pontuais, e viagens de longa distância expõem nos russos uma benevolência que raramente é exibida ao público. Os homens tiram o casaco e ficam parados de meias de náilon pretas nos corredores, tomando chá e olhando para o campo que passa, parecendo pacíficos como grandes bovinos. Parentes por afinidade e avós dormem nos beliches superiores, debaixo de casacos ou xales. Passageiros abrem garrafas de vodca, sanduíches, sacos de celofane com pepinos e rabanetes; famílias jogam cartas; o tempo se alonga. Não há para onde ir e não há nada a ser feito quanto à velocidade, de modo que os passageiros ficam mais corteses e contentes, como se o trem fosse a celebração do dia do nome de um parente idoso.

Meu pai e eu nos sentamos em volta da mesa de metal dobrável do nosso compartimento cada vez mais escuro. Mordiscamos os sanduíches que Irina tinha embrulhado para nós enquanto ele contava histórias de pesca. A maioria dizia respeito a seus amigos — oito ou nove homens de Moscou mais ou menos da mesma idade. Todos os anos, eles passavam algumas semanas juntos em um grupo de cabanas de pesca adjacentes num pedaço de terra em forma de leque conhecido prosaicamente como várzea do Volga-Akhtuba. Como a maioria dos outros que pescavam lá, aqueles homens eram advogados, proprietários de empresas de médio porte, militares de alto escalão e funcionários do governo, e haviam ganhado muito dinheiro, pelo menos pelos padrões russos. Eles chegavam às pousadas em SUVs alemães ou japoneses último modelo, abastecidos com caixas de uísque puro malte e de charutos cubanos, varas de pescar de fibra de carbono e calças Gore-Tex. (Meu pai, o menos rico entre eles, geralmente chegava de trem.) Como muitas histórias russas, as dele davam ênfase à embriaguez e ao absurdo, e meu pai as contava com um ritmo cômico hábil e afeição suficiente para deixar claro que considerava aqueles homens da família.

As histórias eram assim. Uma noite, um dos pescadores, um coronel do serviço de alfândega federal, exibiu seu novo telefone caro e, em seguida, bêbado, jogou-o no buraco da privada externa que ele acabara de usar. Ao ouvir isso, todos na cabana caíram na gargalhada. Um dos homens riu tanto que vomitou.

Eis outra. Depois de beber por 72 horas direto com os pescadores, o pai idoso de um vigia noturno de uma cabana de pesca tentou atravessar em sua motoneta um campo pantanoso. No meio do caminho, a motoneta perdeu velocidade e tombou. Quando os espectadores se aproximaram, encontraram o motociclista roncando no local onde caíra.

E havia o amigo que passava uma tarde em sua tenda com uma das mulheres locais — bastante jovens e bonitas, sisudas, malvestidas, com empregos ruins — que se sujeitavam a encontros sazonais com os pescadores visitantes. No meio da transa, ela olhou para o rosto suado do moscovita e perguntou quanto ele ganhava no ano.

Nos dias em que o vento e o silêncio do rio os incomodavam, os pescadores dirigiam para as aldeias vizinhas em uma caravana de SUVs de luxo. Uma vez, meu pai estava no banco de couro creme do lado do passageiro de um Range Rover quando o motorista parou ao lado de uma jovem que caminhava à beira da estrada. Ela era esguia, tinha cabelos compridos e cerca de vinte anos. O motorista, um executivo de uma empresa de gás, abaixou a janela e sugeriu, de forma amistosa mas inequívoca, que ela os acompanhasse. Olhando de soslaio para a pintura luminosa do veículo, a mulher perguntou apenas: "Posso correr até em casa e pegar minha escova de dentes?".

"Não pense em nós com tanta severidade", disse meu pai, percebendo o que deve ter sido um olhar de reprovação. "Em

Moscou, todo mundo vive sobrecarregado no trabalho e infeliz; durante uma semana no rio, podemos ser um bando de meninos, e esse é o maior divertimento que temos durante todo o ano." Abri um sorriso, não querendo admitir que a história dele – sobre um carro cheio de homens parando para falar com uma mulher mais jovem – me fizera pensar na de Vassíli.

Era fim de outubro. As luzes do compartimento se acenderam cedo. Meu pai guardou as iscas e ficamos olhando a terra se achatar no crepúsculo. As árvores se distanciavam cada vez mais, até que a grama alta prevaleceu. As cabanas desapareceram. Era o mais a leste da Rússia que eu já estivera, o mais próximo dos Urais. Pensei na época em que fui para Ialta com Tamara e Mikhail Mikhailovich, no verão em que eu tinha oito anos. Lembrei-me de passar horas olhando pela janela do sedã Zhiguli deles e ficar surpreso com a vastidão do terreno, como ele continuava e continuava, sem fim à vista. Anos depois, fui lembrado disso quando descobri paisagens em tinta nanquim chinesas, onde montanhas e rios dominavam a minúscula figura do eremita em seu pavilhão. Naquela noite de 1978, adormeci em algum lugar entre campos escuros na Ucrânia e acordei na Crimeia. Era de manhã, e da noite para o dia os abetos e bétulas haviam se transformado em ciprestes e palmeiras; pensando que tínhamos ido para outro país, quase gritei de surpresa. Eu queria contar a meu pai sobre a lembrança, mas, quando olhei para cima, ele estava recostado na parede do compartimento, os óculos na ponta do nariz, dormindo.

Kharabali, que deve sua existência à ferrovia Astrakhan-Saratov, parecia ter sido esculpida em lama. Havia várias lâmpadas penduradas em um arame, lançando auréolas misteriosas na terra compactada ao lado dos trilhos do trem. Duas ou três árvores eram visíveis na periferia da escuridão. Além delas, pude distinguir uma fileira de casamatas de blocos de concreto de um andar, vestígios de uma época em que o lugar fora o coração da agricultura coletiva soviética.

Esperamos com um grupo de passageiros, homens de olhos turvos e aparência sólida que deviam estar de férias; usavam roupas com zíper de tecido especial de alta qualidade e carregavam equipamentos de pesca em caixas próprias para tal. Uma fileira de Mitsubishis e Lexus os pegou e levou para as pousadas próximas. O transporte do meu pai acabou sendo uma van mosqueada da era Brejnev. O motorista, Andrei, um adolescente de cabelos rebeldes que usava agasalho de treino, conhecia meu pai de visitas anteriores, e os dois conversaram sobre o tempo e quais peixes estavam mordendo a isca. Eu me segurava no assento com as duas mãos. A estrada era sulcada por ameias de lama seca tão altas que parecia o fundo de um mar pré-histórico. Mesmo na velocidade de um carrinho de golfe, a van balançava tão violentamente que uma caixa de equipamento voou e se abriu, cobrindo o chão de minhocas e penas. Passamos por uma van idêntica à nossa, visível à luz dos faróis, caída de lado em uma ravina. "Tombou esta manhã", Andrei relatou, tranquilo. "Estamos esperando os cavalos para puxá-la." O Akhtuba, reluzindo cor de prata velha, finalmente apareceu na base de uma escarpa.

Andrei dirigiu ao longo do rio em um ângulo precário até parar na frente de uma cabine de guarda e de uma placa de madeira compensada iluminada. Pisamos agradecidos em terra firme e semicerramos os olhos diante das lâmpadas halógenas sob o letreiro, que dizia: "Acampamento Sucesso – a melhor pousada de pesca do mundo!". O gerente da pousada, um homem quadrado com ar eficiente vestindo um suéter feito em casa, surgiu correndo da escuridão para nos dar as boas-vindas. Ele apertou nossas mãos e perguntou de onde vínhamos. Ficou surpreso quando eu lhe contei. Ele disse que um tcheco, um polonês e até um japonês tinham visitado as pousadas locais, mas eu era o primeiro americano. Acrescentou com verdadeira satisfação que eu poderia ser o último.

Duas horas depois de descermos do trem em Kharabali, meu pai e eu estávamos sentados em um barco balançando que ele mantinha atracado no rio, uma embarcação reluzente fabricada na Finlândia com o nome *Silver Beaver* estampado em azul na proa. Estávamos no Volga propriamente dito, a uma curta distância de Akhtuba ao longo de um canal pantanoso, e, como o rio na famosa música de Johnny Mercer, ele parecia ter mais de uma milha de largura. Lançamos âncora perto de um arvoredo antigo conhecido como "os carvalhos". Eram cerca de 6h30 – hora do rush em termos de pesca. O dia estava começando a se insinuar no lusco-fusco do horizonte, e o silêncio era o mais silencioso que eu já ouvira. Ficamos sentados lá, balançando, até o meio-dia, sem ver nenhum outro ser humano. A única pausa no silêncio foi quando um porco selvagem saiu correndo ruidosamente da vegetação rasteira para beber água na margem.

Depois de uma tarde na água, meu pai e eu tínhamos descido do barco e estávamos caminhando ao longo do píer quando o telefone tocou no meu bolso. Perto da balança onde os pescadores pesavam os peixes, consegui algum sinal. Minha mãe estava ligando de Nova York, e por alguns minutos gritamos um para o outro entre as quedas de serviço. Ela queria falar de Petya, o filho do primeiro casamento do meu padrasto, que tinha ido comigo a Vinnytsia para encontrar Vassíli. Minha mãe me contou que ele havia morrido. Vitaly estava em Moscou para organizar o funeral e o velório do filho. Ela me pediu que ligasse para ele.

Eu tinha visitado Petya alguns dias antes, mas ele não me reconhecera. Estava deitado em uma cama estreita, emaranhado nos lençóis, a pele num tom opaco de laranja. Seus olhos turvos se moviam rápido nas órbitas, e, quando se fixavam no rosto de alguém, por um instante, registravam apenas medo e confusão. Fazia um dia úmido, e alguém tinha aberto todas as janelas do hospital Botkin, o principal centro de doenças infecciosas de Moscou. Sete outros homens ocupavam o quarto, que era do tamanho de um quarto de hospital americano comum, com as camas separadas por menos de um metro e sem cortinas. Um deles informava "a situação" a Vitaly – o pai de Petya, meu padrasto. Petya tinha rolado para fora da cama durante a noite, dizia o homem, um trombonista da terceira melhor orquestra da cidade. Como Petya era pesado, o homem saiu da cama e percorreu os corredores à procura de um enfermeiro. O trombonista tinha um turbante de gaze na cabeça e os olhos escuros e o nariz aquilino de um georgiano. Na cama ao lado da dele, uma mulher dava sopa a um velho frágil, que não abriu os olhos nem uma vez.

Vitaly sentou-se na beira da cama de Petya e olhou de modo inexpressivo para o filho. Ele e minha mãe haviam ido a Moscou algumas semanas antes, e estavam na casa da mãe de Petya, Irina, ex-esposa de Vitaly, uma mulher de aparência cansada e idade indeterminada que mantinha seu cabelo loiro-acinzentado preso com um elástico. Ela tinha ido à farmácia comprar fraldas, porque o tamanho de Petya tinha esgotado no hospital. Eu não sabia que fraldas para adultos tinham tamanhos diferentes. Fiquei parado ao lado da cama de Petya por um tempo e pensei em colocar a mão no ombro de Vitaly. Em vez disso, fui até o banheiro. O corredor fedia, porque alguém havia deixado a porta do banheiro aberta e as privadas estavam entupidas não fazia pouco tempo. Lá dentro, quatro pacientes fumavam e conversavam; um estava atado a uma bolsa intravenosa pendurada em uma haste de metal.

Dois anos antes, Petya tinha viajado a Grozny para fotografar vítimas da guerra na Chechênia para uma revista de Moscou. Ele disse que entrou em valas para tirar fotos dos mortos, que estavam por toda parte. No trem para casa, percebeu que sua pele havia ficado amarela. Desceu em uma estação em algum lugar ao longo do Volga – ele não lembrava o nome da cidadezinha – e caminhou até que alguém lhe deu instruções de como chegar a um hospital. Um médico tirou sangue dele e diagnosticou hepatite B. Quando Petya perguntou como podia ter pego, o médico deu de ombros. Petya foi posto em uma cama, leu revistas, tomou um monte de remédios. Depois de duas semanas, um médico disse que ele estava melhor, ordenou que descansasse – não perambule mais por zonas de guerra, disse ele – e assinou a alta.

Um ano e meio depois, tendo ficado amarelo novamente e sentindo-se pior do que da primeira vez, Petya internou-se no Botkin. Um médico lhe disse que o tratamento para a hepatite B exigia meses de antibióticos, e não semanas. Depois de mais exames, ele disse que Petya tinha o fígado de um homem de oitenta anos e que o órgão estava entrando em falência. Um especialista confirmou que o tratamento retardaria apenas um pouco a insuficiência hepática. Petya não era elegível para um transplante, disse o especialista, e ia morrer dentro de um ano, talvez alguns meses. Ele tinha 37 anos.

Liguei para Petya no hospital quando soube. Ele parecia grogue, mas otimista. Falou sobre fazermos uma viagem de trem para o extremo oeste da Rússia – que chamou de "o interior" – e trabalharmos juntos em um livro; ele tiraria as fotos e eu escreveria o texto. Eu disse que era uma ótima ideia e que o veria em breve. Nesse meio-tempo, as toxinas que não eram mais eliminadas pelo fígado começaram a se infiltrar no coração, nos rins e no cérebro de Petya. Vitaly queria que ele fosse transferido para um hospital em Nova York, mas o médico disse que Petya não sobreviveria ao voo de dez horas.

Quando vi Petya, seus braços musculosos estavam inchados, parecendo cilindros amarelados. Ele não reconhecia mais seus pais. Além das visitas ocasionais de um médico de aparência cansada em um jaleco da cor de um escapamento de carro, ninguém no hospital o atendia. Quando Vitaly disse a uma enfermeira que Petya precisava tomar banho, ela falou que por 150 rublos – cerca de cinco dólares – lhe daria a chave do banheiro. Vitaly ficou atrás dele, ergueu-o por baixo dos braços, carregou-o aos poucos pelo corredor e o despiu. De camisa, calça e pés descalços, segurou o filho sob a água ora quente ora fria. A mãe de Vitaly, Sofia, que havia criado Petya e tinha quase noventa anos, era supersticiosa com relação a hospitais e ficava longe deles. Ela disse a Vitaly que estava convencida de que, se fosse ver o neto no hospital, ele morreria. Vitaly disse que Petya ia morrer de qualquer maneira.

Visitei Petya um dia antes de tomar o trem para o Volga. Eu tinha me demorado muito no saguão, calçando os chinelos descartáveis que os visitantes eram obrigados a comprar por trinta copeques. Irina apareceu com as fraldas e ficou sentada olhando para uma parede, fugindo para o banheiro a cada dez minutos para fumar com os inválidos. É difícil para ela, Vitaly disse para ninguém em particular, como se aquilo precisasse ser dito. Minha mãe estava sentada ao lado dele. Um homem com a barba por fazer e as pernas enfaixadas em uma cama próxima começou a me dizer que, quando ficava frio à noite, enfiava jornal nas frestas em volta das janelas. E que, algumas semanas antes, um velho na cama ao seu lado tinha morrido durante a noite e ninguém aparecera quando ele apertara o botão de emergência, que provavelmente estava quebrado. Já era de manhã quando vieram levar o homem morto para o necrotério.

Era hora de ir, e apertei a mão de Petya na minha, o que o fez convulsionar e varrer com a vista o teto, assustado. Falei com ele enquanto seus olhos percorriam as paredes. Alguns dos outros pacientes observavam. Lá fora o sol estava forte, e pude ver trabalhadores com arreios reformando uma cúpula em forma de cebola na imponente capela do hospital. Com pequenos rolos, aplicavam novas folhas de ouro, metodicamente.

Agora eu estava parado sobre o Akhtuba e a última lasca avermelhada de sol, pensando em Petya. Também procurava palavras. Não podia falar com meu padrasto em inglês – soaria frio e estranhamente formal –, mas não sabia o que as pessoas diziam em russo quando o filho de alguém morria. Contei a meu pai o que havia acontecido e lhe perguntei o que dizer, e ele escreveu várias frases em uma folha de caderno. "*Eto nasha obschaya tragedia*" (Esta é a nossa tragédia coletiva) foi a que escolhi, e pratiquei dizendo-a algumas vezes. Perto da balança de peixes, liguei para Moscou e repeti a frase para Vitaly, dizendo que sentia muito. Ele me agradeceu e conversamos por alguns minutos antes de desligar. Estava escuro e havia muitos mosquitos. Subi a colina até a nossa cabana, porque tínhamos que estar na água às cinco e meia.

Sergei Golovin antes trabalhava como engenheiro na Fazenda Coletiva Karl Marx. Enquanto dirigíamos, ele apontou para a placa cromada art déco na margem de uma estrada de mão dupla. Gostei de Sergei imediatamente. Vigilante noturno no Sucesso, ele era um homem elegantemente vestido de cinquenta e poucos anos que exalava competência sem afetação, falta de sentimentalismo e um senso de humor irônico. Nos dias em que chovia

ou eu estava grogue demais para acordar antes do amanhecer, Sergei me levava de carro pela zona rural circundante, cobrindo centenas de quilômetros em seu imaculado sedã Zhiguli da era soviética, um clone da Fiat com um cobertor cuidadosamente dobrado no banco de trás.

Antigamente, havia quilômetros de plantações de batata aqui, disse Sergei, e quase todos trabalhavam nas fazendas coletivas, onde as famosas melancias de Astrakhan cresciam ao lado dos igualmente famosos tomates. Os campos explodiram no início da década de 1990. Todo o maquinário da União Soviética tinha parado em questão de semanas, e tudo o que restava das fazendas coletivas agora eram terrenos de pousio, a terra arável levada pelos ventos que vinham do rio.

Como Kharabali, as aldeias locais pareciam esculpidas em lama. Uma das maiores, Sasykoli, era um punhado de ruas perpendiculares não pavimentadas, margeadas por casas de tábuas ou blocos de concreto e um punhado de carros antigos. Algumas casas eram adornadas com pneus enterrados até a metade — a decoração do

gramado dos pobres em todo o mundo – ou pneus de caminhão trator carecas empilhados em grupos de dois ou três. Fardos de feno formavam pirâmides frouxas. Uma vaca esquelética de origem desconhecida vagava por uma rua mastigando chumaços de grama marrom e ignorando uma matilha de cães selvagens que corria ao lado dela. Logo após o nascer do sol, as pessoas lá fora eram na maioria bêbados com a frente da camisa suja, cambaleando ao longo das cercas e piscando para o sol. Alguns ainda eram adolescentes, e doía olhar para eles.

À tarde, os homens se sentavam em bancos e troncos na frente de casa; muitos usavam macacões e bonés que tinham incorporado o marrom-acinzentado da poeira suspensa no ar. Alguns dos moradores trabalhavam na fábrica de enlatados em Kharabali. Um punhado de outros viajava para trabalhar em Astrakhan ou Volgogrado. Eram fáceis de identificar por causa de suas falsificações melhores do mercado clandestino, compradas nas cidades: botas de couro com bico fino, jeans Guess, óculos de sol grossos de armação dourada com Gs de Gucci na lateral.

Sergei dirigiu de aldeia em aldeia, narrando a paisagem. Parecia estar acontecendo tanta coisa fora das aldeias quanto nelas. Não tínhamos destino e havia poucos carros nas estradas, então às vezes Sergei diminuía a velocidade para que pudéssemos absorver o campo à vontade. Passamos por um homem no acostamento empurrando uma bicicleta carregada de sacos de batatas. Passamos por dois homens tentando consertar uma van; havia tantas partes espalhadas na grama que parecia que eles estavam tentando construir um tipo totalmente diferente de máquina. Passamos por um bando de corvos alçando voo ruidosamente, como crianças reclamando no banco traseiro de um carro. Passamos por mulheres em túnicas soltas com estampas florais vendendo tomates cor-de-rosa de aparência aquosa em caixas de papelão. Passamos por um homem de boné jeans sentado em uma mala. Ao longo de um trecho de estrada particularmente desabitado, passamos por alguns cavalos castanhos impetuosos levantando uma nuvem de poeira; não sabíamos se pertenciam a alguém. Em um cruzamento, Sergei apontou para um ponto na estrada onde um sedã havia capotado. Disse que estava lá, de cabeça para baixo, havia mais de uma semana.

Em Bugor – o nome significa "outeirinho" –, paramos em frente a uma estrutura semelhante a uma caixa de tijolo com as laterais revestidas de alumínio encimada por cinco pequenos sinos, uma cúpula, dois domos em forma de cebola e cruzes ortodoxas. Eram moldadas em folha de metal e pareciam de fabricação caseira. Depois que chegaram a Bugor, explicou Sergei, os soviéticos removeram as cúpulas da igreja e transformaram o prédio em um ginásio. Cerca de setenta anos depois, os aldeões o transformaram de novo em igreja e levantaram dinheiro para que as cúpulas fossem repostas, mas apenas o suficiente para fazê-las de folha de metal, em vez de ouro. As cúpulas brilhavam em cinza-estanho ao sol, parecendo chaleiras.

Perguntei a Sergei com que as pessoas ali trabalhavam depois que as fazendas coletivas fecharam. Elas continuaram a trabalhar sem salário por algum tempo, ele explicou. Eram pagas com açúcar, camisas de raiom ou raquetes de pingue-pongue, e um tipo engenhoso de feira de trocas surgiu: pessoas dirigiam centenas de quilômetros porque se dizia que a cinco aldeias de distância alguém tinha um rolo de isolante que poderia estar disposto a negociar por algumas toalhas de mesa de plástico e um jogo de damas. O diretor da Fazenda Coletiva Karl Marx conhecia o diretor de uma fábrica de porcelana em algum lugar mais ao norte, ao longo do Volga, e durante meses Sergei recebeu seu pagamento em pratos.

"Em pratos?", repeti, sem ter certeza de ter ouvido bem. Ele encolheu os ombros. Sergei morava em uma cabana de madeira imaculada em Sasykoli. O espaçoso quintal havia sido transformado em uma horta onde sua mulher cultivava pepinos, tomates, alfaces, cebolinhas e endro em uma organização impecável que aproveitava cada pedacinho de terra. Sergei me levou a um galpão nos fundos, abriu um cadeado e escancarou as portas. Dentro, empilhados quase até o telhado, havia centenas de pratos de jantar de porcelana branca não usados, alguns ainda no papel de embrulho. "Achei que algum dia encontraria um uso para eles", disse.

Os cavalos e os corvos eram as partes mais móveis da paisagem. Tudo o mais na várzea era baixo, imóvel e cinza-amarronzado. O único lugar que poderia ser chamado de destino era Selitrennoe. *Selitra* significa "salitre" [em inglês, *saltpeter*] e, por algum motivo, meu cérebro – oscilando entre o russo e o inglês – classificou a vila como Saltpetersburg. A uma curta distância de carro do Acampamento Sucesso, ela se parecia com as outras aldeias, exceto pela escavação arqueológica mantida em seus arredores desde os anos 1960. Enquanto Sergei e eu caminhávamos por Selitrennoe e ele me contava sobre seu passado, algumas das ruas varridas pelo vento pareciam quase desabitadas. Um potro preto passou trotando por nós e entrou numa rua lateral sem parar; parecia ter um destino em mente e estar com pressa. O horizonte nos rodeava de todos os lados, uma sensação estranha para um morador da cidade. Era perturbador pensar que cerca de setecentos anos antes, no local daquela vila de aparência inóspita, havia uma cidade mais populosa e importante do que Moscou.

A cidade mongol era conhecida como Sarai, ou Sarai Batu, em homenagem ao neto de Gengis que, no século XIII, conquistou a Rússia e construiu sua capital ali, na estepe do Cáspio, para aproveitar o rio e as caravanas mercantes da Rota da Seda. Batu teria escolhido o local porque não tinha árvores. Os mongóis eram nômades que precisavam de pastagens abertas para seus cavalos e não tinham nenhum apreço por folhagem colorida.

Eles eram tão inevitáveis e imprevisíveis quanto o clima. Passavam pelo campo como uma nevasca, entrando nas aldeias de repente, a galope. Crônicas da Igreja medieval sugerem como sua chegada devia ser aterrorizante. Quando os desconhecidos cavaleiros apareceram pela primeira vez na estepe, muitos russos presumiram que fossem o povo de Gogue e Magogue – inimigos míticos de Alexandre, o Grande – e sinalizaram o apocalipse que se aproximava. Sobre a última parte, não estavam totalmente errados.

As campanhas que Batu empreendeu contra as pessoas que viviam no território da Rússia moderna infligiram mortes e sofrimento em uma escala desconhecida até o século XX. Os mongóis haviam levado sessenta anos para conquistar a China, mas subjugaram toda a Rússia em três. Em vez de ocupar suas cidades, Batu simplesmente os imolou até a morte, após encerrar todos dentro de seus muros. A partir de 1237, ele arrasou Riazan, Kolomna, Kostroma, Yaroslavl, Uglich, Kashin, Ksnyatin, Galich, Gorodets, Kozelsk, Rostov, Suzdal, Volokolamsk, Chernigov, Smolensk, Pereslavl-Zalessky, Yurievk-Polsky, Tzievk-Polsky, Dmitrov, Torzhok e Tver – entre as cidades maiores, apenas Vladimir e Pskov ficaram de pé. Seu exército matou cerca de 270 mil pessoas só em Moscou. Os mongóis mataram todos os homens, mulheres e crianças da cidade de Vladimir e quase despovoaram a região do rio Dniepre.

Em 1240, Batu chegou a Kiev. A mais bela cidade da antiga Rus e sua capital, Kiev teria ultrapassado cidades da Europa Ocidental em tamanho e esplendor. Havia abrigado mais de seiscentas igrejas, e suas famílias nobres eram relacionadas, por casamento ou sangue, aos monarcas de Bizâncio, da Inglaterra e do Sacro Império Romano Germânico. Depois de romperem os muros de Kiev e matarem quase todos lá dentro, os soldados de Batu também esvaziaram as tumbas, espalharam os ossos dos mortos e esmagaram os crânios com os calcanhares. Em seguida, incendiaram a cidade. O legado papal João de Plano Carpini, que passou por Kiev cinco anos depois, encontrou menos de duzentas casas de pé e "uma multidão incontável de crânios e ossos de homens jazendo na terra".

Quando os mongóis se aproximavam de uma cidade, outro cronista registrou, os gritos de seus camelos, o relinchar de seus cavalos e o estrondo de suas máquinas de cerco abafavam as conversas dentro dos muros da cidade. Eles anunciavam sua chegada lançando projéteis em chamas sobre os muros, disparados por catapultas chinesas supervisionadas pessoalmente pelo filho mais novo de Gengis, Tului. Depois de varrer Rússia, Polônia, Silésia, Hungria, Sérvia e Bulgária com pouca dificuldade, o exército mongol seguiu para oeste. Outros países europeus quase certamente teriam caído também se a morte do Grande Khan, em 1241, não tivesse convencido Batu de que ele deveria abandonar o cerco de Viena e voltar para a capital mongol, Karakorum.

Os mongóis – ou tártaros, como os russos os chamavam – governaram a Rússia por mais de 250 anos, com uma atrocidade intrusiva e desconcertante. Viveram entre os persas e os chineses depois de conquistá-los, mas mantiveram distância dos russos, emitindo ordens na estepe por procuração e, finalmente, recorrendo a príncipes locais para coletar tributos, fazer cumprir éditos e pôr fim à inquietação em outros principados. Os tártaros saquearam aldeias russas aparentemente por esporte, queimaram plantações e dispersaram o gado, conduziram ataques de escravos e fizeram reféns. Seus cãs puniam os erros políticos e a insubordinação de seus súditos com severidade e frequência. Eles saquearam Moscou repetidamente. Arrasaram Riazan tantas vezes que no fim seus habitantes desistiram e reconstruíram a cidade em outro local. Escravizaram os sobreviventes dessas campanhas, forçaram as jovens a fazer parte de haréns e deportaram trabalhadores qualificados e artesãos para a estepe para construir Sarai e outras cidades tártaras. Apenas os mosteiros ortodoxos foram poupados das incursões aleatórias e das exigências de tributo; os tártaros acreditavam no poder espiritual de todos os homens religiosos e deixavam os monges barbudos em paz.

Para ser justo, os príncipes russos eram quase igualmente difíceis de admirar. Roubavam seu povo com prazer e guerreavam uns com os outros sem trégua, às vezes angariando a ajuda militar dos tártaros para exercer rivalidades e vinganças. Os cãs pareciam gostar de colocar os russos uns contra os outros: em 1327, Ivan Kalita, de Moscou, liderou um exército punitivo russo-tártaro contra o rebelde Aleksandr Mikhailovich, de Tver (o irmão mais novo do memoravelmente chamado Dmitri, o Olhos Terríveis). Como recompensa pela vitória, Ivan recebeu o título de grão-príncipe e foi entronizado em Vladimir. Cada príncipe era obrigado a fazer viagens de semanas a Sarai (e às vezes a Karakorum) para render homenagem e subornar oficiais tártaros e resolver disputas, implorando perante o cã e, ocasionalmente, uma das poderosas esposas dele. Alexandre Nevski, o herói de guerra russo famoso por vitórias sobre os suecos e os Cavaleiros Teutônicos, viajou repetidas vezes a Sarai para se prostrar diante do filho de Batu, Sartaq. Nevski – que foi canonizado pela Igreja ortodoxa – morreu ao voltar de uma dessas viagens.

Os tártaros se destacaram em mais que destruição. Na primeira metade do século XIII, onde hoje é Selitrennoe, construíram uma das cidades mais resplandecentes do mundo medieval, um centro comercial com mesquitas e palácios decorados com incrustações de maiólica, alabastro esculpido e ladrilhos de terracota. Uma rede de encanamentos subterrâneos transportava água do Akhtuba, e havia alojamentos e mercados para muitas das nacionalidades que faziam negócios ali. Só os comerciantes italianos operavam dois mercados em Sarai, um para os genoveses e o outro para os venezianos. Em seu apogeu, a cidade abrigava quase 600 mil habitantes. Para uma grande metrópole, contudo, Sarai teve uma vida extremamente curta. Tamerlão a saqueou em 1395 e incendiou suas bibliotecas e seus arquivos. Ela permaneceu de pé por mais um século e meio, período durante o qual os tártaros ficaram divididos e desnorteados, enquanto a estepe gradualmente voltou ao vazio, sua especialidade.

Os tártaros influenciaram a vida russa de maneiras misteriosas e inegáveis. O vocabulário russo contém centenas de vestígios da língua tártara, tão visíveis quanto as maçãs do rosto salientes dos russos. A velha maneira de se curvar – tocando ou batendo a testa no chão — também é um vestígio dos tártaros. Ivan, o Terrível, uma vez prometeu que "se as pessoas de Novgorod baterem a testa diante de mim, eu as pouparei". Na época do tsar, os camponeses exibiam orgulhosamente protuberâncias na testa que surgiam de se curvarem aos seus superiores. Mas as contribuições mais indeléveis dos tártaros para a cultura russa são o despotismo dos governantes do país e a aquiescência do povo — mesmo depois que a nação se emancipou dos tártaros, sua história foi um drama cíclico de vitimização e submissão representado por russos comuns, em uma terra que o poeta do século XIX Mikhail Lermontov, em seu famoso poema, descreveu como "um país de escravos, um país de senhores". Essa herança cultural tem sido comentada praticamente desde que os tártaros partiram; o filósofo Piotr Chaadaev provocou um escândalo em 1829 quando escreveu que "nossos governantes nacionais" herdaram dos tártaros o espírito de "uma dominação estrangeira cruel e humilhante".

Algumas das peculiaridades dos russos que afligem e mistificam os ocidentais também datam de séculos atrás, às vezes da ocupação tártara. Depois que os tártaros partiram, a suspeita russa em relação aos estrangeiros permaneceu. Em Selitrennoe, eu me perguntei sobre a convicção, tão frequentemente expressa na Rússia, de que estrangeiros e certos párias internos tinham tramado para arruinar o país e eram culpados por seus problemas. Em várias ocasiões, esses antagonistas estrangeiros e nativos incluíram suecos, lituanos, turcos, japoneses, alemães, maçons, judeus, chechenos, americanos, protestantes e, mais recentemente, chineses, estonianos, georgianos, ucranianos e a comunidade LGBT. E, da cultura muçulmana de seus conquistadores, os russos herdaram o tropo do "Ocidente decadente", um lugar imaginário onde estrangeiros ricos e ímpios conspiravam contra a Rússia oprimida e piedosa, que desprezavam.

Naturalmente, o perigo sempre presente, tanto de fora como de dentro do país, exige um governante forte e autocrático. Embora esse mito seja perpetuado pelo Kremlin e por seus veículos de notícias oficiais, em muitos russos ele se assemelha a um instinto. Eles tendem a antropomorfizar seu país – sempre como um ser feminino, molestado, espancado, com reservas infinitas de tolerância e capacidade de suportar o insuportável. Claro que estão se descrevendo. A terra nunca pertenceu a eles – era propriedade do perene Senhor de Todas as Rússias ou de um Comissário do Povo em São Petersburgo ou Moscou –, mas a Rússia, sim. Talvez apenas como uma ideia, mas irresistível, poética, fincada na imaginação. No entanto, os russos confiam o trabalho menos poético de governar ao líder supremo na capital, um ditador a quem muitas vezes chamam simplesmente de "Pai", acreditando que é necessário abrir mão dos direitos e proteções de uma sociedade legítima em nome de estabilidade e ordem.

Stálin foi apenas o mais assassino em uma longa procissão de "Pais" (e várias "Mães"), e muitas das características aparentemente novas do totalitarismo soviético são bastante anteriores ao Estado soviético. Agentes do NKVD como meu avô não se pareciam com ninguém tanto quanto com os *oprichniki* de Ivan, o Terrível, que espiavam, torturavam e massacravam todas as classes de russos, empregando o terror como forma de controle de massa; como o NKVD, no fim os próprios *oprichniki* se tornaram vítimas da paranoia de seu governante. E o Gulag, o arquipélago penal soviético, suplantou um sistema existente havia séculos de exilados políticos e prisioneiros comuns que foram obrigados a marchar para o leste ao longo da estrada mais longa do mundo, a Grande Rodovia Siberiana, cruzando o enorme país em comboios, algemados, famintos, espancados por guardas, congelando no inverno e picados por mosquitos e mutucas nos verões sufocantes. O próprio Stálin foi um desses prisioneiros e escapou de seu exílio na Sibéria pelo menos duas vezes.

Autores russos que ousaram escrever francamente sobre seu país muitas vezes o concebem como um problema que precisa de uma solução: dois livros bem conhecidos sobre a Rússia, de Chernyshevsky e Lênin, têm o mesmo título, *O que fazer?*, enquanto em 1995 Soljenítsin publicou *A questão russa no fim do século XX*. Mas há uma quantidade muito maior de russos que acreditam que discutir as calamidades do passado é insultar e rebaixar seu país, uma convicção que também remonta à conquista tártara. Durante a época da ocupação, os resultados das campanhas militares eram considerados veredictos divinos sobre a retidão do povo russo e de sua única igreja verdadeira. "Pelos nossos pecados", escreveu um cronista de Novgorod sobre os tártaros, "nações desconhecidas chegaram." Mas como os escribas da Igreja dos séculos XIII e XIV explicaram a derrota completa e a ocupação duradoura da Rússia? Embora crônicas medievais estejam repletas de relatos de pilhagem e desumanidade dos forasteiros, não há uma única alusão ao fato de que a terra toda foi conquistada e ocupada por infiéis estrangeiros por mais de dois séculos e meio. Parece que os cronistas simplesmente optaram por não reconhecer isso, o que um historiador chamou de "ideologia do silêncio".

Talvez tenha sido uma tentativa de se preservarem diante de gerações futuras, mas, em todo caso, a propensão a reescrever e editar a história perdurou. Um ano antes de minha visita a Selitrennoe, um livro didático foi publicado com muito alarde em Moscou. *Uma moderna história da Rússia, 1945-2006: Um manual para professores de história* teria sido escrito sob a supervisão direta do presidente, e quando de sua publicação o próprio Putin discursou em uma convenção de professores. Uma das mais estranhas entre as muitas novas teorias do livro sugere que os expurgos de Stálin e a formação do Gulag foram necessários devido à agressão americana. "Nas circunstâncias da Guerra Fria", explica o livro, "a democratização não era uma opção para o governo de Stálin." Coletivização, fome e assassinatos em massa eram as únicas respostas possíveis, seus autores asseguram ao leitor, porque as condições da sociedade russa "exigiam isso".

O desejo de Putin de tornar o passado do país mais atraente, como um bulevar de Moscou, também levou seu governo, em 2014, a emitir uma ordem secreta liquidando registros pessoais dos prisioneiros do Gulag – em alguns casos, os últimos documentos sobreviventes da existência deles. Isso resultou da noção de contos de fadas de que apagar registros históricos é o mesmo que apagar o sofrimento que eles descrevem. "A história da Rússia de fato conteve algumas páginas problemáticas", disse Putin aos professores de história reunidos na convenção. "Temos menos

delas do que outros países. E elas foram menos terríveis do que em alguns outros países. [...] Não podemos permitir que ninguém nos imponha um sentimento de culpa."

Enquanto eu vagava por Selitrennoe, era difícil acreditar que muito sobre a Rússia — e sobre a russianidade — foi formado nesse lugar vazio e de aparência assombrada, o local do trauma formativo da nação. Tenho pensado em Selitrennoe com frequência, sobretudo depois de conhecer o estudo sobre os ratos da Emory, e também outros estudos sobre transmissão de trauma feitos anos depois. E se a história cíclica peculiar da Rússia, comecei a me perguntar, fosse regida por algo mais que precedência e tradição? E se nós, russos, nascêssemos não apenas de um conjunto de hábitos e pressuposições culturais, mas de uma realidade que foi geneticamente predeterminada de uma catástrofe nacional? Se isso fosse verdade, quase oito séculos atrás esse assentamento tártaro em Akhtuba se tornou a fonte de uma reação em cadeia incontrolável: uma transmissão intergeracional de medo, suspeita, tristeza, melancolia e raiva que, com o tempo, se transformou em novas calamidades históricas, novos traumas a serem transmitidos aos jovens.

Afinal, o que pode ser mais fácil de entender do que uma vítima de trauma escolhendo segurança em vez de liberdade? Em seu romance *Forever Flowing*, o romancista e jornalista Vassíli Grossman, às vezes chamado de Tolstói soviético, descreveu a alma russa como um "escravo de mil anos". Ao examinar o passado brutal do país, Chaadaev lamentou que "nós, russos, como filhos ilegítimos, viemos a este mundo sem patrimônio". Mas o patrimônio dos russos é muito fácil de reconhecer em uma nação de indivíduos com medo de estrangeiros, uns dos outros e da perspectiva de maior liberdade, um povo tremendo aparentemente sem motivo, como os ratos de laboratório na Emory.

O vento ficou mais forte. Sergei e eu nos encostamos em uma cerca e olhamos para a estepe onde Batu construiu sua cidade. Era diferente da estepe mais a oeste, onde a grama exuberante às vezes ficava mais alta do que um homem; ali, a grama amarelada estava envolvida em uma disputa com pedaços de chão empoeirado, como se a terra não pudesse decidir o que queria. Sergei, normalmente tranquilo e irônico, de repente pareceu lívido. Enojado, ele sacudiu uma tábua solta na cerca. "As pessoas por aqui falam como se tudo estivesse sempre mudando", disse ele, com um sentimento inesperado. "Os tártaros, os bolcheviques, os capitalistas! Vou lhe fazer uma pergunta: a vida aqui algum dia foi diferente? As pessoas aqui eram escravos e fazendeiros labutando em servidão por dívida sob os príncipes, depois se tornaram escravos sob os tártaros, depois servos sob os tsares. E o que mudou depois que os Vermelhos chegaram? Mais pessoas aprenderam a ler, claro, mais bebês viveram até a idade adulta. Mas eles também passaram a vida trabalhando em terras que não eram suas, não podiam sair nem viajar e não sabiam nada sobre o mundo lá fora." Ele apontou na direção do sol poente. "Talvez lá fora tudo esteja sempre mudando, mudando. Mas olhe: o que mudou aqui?" Ele gesticulou para a aldeia ao nosso redor, com seus fardos de feno, pintura descascada e casas de madeira serpenteando ao longo de uma estrada de terra. Exceto pela folha de metal e pelos dois ou três automóveis enferrujados, era fácil imaginar que o lugar parecia igual duzentos ou mesmo trezentos anos antes. "Os tártaros nunca partiram", disse Sergei sombriamente. "Nós *somos* os tártaros." Então ele cuspiu, como se tentasse tirar o gosto das palavras da boca, e foi até o carro.

No acampamento, quando o amanhecer iluminou a grama, meu pai e eu caminhamos até o píer e eu desamarrei o barco. Ele abaixou o motor de popa na água fria e o acelerou. O *Silver Beaver* ganhou velocidade e deslizou. O vento soprava na superfície do rio, e, quando navegávamos perpendicularmente à corrente, o barco derrapava como uma pedra, quicando na água com um *tchan-tchan-tchan* metálico.

Meu pai colocou duas varas de pesca com isca na água atrás de nós e conduziu lentamente o barco pelos melhores pontos. Ele estava usando jaqueta preta Shimano e um chapéu preto com o logotipo da empresa japonesa; acho que gostava de bancar o esportista. Naquelas primeiras horas, a paisagem estava acordando, minuto a minuto, e os pequenos sons e sensações se desenrolavam em claro contraste com a escuridão: o crocitar dos corvos, o estalar do motor de popa, a corrente puxando firme a linha.

Foram minhas horas favoritas juntos. Meu pai e eu ficávamos sentados no barco, atônitos com o despertar, rodeados pelo lavanda no horizonte, sem que houvesse muito motivo para conversar.

Era a forma de estarmos juntos que funcionava melhor. O trabalho intenso – amarrar chamarizes, pôr isca nos anzóis, mexer no motor – tornava nossa proximidade suficiente. Os silêncios pareciam abundantes: ficávamos sentados lado a lado fazendo coisas pequenas, específicas, sem falar, o rio largo e o céu e os grupos de árvores distantes mudando ao nosso redor como um cenário móvel. Na maior parte das manhãs e no início da tarde, havia apenas nós dois ali, compartilhando nosso vínculo biológico primordial. Nesses momentos era possível acreditar que uma vida inteira de boas intenções não ditas compunha um relacionamento, que nada jamais era diferente, que ninguém iria embora e ninguém ia morrer. Quando meu pai olhava para mim, eu percebia que ele também sentia aquilo. Penso muito nessas manhãs.

Nossa cabana de um cômodo tinha uma varanda com tela. Na maioria das noites, depois de um jantar rápido no refeitório, sentávamos na varanda em cadeiras de plástico, apoiávamos os pés no parapeito de madeira e fumávamos os Winstons dele. Dividíamos uma garrafa de conhaque cinco estrelas da Moldávia, à venda no refeitório por nove dólares; a queimação e o retrogosto adocicado da bebida combinavam com os cigarros. Lá dentro, uma mesa de cabeceira e um pequeno tapete separavam nossas camas, e antes de adormecermos conversávamos um pouco, o que nos permitia olhar um para o outro por períodos de tempo sem constrangimento. Às vezes eu gostava daquilo; outras vezes me sentia desconfortável por ser estudado por meu pai, e voltava a ser seu filho hesitante e tímido, uma sensação quase física que não conseguia suportar por muito tempo. Então um de nós apagava a luz, e logo era de manhã cedo e o alarme soava, anunciando que era hora de seguir para o píer.

Em várias noites, meu pai atravessou a rua até a pousada ao lado, chamada Triângulo, onde ele e seus amigos gostavam de ficar.

Ele me disse que escolhera o Sucesso para nós porque eu era um americano acostumado a acomodações confortáveis. Para mim, aquilo soou como uma reprovação, embora talvez eu estivesse sendo excessivamente sensível. O Triângulo era mais comunitário, menos estofado, mais barato: em vez de cabines espaçosas para dois, os visitantes dormiam oito ou dez em beliches no mesmo quarto. Quando meu pai ia visitar os amigos lá, não me levava. Eu queria conhecê-los — até sugeri, de forma um tanto falsa, que aquilo melhoraria o artigo que eu estava escrevendo —, mas ele fez um gesto de recusa e caminhou sozinho para as árvores. Fiquei lendo na varanda, esperando. Eu me perguntei com petulância se ele relutava que eu conhecesse seus amigos ou que eles me conhecessem. Meu pai voltou tarde e de manhã não falou muito sobre o que tinha feito, mesmo quando eu perguntei.

Poucos dias antes de deixarmos o Volga, meu pai e eu estávamos pescando em um dos canais rasos e juncosos que ligavam os rios. O dia estava ensolarado e o céu não tinha nuvens, decorado por uma esteira de fumaça deixada ali por um monomotor,

redonda como uma pincelada japonesa. O barco avançava roncando quando a vara em minhas mãos saltou. Ouvi o molinete se desenrolando e travei a alça, e a vara se dobrou em um U invertido. "Segure firme", gritou meu pai. Houve um lampejo de prata na água, então o peixe saltou, tentando se desprender do anzol. Eu o enrolei devagar, do jeito que meu pai me mostrou, e só depois que sua cabeça rompeu a água percebi que era um lúcio, um peixe grande de escamas prateadas com olhos verdes bem escuros. "Uns seis quilos", disse meu pai depois que o puxei para dentro, balançando a cabeça em aprovação. O lúcio estava entre nós, debatendo-se com raiva no fundo do barco.

Esperamos que ele parasse de se mexer, então meu pai sacou a câmera para me fotografar com meu primeiro troféu respeitável. Peguei o peixe pesado e o segurei no alto com as duas mãos, enquanto ele ajustava o foco da câmera. Antes que meu pai tirasse a foto, o lúcio se agitou em minhas mãos e se soltou. Ao contrário das luvas de borracha cravejadas de meu pai, próprias para aquilo, as minhas eram as luvas comuns de couro que eu usava durante os invernos de Nova York, e após dias de pesca estavam cobertas de limo. Eu me lancei contra o lúcio, balançando o barco, mas, quando tentei agarrá-lo, minhas mãos deslizaram inofensivamente por suas laterais. Depois de mais algumas tentativas vaudevilianas de recapturar o peixe, ele escorregou pela lateral do barco e disparou para as profundezas. Meu pai olhava, sua descrença se transformando em desgosto. "Você não poderia ter planejado *isso* melhor", ele resmungou finalmente, e pôs a câmera de volta na bolsa à prova d'água. "Nunca me pegaria fazendo algo tão idiota."

Não nos falamos durante o trajeto de volta à pousada. Sentei-me na frente do barco e observei o sol da tarde batendo na água. O contentamento e o afeto que compartilháramos se desfizeram como uma costura frágil: minha raiva e minha vergonha voltaram, e me encolhi com a mandíbula cerrada, recusando-me a olhar para o meu pai. Senti também o desamparo conhecido, porque não podia dizer a ele as coisas que queria usando o instrumento pesado e precário que era o meu russo. Mais tarde, na varanda, tentei mesmo assim. "Você me deixou com vergonha", eu disse. "Sempre fez isso. Eu nunca faria o mesmo com você." Cuspi as palavras; queria parecer magoado, mas estava tremendo de raiva. Meu pai ergueu os olhos, pensou em dizer algo em resposta, então soltou um longo suspiro exasperado e entrou na cabana. Ele me deixou em pé ali fora, nervoso de raiva por ele e por mim mesmo, e com pena dele, além de algo que parecia mágoa. De repente, ficou dolorosamente claro que meu pai não iria, ou não poderia, me dar as respostas que eu queria, e que não haveria nenhuma explicação dos traumas que ele herdou, infligiu e sofreu. Por que só agora eu estava vendo aquilo? A vida toda, meu pai me dera a mesma resposta: Você terá que fazer isso sozinho. Tudo. Minha dor com sua ausência e a sede de sua presença eram tão intensas que nunca parei para considerar que ele estava, de certa forma, certo: eu não precisava que meu pai terminasse todas as frases que deixava incompletas. Podia decidir por mim mesmo.

Nós nos evitamos até a noite, quando ele saiu para a varanda, onde eu fumava seus Winstons. Ficamos sentados um ao lado do outro por um tempo, olhando para a mistura de vermelhos e amarelos escurecendo no oeste. "Sabia que, depois que você e sua mãe foram embora, meu pai veio me visitar?", ele perguntou. Eu me virei para olhar para ele.

Em 1985 ou 1986 – ele não se lembrava –, meu pai recebeu uma carta de Vassíli. Quinze anos de silêncio era muito tempo, escreveu Vassíli; não era certo um pai e um filho viverem como desconhecidos. No final da carta, ele acrescentou que em algumas semanas iria a Moscou e esperava conversar direito sobre a situação e se desculpar. "Com amor, seu pai", Vassíli assinou. Meu pai releu a carta várias vezes, mas não respondeu.

Àquela altura, ele havia se mudado do apartamento onde morara comigo e minha mãe para um maior em um prédio próximo, algo que Vassíli não sabia. (A carta foi deixada em cima das caixas de correio.) Na manhã da visita, uma vizinha tocou a campainha de meu pai. "Há um velho na porta do seu antigo apartamento, procurando por você", ela disse. Meu pai fez uma pausa na história para acender mais um Winston. "Eu só tinha que atravessar um pátio", ele continuou. "Ele estava esperando a menos de cem metros. Vesti meu casaco e o tirei várias vezes, andei de um lado para outro, fumei muitos cigarros. No fim, não consegui vê-lo. Não podia. Era como se uma mão invisível me segurasse. Depois eu soube que papai passou a maior parte do dia esperando lá, no corredor. Não tive notícias dele depois."

Foi a primeira vez que ouvi meu pai se referir a Vassíli como "papai" – *papa* –, e aquilo soou dissonante, como se ele estivesse admitindo pela primeira vez que eram parentes. Eu sabia que a história era uma oferta do meu pai – não o que eu queria, mas mesmo assim algo verdadeiro. Conversamos um pouco sobre outras coisas antes que ele fosse para a cama. Fiquei do lado de fora e observei a fumaça do cigarro serpentear sob a luz da varanda, onde se misturava com as mariposas frenéticas. Pensei em Vassíli, parado no corredor de concreto aparente que eu conhecera quando criança: o ex-oficial da KGB em seus setenta e poucos anos, em um terno passado, esperando por seu filho afastado. E pensei em meu pai, andando de um lado para outro com um cigarro na mão e decidindo a qual impulso obedecer depois de anos de separação. Na verdade, eu também conhecia a "mão invisível". Pensei nas inúmeras vezes em que quisera perguntar ou dizer algo a meu pai, ou simplesmente ouvir sua voz, e em que a mão – o resíduo de décadas de dor, decepção e raiva – me impedira de discar o número dele. Quando pensei no que teria feito no lugar do meu pai naquela manhã de 1985 ou 1986, fiquei surpreso ao perceber que não sabia.

Naquela noite, tive o sonho outra vez. Estou de frente para nossa casa de veraneio em Stepanovskoye, segurando a cerca azul ao longo da estrada não pavimentada onde pegava água do poço. Comecei a andar de bicicleta, olhando para a luz do lampião atrás das venezianas verdes. Posso sentir o cheiro do pinheiral e da fumaça da lenha do fogão da minha bisavó, e ouvir Lyudmila Andreevna do quintal ao lado, cantando por sobre os arbustos de frutas silvestres, e ver a ceifa no campo de trigo ao longe. Se ao menos eu pudesse acordar nesse sonho, acredito que ficaria aliviado de me encontrar na aldeia como ela era então – o lugar mais feliz da minha infância. Mas não acordo nunca, e o latido do buldogue atrás da cerca enche minha garganta de medo. Minha mãe, meu pai, Tamara e Maria Nikolaevna estão na casa, e eu quero muito vê-los, e então, como todas as vezes, abro o portão e disparo para a porta, e o buldogue se lança atrás de mim, rosnando por cima do meu ombro.

Acordei com um grito na garganta. Era noite, mas, para minha surpresa, uma lâmpada estava acesa e meu pai estava sentado na beira de minha cama. "Você estava falando enquanto dormia", disse ele, "e então gritou." Olhei para ele. "Desculpe", respondi, um pouco absurdamente. Meu batimento cardíaco ainda martelava nos ouvidos. Meu pai me estudou com os olhos aumentados pelos óculos de leitura. "Quando eu era criança e morávamos em Moscou, seu avô também falava dormindo", ele disse. "Às vezes gritava ou chorava, e sua avó o acordava e falava com ele até que adormecesse de novo." Meu pai pensou por um momento. "Eu os ouvia por trás de uma tela. Você estava como ele."

Com os óculos e sem a dentadura, meu pai parecia mais velho. Ele deu um tapinha no cobertor sobre minhas pernas, me desejou boa noite e voltou para a cama. Apaguei a lâmpada. Por alguns momentos, não consegui ver nem ouvir nada. A noite no Volga era escura e os pássaros ainda não haviam acordado. Então ouvi meu pai se mexendo e se virando na cama. Ficamos ali por um longo tempo, sozinhos em nossos pensamentos, até sermos tomados pelo sono.

Agradecimentos

Ao escrever este livro precisei de mais encorajamento, conselhos, favores, apoio, refeições caseiras, paciência e tempo do que eu gostaria de admitir. Acumulei uma grande dívida. Este livro não existiria sem John Jeremiah Sullivan, que foi o primeiro a sugerir que valia a pena escrever as histórias que estão aqui, e generosamente me apresentou a pessoas que ajudaram a fazer isso acontecer. Joel Lovell e Jim Nelson, da GQ, tornaram possível a viagem para encontrar Vassíli. Nathan Lump, da *T*, me mandou pescar. Doug Dibbern ajudou a moldar o material, leu muitos rascunhos, sofreu estoicamente ao longo de sua escrita e forneceu incentivo, conselho e apoio inestimáveis. Obrigado, Doug.

A pessoa que rebocou este livro para a costa foi Andy Ward, meu editor na Random House. Sua edição magistral e seu entusiasmo incansável – assim como sua paciência, sua generosidade e seu talento para dizer a verdade – tornaram trabalhar com ele um sonho. Qualquer escritor teria sorte de ter Andy. Na Random House, eu também gostaria de agradecer a Daniel Menaker, Jennifer Hershey, Chayenne Skeete, Craig Adams, London King, Ayelet Gruenspecht, Jordan Pace e Anna Bauer.

Minha amiga e agente de longa data, Jin Auh, foi editora, defensora e protetora deste livro. Eu a adoro. Na Wylie Agency, também gostaria de agradecer a Tracy Bohan, Sarah Watling, Sarah Chalfant e Andrew Wylie. E obrigado a Bea Hemming e Dan Franklin, da Jonathan Cape.

Agradeço de coração ao brilhante e entusiasmado Andrew Chaikivsky, cuja capacidade de detectar erros, termos substituíveis, suposições e lógica preguiçosa é tão formidável que chega a ser um pouco assustadora. Ele tornou este livro muito melhor.

Tenho uma dívida enorme com McDowell Colony, Yaddo, Art Omi: Writers, Summer Literary Seminars e Brooklyn Writers Space por proporcionarem tempo, espaço e incentivo quando eu mais precisava. Em particular, gostaria de agradecer a Elaina Richardson, Candace Wait, Christy Williams, Michael Blake, David Macy, D. W. Gibson, Mikhail Iossel, Soren Stockman, Ann Ward, Scott Adkins, Erin Courtney e Jennifer Epstein.

O manuscrito se beneficiou da atenção de leitores generosos e atentos, entre eles Alex Chasin, M. T. Connolly, Anne Fadiman, Boris Fishman, Elizabeth Kendall, Larry Krone, Michael Lowenthal, Lena Mandel, Maryse Meijer e Devika Rege. Olivia Laing, um farol de encorajamento e amor, leu estas páginas em várias etapas, tornando-me beneficiário de seu esplêndido olhar editorial e de seu gosto impecável. Donald Antrim forneceu uma profusão de conselhos, conversas e conforto muito necessários em momentos penosos. Simon Sebag Montefiore, Stephen Kotkin, Dovid Katz e o falecido Richard Pipes ofereceram uma perspectiva histórica e conexões inestimáveis. Ao longo dos anos, Boris Kerdimun forneceu recordações pessoais sobre Moscou na década de 1940, bem como sua amizade e seu amor infalíveis. E o falecido e saudoso Piotr Degtyarev me conduziu pela Rússia e pela Ucrânia com bom humor e gentileza inesquecíveis.

Escrever um livro é, no sentido mais verdadeiro, um esforço de grupo, e eu gostaria de agradecer aos amigos que cuidaram de mim e me encorajaram, de todas as maneiras, durante uma jornada prolongada e muitas vezes difícil: Nick Abadzis, Hilton Als, Jim Andralis, Christian Barter, Cris Beam, Marcelle Beck, Jonathan Blessing, Ester Bloom, Paul Boyer, Colette Brooks, Alan Burdick, Brooke Costello, Stanley Crouch, Kyle DeCamp, John DeVore, Lisa Dierbeck, Becky Doggett, Jeff Drouin, Laurel Farrin, Aaron Foster, Ian Frazier, St. John Frizzell, Eric Gagne, Mary Goldthwaite-Gagne, Donald Gray, Rahul Hamid, Trish Harnetiaux, Maya Jasanoff, Alexander Kopelman, Jessica Lamb-Shapiro, Michael Lashutka, Michael Lavorgna, Benjamin Lorr, Tamar Lusztig, Richard McCann, Kathleen McIntyre, Mitch McCabe, John McManus, Stephen Mejias, Hugh Merwin, Tzs Yan Ng, Garrett Oliver, Heidi Parker, Michelle Radke, Tejal Rao, Yasmil Raymond, Herb Reichert, Ragan Rhyne, Alex Rose, Karen Rush, Andrew Schulman, David Seubert, Sumakshi Singh, Andrew Solomon, Wells Tower, Ellie Tzortzi, Vint Virga, David Walker, Angela Watson, Anthony Weigh, Dave Wondrich, John Wray e Wendy Xu.

Jonathan Allen resistiu à escrita deste livro com infinita paciência e esmero, leu-o com cuidado e deu conselhos editoriais decisivos. Ao longo dos anos, meu padrasto, Vitaly Komar, me ensinou muito sobre nossa antiga pátria. Minha meia-irmã, Maria Cherkassova, ofereceu insights valiosos sobre nossa família. Nem este livro nem eu existiríamos sem minha mãe, Anna Halberstadt, que trouxe muito desse material à vida e foi minha parceira neste projeto desde o início. Devo tanto a ela e aos outros protagonistas deste livro — meus falecidos avós, Raisa e Semyon Galbershtad, Tamara Kamysheva e Vassíli Chernopisky, e meu pai, Viacheslav Chernopisky — que direi, simplesmente, спасибо.

Créditos das imagens

pp. 13, 26, 33: acervo de família; p. 35: autor desconhecido; pp. 38, 46, 51: acervo de família; pp. 55, 57, 58: autores desconhecidos; p. 70: foto do autor; p. 72: acervo de família; p. 79: autor desconhecido; p. 81: acervo de família; p. 86: foto do autor; pp. 99, 100: acervo de família; pp. 102, 104, 105: fotos do autor; p. 107: autor desconhecido; pp. 111, 113, 125, 132, 133: acervo de família; p. 151: foto de William Vandivert; pp. 157, 160, 162, 174, 175, 181, 188, 190: acervo de família; p. 194: autor desconhecido; pp. 201, 202: fotos de arquivo; pp. 206, 207, 208, 210: fotos do autor; pp. 219, 221, 226, 229, 231, 234, 251: acervo de família; p. 261: foto de David Hume Kennerly; p. 265: foto de Anastasia Galyamicheva; p. 269: autor desconhecido; p. 278: foto de Bjorn S.; pp. 285, 296: acervo de família; pp. 326, 334, 347, 348, 349, 350, 359, 362, 364: fotos do autor.

ESTA OBRA FOI COMPOSTA PELA ABREU'S SYSTEM EM INES LIGHT
E IMPRESSA EM OFSETE PELA LIS GRÁFICA SOBRE PAPEL PÓLEN SOFT
DA SUZANO S.A. PARA A EDITORA SCHWARCZ EM FEVEREIRO DE 2022

FSC
www.fsc.org
MISTO
Papel produzido a partir de fontes responsáveis
FSC® C112738

A marca FSC® é a garantia de que a madeira utilizada na fabricação do papel deste livro provém de florestas que foram gerenciadas de maneira ambientalmente correta, socialmente justa e economicamente viável, além de outras fontes de origem controlada.